我们一起解决问题

社区新零售

NEW RETAILING

零售

王利阳 著

人民邮电出版社
北京

图书在版编目（ＣＩＰ）数据

社区新零售 / 王利阳著. -- 北京 : 人民邮电出版
社，2017.8（2022.6重印）
ISBN 978-7-115-46736-2

Ⅰ. ①社… Ⅱ. ①王… Ⅲ. ①社区－零售商业－商业
模式－研究 Ⅳ. ①F713.32

中国版本图书馆CIP数据核字(2017)第193921号

内 容 提 要

　　毋庸置疑，线上线下融合发展的新零售是零售业的未来，而社区作为民众的基本生活
场所，已经成为各大零售商争相布局的战略级消费市场。无论是阿里、京东等电商巨头，
还是苏宁、沃尔玛、永辉等传统零售公司，甚至是上好、美宜佳等传统便利店都已跃跃欲
试，想在社区市场大展拳脚。那么，社区商业到底该如何运营？传统项目该如何顺应潮流
实现转型？新项目怎样才能因地制宜迅速成长？

　　《社区新零售》由社区市场知名行业专家王利阳倾情打造。作者从不同细分领域，全
面阐述了社区市场商业运营的现状、机遇、风险，以及可能遇到的市场难点；同时详细介
绍了社区商业的 18 个主要运营方向以及 6 个补充方向。本书内容全面、观点新颖，是一
部不可多得的社区商业运营实战指南。

　　本书适合创业者、投资人、企业高管、社区市场运营一线市场人员，以及对社区商业
市场有兴趣的读者阅读。

◆　　著　　王利阳
　　　责任编辑　贾淑艳
　　　责任印制　焦志炜

◆人民邮电出版社出版发行　　北京市丰台区成寿寺路 11 号
　　邮编 100164　电子邮件 315@ptpress.com.cn
　　网址 http://www.ptpress.com.cn
　　北京虎彩文化传播有限公司印刷

◆ 开本：700×1000　1/16
　　印张：15.5　　　　　　　　　　2017 年 8 月第 1 版
　　字数：250 千字　　　　　　　　2022 年 6 月北京第 17 次印刷

定　价：55.00 元
读者服务热线：（010）81055656　印装质量热线：（010）81055316
反盗版热线：（010）81055315
广告经营许可证：京东市监广登字 20170147 号

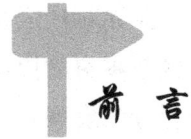

新零售时代，社区市场定将爆发

零售市场出现了巨大的变化——电商已经不再是零售业的宠儿，新零售的出现化解了此前线上电商与线下传统零售商的"敌对"情绪。如今整个零售业界都认为线上线下融合发展的新零售是零售业的未来，社区作为民众的基本生活场所，已成为各大零售商争相布局的战略级消费市场，社区新零售应运而生。

目前参与到社区新零售市场的公司众多，既有阿里、京东、天天果园、爱鲜蜂、闪电购等电商互联网公司，也有苏宁、百联、沃尔玛、王府井、中粮、物美、大润发、永辉、中百等传统零售公司，同时红旗连锁、快客便利、美宜佳、好德/可的、罗森（LAWSON）、喜士多（C-store）、上好便利店、天福、华润 Vango、祐康祐惠店等传统便利店公司也纷纷加入其中。

社区新零售的热度将会重新为已经进入寒冬期的社区商业带来足够的市场关注度。零售是消费的入口，一旦公司零售业务壮大，零售商们就会尝试多元化的发展，例如，电商巨头阿里、京东，传统零售商苏宁、万达等，都已经不单单是零售公司，而是包括了零售、金融、物流、房地产、云计算等诸多非零售业务的多元化公司。

业界对社区新零售的高度关注,将会激发社区零售业务的快速成长,而社区新零售的快速发展不仅可以证明社区市场的价值,还将带动其他社区商业业务的发展。社区商业运营定将会进入第二个春天,无论媒体还是资本市场,都会重新审视社区商业的市场价值。

社区是个大市场,社区新零售只是其一,社区房产增值、社区汽车服务,社区养老、社区医疗、社区金融、社区社交、社区育儿、社区数据等都是不逊于社区新零售的潜在的巨大市场。目前业界对社区市场价值的挖掘仅仅是冰山一角,社区市场的未来价值究竟有多大,一万亿元?十万亿元?放眼 20 年后,百万亿元也有可能。

原因很简单,有人的地方就有价值,民众在城市中的生活环境就是以社区为基础单元的,而且中国的城镇化发展仍在继续。另外,看看我们现在的社区生活,你是否满意?它是否满足了你的所有需求,是否还有提升服务质量的空间,是否仍有创新服务的可能?目前,中国的社区生活还比较单调,大部分人只把社区当成一个住的地方,如果社区商业运营能给大众社区生活方式带来改变,谁又会拒绝呢?

10 年或者 20 年后,互联网将进入我们生活的方方面面。到那时互联网应用更加普及,人均消费水平也越来越高,谁能说社区新零售、快递配送、广告营销、支付缴费、智慧社区、周边信息,上门到家、房产增值、汽车服务、二手交易、废品回收、社区会所,社区金融、社区养老、社区医疗、社区数据、社区育儿、社区社交,社区众包、社区共享、社区旅游、社区教育等项目一定不会发展起来?

不可否认,如今社区市场的问题很多,但问题可以慢慢解决,有些问题暂时解决不了,随着时间的发展自会有解决的办法。我们应该着眼于社区市场的长远发展,而不是挑剔眼前的问题和毛病。就像当初的电商市场,信息、支付、物流都是难以解决的问题,而阿里、京东等一大批公司选择迎难而上,解决了这些问题,并且成为了十分卓越的公司,我们相信在社区市场肯定也会产生很多家这样卓越的公司。

　　本书是经过四年多时间的行业研究以及与几十家各类社区O2O公司交流之后分析整理出的内容。全书保持客观中立的态度，尽可能严谨地解析社区O2O和社区新零售面临的行业问题。不过随着行业的持续深化发展，本书部分观点难免会有疏漏或被淘汰，所以欢迎读者根据阅读体会提出自己的观点。

　　本书从社区新零售、舆论认知、线上发展、物业转变、行业现状、市场规律、细分发展方向，以及运营意识和未来发展几个方面全面深入地分析了社区市场多年来的转变以及未来的发展趋势。书中所说的观点和介绍的市场方向并非绝对，我们不建议读者将本书的内容直接照搬到市场，而应该结合实际，有的放矢地推进自己的项目。

　　写作此书的目的并不是鼓吹社区新零售，而是让大家可以更理性地看到社区市场的价值，根据自身的情况来寻找机会。本书不炒概念，也不否定新的经营理念，书中所讨论的各个问题都是基于实用可行的角度。如果你已是社区商业从业者或者长期关注社区行业并看好其发展，你可以略过第四章、第五章和最后两章；如果你刚刚接触社区商业或者在社区市场遇到了疑问，你可以仔细阅读整本书。本书的目的是尽可能地让那些对社区新零售有兴趣的企业或创业者少走弯路，同时让那些社区市场的一线从业人员及打算进入社区市场的年轻人不被舆论之争蒙蔽双眼。

目　录

第三部分　社区新零售的未来

第一部分

处于风口上的社区新零售

　　江山代有才人出，各领风骚数百年。实际上，消费市场的变化也是如此，从路边摊、街口小店、商业集市，到百货商场、大型超市、购物广场，再到电商、O2O以及今天的新零售，每个时代都有每个时代的消费特色。作为继蒸汽技术革命、电力技术革命、信息技术革命之后的第四次科技革命，互联网不断推动消费服务市场的延伸发展，而且这一次，因中国互联网持续深化发展所带来的市场红利，中国消费服务市场的发展将再次领先世界。

　　2016年10月，马云称，从2017年开始阿里不再强调电商概念，而是专注于线上线下结合的新零售发展，"未来的十年、二十年，没有电子商务这一说，只有新零售"。作为在中国零售市场举足轻重的阿里集团的掌舵者，一句话让各个市场的零售商们对新零售趋之若鹜，也使得新零售成为O2O之后最新的消费服务市场的代名词。

第一章

零售业变革，社区新零售价值显现

继电商对传统零售业造成巨大的冲击之后，零售市场将再度发生深刻的市场变革，它将是全方位、立体化、多场景、产业链式的变革。不管是大型购物广场，还是社区小店，都将受到这种变革的影响。

1.1 "新零售"是零售业变革的真实写照

事实上，在马云提出"新零售"概念时，还提到了新制造、新金融、新技术和新能源等新概念，但只有新零售最受关注。目前中国经济发展的主要推动力就是大众消费市场。

电商的发展已造成中国消费市场大环境的巨大变化，新零售应运而生

2016 年，我国国内生产总值达 744 127 亿元，比上年增长 6.7%，同年社会消费品零售总额达 332 316 亿元，比上年增长 10.4%，全国网上零售额 51 556 亿元，比上年增长 26.2%。其中，实物商品网上零售额 41 944 亿元，增长 25.6%，占社会消费品零售总额的比重为 12.6%；在实物商品网上零售

额中，吃、穿、用类商品分别增长28.5%、18.1%和28.8%。

不难看出，电商市场仍保持高速增长。虽然从2017年开始阿里不再提电商概念，但电商的增长并未停滞。电商企业的高速增长说明网购带来的新型消费形态仍在不断吸引更多的消费群体。

面对来势汹汹的电商企业，传统零售商最初的做法是选择自建电商体系，但实际结果并不理想，除了苏宁在电商市场中获得一席之地外，很多企业的尝试并未成功。如今，传统零售商已经清楚，与阿里、京东等公司对抗胜算不多，合作才是最好的选择。例如，银泰、苏宁、三江等选择了阿里，永辉、沃尔玛等选择了京东，这为传统零售企业开了一个头，同时也在加速促进线上与线下零售体系的大融合。

与新制造、新金融、新技术、新能源相比，新零售拥有庞大的潜在市场，直接关乎中国的经济发展。

然而，何谓新零售？对于这个问题，可能每个人都能给出自己的解释，按照我们通常的理解，新零售就是利用互联网、大数据、云计算、人工智能等技术手段帮助线上和线下零售业态充分结合，并借助复杂庞大快捷的仓储、物流、配送体系，提升广大民众的消费体验，促进消费市场发展的一种新业态。

新零售出现的契机是阿里、京东想要寻求更大的发展空间，所以转而拥抱线下零售市场；与此同时万达、苏宁等线下传统零售商想要借助线上互联网的能力反向促进线下消费服务体验。在两方面的零售势力都想做同一件事情时，新零售就成了众人眼里的宠儿。

前端消费零售市场出现变化，后端企业运营策略也跟着发生变化，整条产业链都在变革之中

以上我们讨论的仅仅是零售市场表面上的变化，事实上，电商所带来的新型消费体验已经直接影响了消费者的消费抉择。例如，购买衣服时，很多

80后、90后消费者都已经习惯上天猫或京东搜一下所看中衣服的网售价格，如果价格相差不多会直接在店里购买，若是差价较大则会在实体店里试穿，然后在离店之后用手机下单购买，而且很有可能回到家的时候，快递公司已将网上购买的衣服送到家了。这种情况在家电市场也很常见。

再比如，对于粮油等重量较大的生活必需品，很多家庭都喜欢直接网购，且不论网购价格究竟能低多少，但网购直接送到家，省去了去超市停车、选购、搬运的麻烦，这是很多持家女性更倾向于网购的主要原因之一。

消费者的消费选择发生了变化，导致生产商、制造商、品牌商、经销商都跟着变化，所以新零售所带来的市场变化，将不只是交易选择上的变化，而是会影响消费零售产业链中的渠道建设、营销方式、市场策略等各个环节。直接点讲，发生变革的并不单单是零售业，而是消费服务制造业的整条产业链。

此外，民众支付方式也已发生明显变化。中国移动支付的普及已经引起了一些发达国家的侧目。支付，是消费的最后一个环节，也是最关键的环节，如果支付方式都可以电子化，前面的商品选择环节还有什么不能电子化？亚马逊已经在尝试无人超市的实体店，日本罗森便利店也在探索无人便利店的发展。当然，线下零售不可能完全不需要人，但随着网络技术的进步，以及消费形态的转变，需要人力劳动的工作将会越来越少。

无论是阿里还是京东，都在转型成为积极利用大数据的智能化科技公司。综合来看，如今电商对传统零售市场的冲击并不仅仅体现在价格上，还体现在互联网技术所带来的科技化的服务体验，以及对零售商而言更低的人工成本。再进一步来看，随着人工智能、人脸识别、大数据等网络技术的市场化运用，用户的需求喜好都会被电商企业所掌控，到那时阿里、京东等电商巨头会有更多的办法影响消费者的消费选择。

新零售所带来的全新消费市场，并不只是线上与线下消费渠道的融合，还有网络技术与线下实体购物场景的深度结合，甚至还会直接影响企业的设计生产、营销推广、仓储配送等整个供应链体系。

1.2　社区新零售与社区 O2O 的前世今生

"新零售"是阿里为促进自身发展提出的新概念，但究竟该如何做新零售并没有统一的标准和模板，包括阿里、京东都在摸索前行。前一节我们提到了新零售是消费场景的融合改变，而线上与线下消费渠道的融合发展不只发生在商业区的购物广场、百货商场、大型超市，还发生在城市办公区以及住宅区，而本书所谈论的核心内容就是此前一直被忽视的社区市场。

"社区新零售"与"社区 O2O 电商零售"的前世今生

新零售概念的出现，对于之前一直尝试探索城镇社区商业市场的公司而言是一个重大的市场利好，新零售包含的内容太多了，围绕社区市场的消费创新也完全包含在新零售的范围之内。关注社区市场的人会有一个直观的感受，进入 2017 年，在新零售概念的推动下，社区便利店项目突然火了起来，也让越来越多的人开始注意到了社区市场。

新零售的概念是新的，但其所涉及的经营内容和市场策略并不全都是新的，至少在社区 O2O 市场中不是。其实在没有"新零售"概念之前，在社区 O2O 市场中早已有了新零售的经营理念和运作模式，只是不叫新零售，媒体们一般都称之为社区电商、社区零售、社区 O2O 等，而我一般用"社区电商零售"这个总称来概括在社区市场内从事线上电商和线下零售创新发展的社区项目。

早期我在与一些社区电商零售创业者交流时，经常会被问到究竟该怎么给身边的朋友和潜在投资人解释他们在做的事情？我之前给出的说法比较复杂，如"充分发挥线上互联网工具职能，重新构造社区零售服务的全新零售模式"，这句话想表达的意思其实就是"社区新零售"。

社区电商零售市场迫切需要"社区新零售"这个市场概念

社区O2O中的社区电商零售就是新零售的表现形式之一。从场景来看，阿里所提的新零售更多的是侧重于大型生活广场、大型百货商场、大型家电商场、大型购物超市等商业区零售业态的变革，而线下生活社区作为零售终端的重要消费场景之一，也正在进行新零售式的变革。京东到家、顺丰优选、爱鲜蜂，以及近期出现的大量便利店项目都在做这件事。

对于全新的社区市场，业界能在概念上达成共识非常重要，可以省去很多解释的麻烦，而且只有在达成共识的情况下，业界各环节各方面才能更容易接受这个已经存在的市场形态。另外，"言之有物"、聚焦、统一的概念有利于社区电商零售在媒体上的舆论传播。

此前，由于社区零售业态的覆盖面非常广泛，包括便利店、商超、生鲜水果、零食、烘焙、配送、供应链、支付等诸多商品类别，有时候很难用一句话解释清楚某一个创业项目究竟在做些什么。例如，爱鲜蜂，有些人把它看成是掌上便利店，有些人把它看成配送服务公司，也有些人把它理解为社区电商，如今爱鲜蜂以及同属社区电商零售市场的项目都可以用"社区新零售"五个字来概括自己所属的行业。

新零售的核心要素就是线上与线下在整个零售业态各环节中的融合发展，而各社区电商零售企业一直以来都在做这件事情。举个例子，顺丰优选门店（原嘿客、顺丰家）主要是尝试从线下门店反向走到线上市场，那它是属于社区电商项目还是社区传统零售项目？这存在一个认知上的混淆，而用社区新零售完全可以明确定义。

再如，京东到家专注于利用线上优势为一些商超、生鲜、烘焙、鲜花、药店等终端零售店拓展社区消费市场，在其业务模式中既包含线上交易部分，也在为线下门店提供服务。单纯地将京东到家归纳为社区电商并不够准确，因为它还具有一种接近传统电商，几乎与线下门店没有关系的社区电商形式，而用社区新零售则可以更全面地概括京东到家的整个运作模式。

我们探讨社区新零售不是为了炒概念，而是为了让外界市场能够更全面地理解并认可社区电商零售的全新含义，因为除了京东到家、顺丰优选、爱鲜蜂、便利蜂这类知名的公司之外，还有诸多在社区电商零售市场寻找机会的创业公司，它们才更加需要一个容易被理解的市场概念。

1.3 社区新零售，"新"在何处

其实，"社区新零售"不只是一个便于大众、媒体和资本理解与认可的市场概念，其确实有"新"的特征。前一节我们提到的京东到家、顺丰优选、爱鲜蜂并不能代表社区新零售的全部，这几家公司只不过是规模较大、资金实力较强、知名度较高的代表性公司，除了它们之外整个社区新零售市场还有许多不同模式、类型的参与者。例如，传统的社区夫妻便利店是最广泛、最传统的社区零售的代表，在这个基础上，又发展出了 7-ELEVEn 等现代化便利店。

如今，着眼于整个社区新零售市场，社区新零售在很多细节方面已经出现了明显的"新"特征，概括整理一下大约有 14 个，具体如下。

1. **"新"的消费方式**。这一点最好理解，传统的社区消费形式就是消费者在线下到便利店以及社区周边的餐饮店、商超、水果店、菜市场等场所消费，而如今这些全都可以在线上完成，消费方式的变化奠定了社区新零售的市场基础。

2.**"新"的用户特征**。不同消费方式的用户有着明显不同的特点，线上消费主要以 40 岁以下的中青年群体为主，消费类目主要是食品、饮料、水果等；而以日用、厨卫、蔬菜为主体消费品类的 40 岁以上的群体暂不适应线上消费，不过这部分用户的社区新零售空间更大。

3.**"新"的竞争环境**。互联网时代的到来，放大了社区市场的竞争关系，各个商家需要在网上进行竞争，这改变了原有的市场环境；另外，社区便利店也在强化自身的竞争力，增加了服务和便民职能；同时周边的大型商超以及传统电商也都纷纷尝试进入社区市场。

4.**"新"的经营品类**。如今，社区新零售的经营品类也出现了明显变化，过去是以便利店的零食和日用百货为主，而这几年生鲜、水果、餐饮在电商的刺激下已然成为重要的社区消费品类。此外，零食、熟食、烘焙等也有不错的增长，社区消费市场"吃"所占的比重越来越大。

5.**"新"的增量刺激**。在我们的日常生活中经常会出现想吃东西又懒得下楼购买最终不了了之的情况，而随着社区零售中终端配送能力的加入，那些原本可有可无的消费需求将转化成具体的市场消费。这种需求越来越明显，正刺激着社区消费市场不断增长。

6.**"新"的运营理念**。市场环境的变化加剧了同业竞争，社区零售业态的运营工作价值开始凸显。过去，商家只需要等客上门完成交易即可，而在加入了互联网的数据分析、营销推广和客户关系管理之后，社区新零售可以通过自主运营来提升交易额。

7.**"新"的商业规则**。社区商业原本属于亲疏型关系经济，基本上每家每户都有各自熟悉且固定首选的消费门店；而如今消费者在线上下单意味着将远离店主，同时专业连锁店取代了部分夫妻店，亲疏关系被弱化，这时配套的社区零售商业服务将发挥作用。

8. **"新"的服务质量。** 如果亲疏型关系的社区商业规则出现动摇，在重新构建全新的社区商业规则时，比的就是服务态度和质量。随着社区商家的经营项目越来越多，除了重点的零售之外商家还需提供一些便民服务，只有服务更优质、态度更亲和，才更有机会。

9. **"新"的竞合体系。** 某些互联网出身的社区电商零售项目，一边从网络端拓展大量用户，另一边从供应链端进行市场整合，最终再以平台身份邀请夫妻类社区便利店入驻。因此，社区新零售平台与社区便利店之间既有合作又有竞争。

10. **"新"的产品促销模式。** 传统社区零售的促销是复杂的分散型模式，而网络经济的特点之一在于，其可以在首页将流量聚焦给几个产品，这种流量聚焦的特征最适合用来做促销。尤其是在世界杯、端午节等一些特殊时点，这种促销方式可以极大地刺激销售。

11. **"新"的品牌营销。** 传统便利店的品牌营销方式较为单一无趣，主要是海报宣传、赠品发放；连锁型便利店偶尔会有一些小活动，但这种营销方式操作繁杂，需要一家店一家店去洽谈，营销效果难以量化。而增加了互联网营销能力的新零售，在品牌营销上有更多玩法。

12. **"新"的参与主体。** 越来越多的人发现了社区蕴藏的巨大商业价值，所以市场的参与主体也越来越丰富，除了原来的社区零售店、周边商超、电商巨头之外，银行、第三方支付、运营商等诸多其他公司也积极参与其中，而在这当中，物业也成为了较为重要的参与者。

13. **"新"的客商关系。** 如今企业非常重视并希望与用户形成长期紧密的关系，通过不断向用户提供更多不同的服务来增加收入。此前的客商关系就是"门店—消费者"这样的单一关系，而现在品牌方、零售店、平台方等都有各自的关系链，且最终形成了一种关系网。

14. **"新"的产业关联。** 社区新零售是整个社区O2O中占比较重的一个环节，从阿里和京东的经营来看，零售可作为整个消费市场的入口。不过想成为这个入口并不容易，例如，顺丰优选、爱鲜蜂的发展都比较坎坷，有不少巨头也想抢占这个零售入口。

谁都不可否认，社区消费环境正在发生着这些"新"变化，而这些"新"变化才刚刚开始，暂时还没有量变，也没有达到质变。现在的社区新零售仍处在初期探索阶段，还有很多阶段性的问题需要时间慢慢解决。

1.4 社区新零售的市场潜力与战略意义

中国互联网创业市场一向讲求风口，虽然也有人反对"风口论"，但仍有许多创业者对风口乐此不疲。因为哪里有风口，舆论媒体就在哪里，风险资本也就在哪里，而现在社区新零售就处在新零售的大风口之上。

后社区 O2O 时代，商家需要学会借势"社区新零售"这一新概念

在社区这个大市场，从实际的项目创新和市场运作层面来讲，社区 O2O 中的电商零售与社区新零售根本没什么差别，完全是同一件事。此前有很多媒体高声质疑社区 O2O，现在却又反过来鼓吹社区新零售，这有点让人啼笑皆非。

其实媒体的发声往往都是自相矛盾的，这与其本身的市场角色不无关系，我们要懂得借助媒体的市场影响力，顺势而为地寻找市场机会。O2O 的概念在社区市场已经不灵了，新零售的概念正成为社区市场发展的新动力，互联网＋社区的结合已经进入到"后社区 O2O"时代。

此前，在我接触的诸多社区项目中，从事社区电商零售的项目要更多，但问题是并没有哪个社区电商零售项目可以称得上成功。姑且不谈那些小的

创业项目，就连社区001、爱鲜蜂、顺丰嘿客这些拿了几亿元投资的项目都在社区电商零售市场折戟。社区新零售对于那些仍坚持在社区电商零售市场寻找机会的创业者而言，无疑是一场舆论东风带来的资本及时雨。

面对社区O2O如何盈利的问题，社区新零售给出了最简单直接的答案

说到底，无论是投资人、创业者还是媒体，大家最关注的就是社区新零售究竟能不能赚到钱。在诸多社区O2O创业方向中，社区新零售至少能产生直观的营收。原因很简单，你卖一件货就收一件货的钱，但最终能有多少利润则涉及运营方式和市场策略等多重问题了。

从实际情况来看，短期内能够赚钱的社区新零售项目很少，例如，社区001、爱鲜蜂、顺丰嘿客等都是这个市场中的失败案例，但它们的失败也不能说明社区新零售绝对不能盈利，至少在我接触到的社区新零售项目中，还是有稍微能赚一点薄利的。

另外，还有些人并不在意眼下社区新零售需要面对的窘境，而是着眼于长远的市场价值，他们更看重社区新零售的市场潜力。我认为，人们日常生活的社区是一个重要的未来消费场景，将会成为零售业的下一个增长点。

根据中国连锁经营协会发布的数据显示，2014年全国便利店销售额同比增长25.12%，而百货市场和超市业态的增幅仅为个位数；2015年便利店行业销售规模同比增长7.6%，位居各业态之首；而预计2016—2020年便利店业态销售额增速在8%~10%，显著高于其他业态。便利店发展前景十分可观。

根据国际经验，人均GDP接近5 000美元时，便利店业态出现，人均GDP超过10 000美元时，其将进入增长爆发期。我国人均GDP已达7 500美元，区域便利业态快速涌现。有机构预期，到2020年我国人均GDP将达到10 000美元；而根据英敏特数据预测，到2019年我国总市场零售额将达到900亿~1 000亿元人民币，规模大约是现在的1.5倍。即便是便利店业态最为成熟的上海，其便利店数量也尚未完全饱和。如此看来，中国便利店业态将经历一个黄金发展期。

从以上这几组数据我们可以发现社区新零售的市场潜力巨大，是一个值得相关企业挖掘的市场业态。

社区新零售将成为第三大消费市场，创新发展无国外经验可以参考

新零售，说简单点是卖东西，但它已经不仅仅是卖东西那么原始的交易方式了。社区这个大众生活场景并不是一个非常适合卖东西的地方——要想卖东西，最佳的选择还是人流量密集的商业区或是主要的城市街口；作为人群较为固定的场所，单个社区最大消费能力是可以预见的。

在近几年的商圈消费市场业态中，企业一方面需要面对不断上涨的房租和人力成本，另一方面又受到电商市场的挤压，生意越来越难做。虽然现在大家都在主推新零售，但新零售究竟能为传统零售带来哪些改变，一时半会儿还难以显现。

相比而言，竞争不是那么激烈的社区市场反倒有更多的机会存在，虽然单个社区内的消费能力有限，主要是由社区内的居住人口数量决定（住的人多，潜在的消费潜力自然就更大），但有人的地方就有消费，众多小社区加起来形成的市场规模也足够让零售商们垂涎欲滴了。

在消费市场发展过程中，社区经济并未得到充分发展，它始终扮演着处于边缘的补充角色。无论在百货商场、大型商超、购物广场盛行的线下消费黄金期，还是在网购主导消费市场的电商时代，社区市场始终被忽视。

零售市场发展要符合时代需求，也有先后顺序，商圈经济是零售基础，自然是最先发展的；而互联网经济具有规模效应，聚集了大量的人群，网购市场容易出现爆发式增长。

零售市场的发展趋势正是如此。如今零售市场环境出现明显变化，无论线上还是线下都在向社区市场渗透。阿里、京东等互联网电商巨头们开始关

注社区消费市场，苏宁、沃尔玛、物美、大润发等传统零售百货公司也想进军社区市场，就连政府也一再强调促进电商进入社区市场发展的必要性，一时间，社区市场似乎成为了新零售的蓝海。

另外，中国零售业的发展以及早期电商市场的发展都可以参考国外的先进经验，而如今中国的零售业已经走在了世界前列，社区这个以小区为单位组合的密集型居住环境究竟该如何发展新零售业务并无国外的先进经验可以参考。日本的便利店模式也并不适合目前的中国社区市场，这个问题我们将在第三章讨论。中国社区新零售市场的发展只有靠自己摸索，而社区新零售的出现将会使其成为继传统零售、电商零售之后的第三大消费市场。从场景经济的角度不难理解，我们会到线下商圈娱乐消费，我们也会在互联网上娱乐消费，同样我们也需要在社区内为生活消费。

以零售为切入点，社区新零售有机会成为社区生活服务与消费新入口

在互联网时代，很多行业都不甘寂寞地选择跨业经营，做零售的搞金融、做媒体的搞电商、做餐饮的搞配送，这种跨业跨界经营已经成为新常态，并有"羊毛出在狗身上让猪来买单"的市场套路，在社区市场也有这样的想法存在。

前面我们只看到了社区新零售的商品消费市场潜力似乎很诱人，其实有些人还有更大的市场野心，他们想以社区新零售为切入点，向社区金融、上门服务、社区数据、社区社交、社区广告等诸多业务做跨界延伸。社区新零售被看作未来社区生活服务与消费的新入口。

这种想法并不是白日梦，而是以已有企业的成功案例为参考而设计的长远战略构思。例如，阿里以淘宝起家，逐渐延伸出了金融、物流、云计算、文化娱乐等强势业务；日本的 7-ELEVEn 等便利店不只是一家卖货的门店，它还可以提供金融理财服务，并可以代为缴纳水电费、煤气费、电话费、有线电视费、保险费等公共服务费用，另外也能为用户购买车票、话剧票、电影票等。

在我们已知的诸多针对 2C 端普通用户的互联网产品中，能成为大众平台的除了腾讯基于社交体系外，其他像阿里、京东、新美大等都是先占领了消费服务的入口后，才逐渐成为平台级公司。所以要想成为社区市场平台级公司，首要选择就是争夺社区消费的入口。社区新零售所蕴涵的战略意义不只是成为一家零售公司，而是要成为一个多元化的社区消费服务综合平台。社区新零售是一个符合现有市场趋势的切入点。

社区商业的切入点有很多，本书给出了 18 个基础方向和 6 个补充方向，若要再细分，每一个方向都还能分出若干种基于不同切入点和运作模式的小方向，而在整个社区市场，社区新零售无疑是最多人的选择，也最容易被资本接受的市场切入点。随着新零售概念不断被热炒，社区新零售将会迎来一波发展高峰期，整个社区市场也会跟着沾光，并获得新的市场契机。

>>> **第二章**

社区新零售的现状及基本市场规律

前面我们提到，"社区新零售"并不全是新的，它是在之前的社区电商零售的基础上发展而来的。从之前社区 O2O 的市场情况来看，社区新零售恐怕并不是那么容易做的，而此前最大的问题就出在高估了线上的价值，而低估了线下的价值。

2.1　社区新零售的线上、线下价值

互联网对人们生活产生的巨大影响使很多人认为互联网无所不能，在此前社区 O2O 时期的电商零售市场，互联网化的项目要远比专注线下的项目更容易受到资本的青睐。但从实际效果来看，社区新零售的线上价值被明显高估，而线下价值却被低估了。

线上社区电商的运营误区

互联网在给一些人带来新的市场认识的同时也误导了不少人，很多人习惯性地把互联网市场的套路照搬到社区市场，最终结果惨不忍睹，这其中

不乏知名的社区电商项目。稍微有点常识的人都应该明白，某些公司看上去风光，但可能只是表面上包装出来的，其内部可能面临很多问题，所以不要贸然地模仿它们，也不要把它们当成做事的依据，不然很容易被带入以下误区。

误区 1. 只要有流量就可以发展社区电商。 互联网是流量经济，但社区新零售市场并非如此。第一，社区电商的流量不是很大，很难支撑起零售交易市场；第二，对于与日常生活有关的产品，社区用户是比较挑剔的，不是有卖就会有买，流量思维在社区电商市场站不住脚。

误区 2. 发展社区电商市场需要补贴刺激。 互联网、电商、O2O 项目习惯用补贴来拓展用户，培养用户的使用习惯。此前很多社区电商项目也照猫画虎地推行补贴政策，短期内确实很有效果；可一旦补贴停止之后，商家和消费者的积极性均出现下滑，而后开始对交易平台的服务变得挑剔起来。

误区 3. 社区电商对线下零售进行整合。 不少人认为社区电商可以对线下社区周边商家进行线上化整合，为它们提供互联网平台，然后在社区内推广APP，之后便会有用户通过平台下单。事实上，免费让线下商家线上开店不难，但让用户在平台上下单消费就非常难了；另外，整合工作的门槛太低，竞争也十分激烈。

误区 4. 社区电商的核心是价格低、产品多。 传统电商在市场初期主要依靠价格低、产品多来吸引网民消费，有些人就认为社区电商也该这么做。然而，社区电商与传统电商的品类经营特点有很大不同，社区电商以食品饮料及日用品为主，这类产品缺少价格优势，产品供给大于需求，很多产品根本就不适用这种政策。

误区 5. 因为懒人经济盛行所以十分强调配送速度。 如今民众的生活质量不断提升，懒人经济开始显现，足不出户地在线上消费正成为新常态，快速的社区配送服务可以带动线上销量。社区配送是社区电商的核心竞争力之一，这一点是没错的，但问题出在目前社区配送的综合成本太高，过分强调配送速度反倒会增加运营压力。

误区 6. 掌握线上交易入口，实现社区零售革命。掌握社区线上交易入口确实会对社区零售构成一定影响，但根据社区内的人员结构以及家庭消费的特点，短期内很难掌握线上社区交易入口，因为社区内的主力消费群体还有大量不会网上交易的 50 后、60 后、70 后群体，这部分群体更习惯线下消费。

互联网确实给社区新零售带来了很多机会，但从前两年的实际情况来看，互联网对社区新零售的价值被高估了。不少抱着改变传统社区零售市场的公司要么关门，要么被收编，互联网人急需调整自命不凡的傲娇姿态，回到线下社区市场的现实之中。

线下社区零售的认知缺陷

互联网人一向瞧不起传统企业，电商人也经常瞧不起传统零售。在社区市场，传统的交易方式是经过多年的消费逐渐形成的，我们理应对此存有敬畏之心，不要想当然地藐视线下市场以至于形成认知缺陷。互联网人应多与线下深入结合，而不是一味地想改变线下。

认知缺陷 1. 设立线下门店的成本高，经营面积有限。互联网人经常拿线下房租成本高且经营面积有限来说事，认为线上交易可以省去房租成本。门店成本高是事实，但如今我们有机会寻找一些低成本的线下空间资源，例如，有些物业会以免租形式与第三方合作。发展线下项目时降低房租成本是有必要的，但不能因为房租高而直接放弃线下，线下还有很多职能是互联网取代不了的，有些互联网服务甚至需要线下门店来承接一部分的配套服务工作。

认知缺陷 2. 线下社区零售门店形态受限，功能单一。仅凭感觉的话有人会误以为线下零售门店依旧是死板的形态，功能也单一，实际上如今越来越多的便利店、水果店、零食店、面包店、早餐店、餐饮店等门店形态都发生了变化，其中便利店的功能最为丰富。如今的便利店，既有水果、零食、面包，也有早餐甚至午餐，有些便利店还可以交费、充值等。社区门店的形态和功能取决于市场需求，未来零售门店的形态还会根据互联网所引起的市场变化做出更多调整。

认知缺陷 3. 只要是互联网创新，就来者不拒。贸然地给社区门店增加一些所谓的互联网因素并不能提升社区门店的零售价值，反而容易不伦不类，如最初的顺丰嘿客。门店服务创新需要在用户可接受程度的范围内，超出了用户习惯和心理预期的创新，不仅不能吸引用户反倒会引起反感。随着民众生活与互联网的结合度越来越高，未来社区零售门店需要具有承接互联网的能力，但肯定不仅是几张图片和几个二维码。

认知缺陷 4. 只要布局线下门店就能成为社区 O2O 平台。社区 O2O 平台需要有线下的配套服务做支撑才会更容易取信于社区民众，但有线下门店不一定能成为社区 O2O 平台。如果那么简单的话，那些经营品类多样、功能丰富的连锁型社区便利店岂不很容易就成了社区 O2O 平台？顺丰嘿客岂不早就统治了社区 O2O 市场？

认知缺陷 5. 给线下门店附加线上交易平台就能提高销量。线上确实能帮线下零售门店增加销量，但需要清楚的是增加的销量从何而来。线上线下服务人群不同，线下可覆盖各年龄层人群的所有人，且线下很大一部分的收入是流动客户贡献的，还有一些社区住户的顺路消费；而线上暂时只能为特定人群提供服务，线上带来的增量主要是特定人群的突发性消费需求所产生的懒人经济价值。另外，如果线下门店不具备配送能力，那么它也就不能为门店附加的线上交易入口带动销量。

认知缺陷 6. 网络交易代表未来，社区新零售一定要聚焦线上。有些人对互联网抱有非常大的热情，认为凡事都要拥抱互联网，社区新零售不与互联网结合就是落后的表现，殊不知社区新零售的价值之一就是可以覆盖到更多的非网民消费者，如果社区新零售不在这方面有所作为的话，才是真正的市场倒退。我们都知道随着时间的推移，未来人人都会上网，市场消费肯定离不开互联网，但现在的问题是，社区新零售项目如果不抓住那些还不会使用互联网的消费群体，能不能活过三年都是问题。

互联网给线下市场带来了变化，但在社区O2O市场，互联网还没有找到与线下合理共生的存在方式。从零售的角度考虑，一切的问题终归是成本和利润的问题，而互联网给社区零售门店带来的不只是降低成本和增加销量，更重要的是促进了经营意识和经营内容的变化。当整个社区市场的消费业态出现线上线下融合式的变化，社区新零售才能产生真正的价值。

2.2 现代社区便利店是社区新零售的突破口

此前，社区O2O让那些基于传统电商经营思路的社区电商项目受过一时被资本追捧的待遇，然而那些曾获得高额融资、风光无限的线上社区电商却鲜有成功的；当新零售的概念出来之后，舆论媒体和资本市场首先将目光放到了线下，这让此前一直都不被重视的便利店项目成为业界瞩目的焦点。

线上接连遭遇滑铁卢之后，线下社区便利店被认为是新突破口

零售市场在变革，创业者和投资者们认为，下一波的零售创新机会来源于线下，而便利店就是那个即将引爆的新风口，很多行业数据也佐证了这一观点。

2016年8月，中国连锁经营协会针对便利店行业开展了一次行业调查，调查数据显示，2016年上半年销售总额同比增长10%以上的便利店占38.1%，同比增长1%~10%的占35.7%，持平的占14.3%，同比下降1%~10%和同比下降10%以上的分别占4.8%和7.1%。总体来讲，2016年上半年便利店的销售总额比上一年有所增长。业界普遍流传的说法是，便利店的春天将在 2018 年全面到来。

在韩国，平均每 1 815 人拥有一家便利店；在日本，平均 2 520 人拥有一家便利店；而在中国，平均 97 000 人才拥有一家便利店。以 6 000 人需要一家便利店进行保守估算，我国需要 20 万家便利店，市场缺口巨大。

而据统计，国内便利店单店日销售额最高的有 1.5 万元，最低的只有 755 元，相差 20 倍。尽管全国便利店的销售增速达到了 25%，但是增长的来源绝大多数是外延式的增长——门店增长达到了 22%。来自红杉资本的数据显示，2015 年每天都有 3 家新的便利店诞生，这个行业正以前所未有的速度爆发式成长。

随着城镇化水平提高、人口密度上升、老龄化、单身率上升、家庭小型化等变化，人们从大量生产、大量消费、以美式的"大"为消费倾向，转向追求服务、渴望精神满足、以精致为佳的"第三消费时代"，便利店仍有 10 年爆发期。2015 年，有媒体报道："中国单身男女人数已经接近 2 亿""全国独居人口已从 1990 年的 6% 上升至 14.6%"。这一人口发展趋势也是便利店蓬勃发展的基础条件。

以上是较为流行的行业数据，这些数据让我们对中国便利店的未来充满信心。便利店会成为新零售的驱动力吗？

便利店市场火爆，以夫妻店为主的社区便利店成为被争夺的对象

事实上，前面的数据是整个便利店行业的数据，包括社区、商区、办公区、加油站等场所。那些被拿来作参考的日本、欧美等国家的数据都是发达地区的数据标准，放在我们所要讨论的社区新零售市场恐怕未必合适。

中国连锁经营协会曾在报告中分析指出，中国城市便利店的发展呈现以下特点。（1）区域发展不平衡，各城市便利店发展差距较大。在一线城市中，除上海、深圳的便利店发展水平较高外，北京、广州的便利店发展水平与日

本等发达国家和地区的相比仍有一定差距。（2）全国各城市之间的便利店发展水平存在巨大差距。南方沿海地区是便利店发展较好的区域，西北、西南内陆地区是便利店发展较为落后的区域。

根据中商产业研究院发布的数据，2015 年中国百强连锁企业销售规模 2.1 万亿元，门店总数达到了 11.1 万余家。其中位于中国十强连锁企业之首的易捷门店数量为 25 000 家，具体到广东的便利店品牌，美宜佳仍是行业龙头，门店数量达 7 400 家，天福拥有门店数 2 830 家，上好拥有门店数 2 200 家。

其他地区较为知名的便利店，如上海的快客有门店 1 650 家，成都的红旗连锁有 2 200 家。日本便利店品牌罗森目前在华东地区的门店达到了 538 家，上海市内有 442 家；全家便利店在中国内地拥有 1 554 家门店，其中 990 家在上海；7-ELEVEn 在内地拥有 1 100 余家门店，其中 700 多家在广州。

不难看出，此前便利店行业的发展主要集中在一二线城市，而在社区新零售时代，二三四线城市的社区市场将成为各大便利店企业争夺的目标市场。发展便利店项目最大的成本是房租，而中国夫妻式便利店一般都是将小区一楼自家房产改造成经营门面，租房成本几乎为 0，另外也有一部分是低价租的一楼门面。便利店巨头们要想扩张市场，必然会选择以加盟的方式收编大批的夫妻店。

外资便利店初期进入中国市场时一般都选择以开设直营店的方式试水，而如今时机成熟，加盟扩张的方式将成为首选。近年，7-ELEVEn 宣布在国内主要城市每年会保持新增门店 30~40 家；罗森力争到 2020 年店铺数量翻两番，从目前约 750 家扩大至 3 000 家左右；全家也曾宣布将在 2024 年实现 1 万家门店的目标。

短期内快速扩张门店数量的最有效手段就是采取加盟方式，不过日资便利店对于加盟的要求比较严格，而内资便利店的要求更低，扩张速度更快。面对即将爆发的便利店市场，中国便利店品牌早已将目光盯在了夫妻店身上，尤其是有些基于互联网市场的便利店项目，其首要目标就是希望以整合夫妻店快速占领市场，夫妻小店将成为各大便利店品牌极力争取的社区市场扩张资源。

2.3 社区新零售具有规律性

无论是从事专门的社区电商零售项目，还是其他社区项目附带电商零售服务，大家都不约而同地想到了通过了解消费方式获得营收，这是为何？第一，零售是最基本的营收方式，也是最能直接产生效果的社区营收点；第二，中国市场的消费者愿意为服务付费的较少，他们更愿意为看得见的商品付费；第三，中国的社会消费品零售市场巨大，围绕社区生活的消费支出潜力惊人。

城镇生活水平不断提高，显露出社区电商零售的市场潜力

此前，社区电商零售市场的价值一直被忽略，各大电商都认为农村电商是未来的重点发展方向，政府从惠及三农发展的层面也不断给予农村电商政策优惠，业界媒体都在关注农村电商。从国家战略和企业市场战略层面考虑，发展农村电商没有任何问题，但从实际的市场价值来看，城镇内的社区电商还有更值得挖掘的空间。我们可以参考国家统计局 2015 年和 2016 年的几组数据对比情况，如表 2-1 所示。

表 2-1　2015 年和 2016 年《国民经济和社会发展统计公报》数据对比

年份	2015	2016
全国大陆总人口（万人）	137 462	138 271
比上年末增加（万人）	680	809
城镇常住人口（万人）	77 116	79 298
占总人口比重（城镇化率）	56.1%	57.4%
社会消费品零售总额（亿元）	300 931	332 316
比上年增长	10.7%	10.4%
城镇消费品零售额（亿元）	258 999	285 814
比上年增长	10.5%	10.4%
按消费类型统计，商品零售额（亿元）	268 621	296 518
比上年增长	10.6%	10.4%
餐饮收入额（亿元）	32 310	35 799
比上年增长	11.7%	10.8%
全年网上零售额（亿元）	38 773	51 556
吃类商品增长	40.8%	28.5%
穿类商品增长	—	18.1%
用类商品增长	36.0%	28.8%
限额以上企业商品零售额中，日用品类增长	12.3%	11.4%
粮油、食品、饮料、烟酒类零售额比上年增长	14.6%	10.5%
家用电器和音像器材类增长	11.4%	8.7%
城镇居民人均可支配收入（元）	31 195	33 616
比上年增长	8.2%	7.8%
城镇居民人均消费支出（元）	21 392	23 079
比上年增长	7.1%	7.9%

资料来源：国家统计局。

这组数据来自于 2015 年和 2016 年国家统计局的《国民经济和社会发展统计公报》，其中有几个细节需要关注。

第一，2015 年我国的城镇化率是 56.1%，2016 年达到了 57.4%，而城镇消费品零售额占比稳定在 86%，很明显城镇要有更强的消费能力。对比来看，2016 年 7.93 亿城镇人口产生约 28.6 万亿元消费，而 5.9 亿其他人口产生约 4.7 万亿元消费。另外从人均可支配收入和人均消费支出数据看，城镇也要优于农村，虽然看起来农村增速更快一点，但城镇的基数更大，增长的绝对量值更多。

第二，2015 年的社会消费品零售总额增速是 10.7%，而在限额以上企业商品零售额增速中，粮油、食品、饮料、烟酒类的增速是 14.6%，日用品类增速是 12.3%。2016 年的社会消费品零售总额增速是 10.4%，而在限额以上企业商品零售额增速中，粮油、食品、饮料、烟酒类的增速是 10.5%，日用品类的增速是 11.4%。这些日常生活中的常备用品都要快于社会消费品零售总额的增速，社区消费市场的价值还是很明显的。

第三，在网上零售额中，2015 年的网上零售额为 38 773 亿元，吃类商品增长 40.8%，增长非常迅速。2016 年网上零售额比上年增长 26.2%，吃类商品增长 28.5%，用类商品增长 28.8%。这一数据可以为社区新零售市场提升信心，民众对食品的消费需求仍在提升，同时更愿意在网上购买食品。

社区家庭生活消费的基本能力

根据国家统计局的数据，2016 年全国居民人均消费支出 17 111 元。按常住地分，城镇居民人均消费支出 23 079 元，农村居民人均消费支出 10 130 元。图 2-1 所示的是国家统计局给出的 2016 年全国居民人均消费构成占比，以此为参考，我们可以大概推算出城镇人均消费支出以及家庭全年、月均、日均消费支出的基本情况。

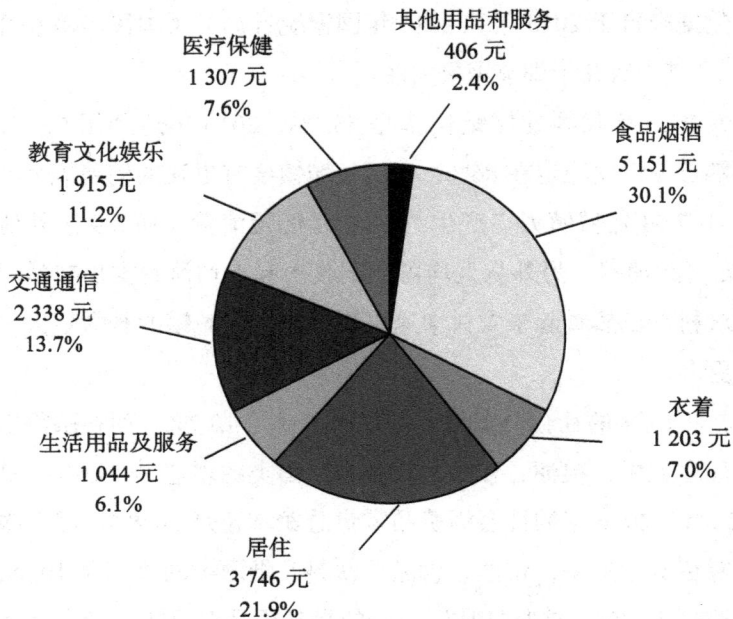

图 2-1　2016 年全国居民人均消费支出及其构成

资料来源：国家统计局。

　　表 2-2 描述了城镇家庭的生活支出情况，其中食品烟酒支出占比最大，这是社区新零售的主要经营类目，由此可以显示出社区电商零售市场的价值，除此之外，生活用品及服务支出也贡献了不小的市场。其他与生活相关的支出包括居住、教育文化娱乐、医疗保健、交通运输支出。社区新零售以及其他社区项目可以参考该表均值，分析其对社区用户和家庭的渗透及影响程度。

　　日常生活必需品具有规律性，市场数据积累可提升社区电商零售精准性

　　根据居民日常消费产品的情况，其生活需求以及消费动机都是有规律的，表 2-3 所示的是根据民众家庭生活的基本特点大体总结的社区电商零售中存在的规律性。

表 2-2 城镇家庭消费支出及各项费用支出占比

城镇人均全年消费支出 23079	全国恩格尔系数/食品烟酒支出占比 30.1%	食品烟酒支出 6947	生活用品及服务支出占比 6.1%	生活用品及服务支出 1408	居住支出占比 21.9%	居住支出 5054	教育文化娱乐支出占比 11.2%	教育文化娱乐支出 2585	医疗保健支出占比 7.6%	医疗保健支出 1754	交通运输支出占比 13.7%	交通运输支出 3162	衣着支出占比 7.0%	衣着支出 1616	其他用品和服务支出占比 2.4%	其他用品和服务支出 554

（N 口之家）城镇家庭全年各项费用支出 [均值]

城镇家庭全年消费支出	食品烟酒支出/年	生活用品及服务支出/年	居住支出/年	教育文化娱乐支出/年	医疗保健支出/年	交通运输支出/年	衣着支出/年	其他用品和服务支出/年
2 口之家 46158	13 894	2 816	10 109	5 170	3 508	6 324	3 231	1 108
3 口之家 69 237	20 840	4 223	15 163	7 755	5 262	9 485	4 847	1 662
4 口之家 92 316	27 787	5 631	20 217	10 339	7 016	12 647	6 462	2 216
5 口之家 115 395	34 734	7 039	25 272	12 924	8 770	15 809	8 078	2 769

（N 口之家）城镇家庭每月各项费用支出 [均值]

城镇家庭每月消费支出	食品烟酒支出/月	生活用品及服务支出/月	居住支出/月	教育文化娱乐支出/月	医疗保健支出/月	交通运输支出/月	衣着支出/月	其他用品和服务支出/月
2 口之家 3 847	1 158	235	842	431	292	527	269	92
3 口之家 5 770	1 737	352	1 264	646	439	790	404	138
4 口之家 7 693	2 316	469	1 685	862	585	1 054	539	185
5 口之家 9 616	2 894	587	2 106	1 077	731	1 317	673	231

（N 口之家）城镇家庭日常各项费用支出 [均值]

城镇家庭日均消费支出	食品烟酒支出/日	生活用品及服务支出/日	居住支出/日	教育文化娱乐支出/日	医疗保健支出/日	交通运输支出/日	衣着支出/日	其他用品和服务支出/日
2 口之家 128	39	8	28	14	10	18	9	3
3 口之家 192	58	12	42	22	15	26	13	5
4 口之家 256	77	16	56	29	19	35	18	6
5 口之家 321	96	20	70	36	24	44	22	8

资料来源：国家统计局。

表 2-3　社区新零售的规律性

标品	频次强弱	弱需求	强需求	主要目标服务人群	注解：消费支出动机
高标	1	饮料 [偶]	粮油 / 调味料 [周]	家庭主妇	[周]：周期性固定支出
	2	酒 [偶]	厨卫日化 / 纸 [周]		[波]：不定量波动支出
	3	烟 / 奶 / 水 [周]	母婴：奶粉 / 纸尿裤 [阶]		[偶]：偶发性随机支出
低标非标	3		菜 / 蛋 / 鱼 / 禽 / 肉 / 豆 / 腊 [波]	持家老人	[额]：意外性额外支出
	2	茶 / 咖啡 [尾]	水果 [波]		[大]：中大额计划支出
	1	特产 [尾]	零食 [波]		[阶]：阶段性高频支出
					[尾]：长尾不定期支出

　　理解熟悉表中的一些特点对于社区新零售制定经营策略会有一定帮助，例如针对不同的消费频次、周期性消费、波动性消费、随机性消费等需要有不同的市场手段，因为涉及一些项目的核心经营策略，这里暂时就不展开讲了。实际上，社区新零售具有规律性的地方还有很多，但需要更多的运营数据才能得出更准确的规律特点。未来是大数据时代，社区新零售的消费数据价值将会越来越重要，累积到一定程度之后完全可以得出更多的市场规律。

2.4　社区新零售需"因地制宜"

　　前一节我们了解了全国人均消费能力，但对于中国这个城市差距较大的大市场而言，不同地域的市场环境截然不同，尤其对于社区这个直接涉及居民基本生活的敏感型市场，同一个套路不可能吃遍整个中国市场。例如，

7-ELEVEn、全家等便利店在三四线城市就很难生存。

社区终端消费的市场环境复杂，社区新零售需"因地制宜"

随着阅读的深入，你会发现社区市场没有想象中的那么简单。社区是中国城镇化推动下，根据房地产产业聚群而建的特征形成的社会生活共同体，而由于城市环境、建设时间、所处地段、周边环境等诸多因素的影响，社区类型也不同。

例如，有些小区建设时间久，可能中老年人偏多；有的是别墅小区，里面住的全都是比较富有的人；有的小区在学校附近，学生居多；还有些小区靠近 CBD，租房的白领较多；而有些刚交房不久的新楼盘，入住率还不高。

现代化便利店开店十分重视选址，所以做社区新零售选择合适的社区尤为关键，而对于想尽可能进入更多小区内的社区新零售企业而言，就需要有不同的解决方案，做到因地制宜。当然，现代化的便利店也会根据不同的地段在经营的商品方面不断优化调整，比如若是处于北上广深年轻人较多的区域，便利店内可以提高便当、包子、玉米、面包等鲜食的商品比重；若是在一个三线城市中老年人聚集的普通小区内，目标人群对日用品的需求更强而且对价格更敏感，也可以投其所好。实际上，以上的例子都是较为理想的情况，一般真实的小区情况要比这复杂得多。

社区消费并不是全新的市场，而是一直都有人在做的红海市场，即便是新交房开始入住的楼盘，也会迅速有业主抢先经营便利店。每个社区都会自发形成最基本的夫妻店式的零售小店，小区的设计、规模以及消费能力等不同，这类零售小店的数量也有所不同。此外小区周边还会出现其他零售小店，如蔬菜店、水果店、餐饮店、零食店、速食店等。社区新零售要与原有的社区零售业态进行市场竞争。

中国是一个讲究人情世故的关系型社会，所以有些年头稍微长一些的小区，业主已经与店主形成了熟识的人际关系，这对于夫妻类的零售小店尤为重要。社区里面的人员比较固定，属于熟客型消费市场，店主与业主之间的关系是极其重要的市场因素。对于外来的社区新零售经营者，如果要打破这种已经形成的稳定消费关系，就需要有优质的商品或更低廉的价格，抑或更优质的服务。

如果社区新零售经营者的产品好、价格低、服务周到，业主"倒戈"也是正常现象。与原有并已扎根在社区内的对手竞争，需要有过人之处，社区消费市场并不是铁板一块，还有非常大的优化空间。不过，社区新零售公司必须重视不同社区的不同情况，当然也可以选择采取进驻同一类型社区的市场策略，但问题是有些社区不是你想进就能进的，在具体的经营层面还有很多需要注意的问题，这一点我们也留在下一章再进行讨论。

现代化便利店与互联网式便利店结合，社区新零售恐并非如此

社区新零售虽好，但如果经营者不能主动适应社区市场环境，也很有可能因水土不服而难有进展。本章前两节分别讨论了社区新零售线上和线下的机遇。互联网式便利店和现代化便利店代表不同市场时期的两种重心不同的发展方向，现阶段来看，互联网式便利店明显水土不服，而现代化便利店更多的还是业界的"规范蓝图"。

不可否认，无论是互联网式便利店还是现代化便利店，它们都各有各的优势特点，但能否直接放在如今的中国社区市场是需要反复打磨和时间验证的。社区新零售并不是将现代化便利店与互联网式便利店在社区市场进行叠加，而是基于互联网式便利店先进的网络科技和现代化便利店成熟多样的运营经验，根据社区市场的具体情况进行创新发展。

日本的 7-ELEVEn 便利店有 3 000 多种生活常用或必需的商品，除了销售商品之外，7-ELEVEn 还可以购买机票、电影票、游乐场门票，ATM 取钱，收发快递，打印复印，交税交水电费，缴年金保险，洗衣，存管物品等。这是日本便利店的先进模式。

在中国市场，很多7-ELEVEn可以提供的服务早已经有互联网公司在做了，所以将日本7-ELEVEn的服务模式照搬到中国市场可行性不高，但7-ELEVEn的店面设计、产品控制、门店优化、供应链管理等都值得中国便利店企业学习。当然，中国互联网化便利店也有诸多创新之处，如有关用户价值挖掘、产业链整合、终端即时配送能力提升、消费数据挖掘等方面的创新。

不过，将两个优势各异的先进模式结合起来并不见得适合中国的社区市场，社区新零售无论是自行创新，还是学习发达国家的先进经验，都需要结合具体的情况来看。中国市场的发展一直都具有中国特色，社区新零售市场的发展也不能直接照搬美日欧的经验，社区新零售市场未来的潜力无限，可现阶段还没有真正普适社区市场的社区新零售模式。

社区新零售市场才刚刚开始，需要通过具体的摸索与尝试才能找到真正合适的市场策略，本书无法告诉读者该用何种模式去做社区新零售，但可以给出一些尽量可以避免的问题供大家参考。社区新零售听起来很"高大上"，但最重要的还得"接地气"。

第三章

社区新零售的运作模式及市场要点

随着社区新零售行业的发展以及相关企业不断进行策略调整，社区新零售的运作模式越来越多。与此同时，人们越来越深刻地发现社区新零售不只是交易，更多的是服务。如何抓住社区新零售大发展的机会，成为零售企业及想进入零售业这片蓝海的企业越来越关注的问题。

3.1 社区新零售的商业模式和几种常见的运作方式

社区新零售项目种类非常多，有纯线上的项目，也有纯线下的项目，最多的是线上线下结合的项目。在早期，受关注度高的是明显具备线上能力的项目，而侧重点在线下零售创新的项目常常被忽略，因为在资本眼里线上能力更强且更具规模效应，但实际上在社区新零售市场，此前的线上价值被高估，而线下的价值被低估了。如今，新零售的东风让社区便利店成为资本新宠，业界对社区线下市场有了更高的期待。

社区新零售的商业模式

一些喜欢高谈阔论的人非常迷恋所谓的"商业模式",然而如今把"商业模式"挂在嘴边已经不再管用了,因为业界和资本市场都不再看重创业初期设计的商业模式,而更注重项目本身能不能取得实际的市场效果。

没经过市场验证的"商业模式"不该被称为"商业模式",只能算是"商业构思"。过去是把已成功经过市场验证的运作模式称为"商业模式",而现在很多人却将"商业构思"奉为"商业模式",殊不知"商业构思"存在很多想当然的地方,只注重逻辑通顺,往往会忽略实际可行性。

在日常的业界分析中,社区新零售被总结了很多种企业模式,但实则都是各种常规的市场运作的模块化叠加。我不推崇过度在意所谓商业模式的原因是社区市场环境存在差异性,同一套运作理念在不同环境下的效果完全不同,而且随着业务的发展,经营方式也会出现变化。

在社区这个极其注重线下业务的市场,最关键的是实用价值,关注的核心应该是能不能解决实际问题。社区新零售市场有很多模式上的反面案例,有些项目为了受到关注,为了迎合资本的要求,不断地包装自身的商业模式,但到后来倒闭的倒闭、转型的转型、调整的调整。在新兴市场创新出现误判是正常情况,要想真正打造成熟稳定的商业模式,就需要不断地试错和调整,如今社区新零售市场正处在不断创新试错的阶段。

社区新零售的几种常见运作方式

在没有获得最终成功之前,我们只能把不同的社区新零售项目的运作方式当作了解市场的必要参考,但不能作为绝对可行的商业模式。目前,常见的社区新零售运作方式大概有17种,为了便于理解,我们将这些运作方式简化概括如下。

1. 纯电商平台式社区电商。这种运作方式完全是将传统电商套路照搬到社区市场，通过各种方式吸引社区用户下载并产生流量，经营的类目比较齐全，配送方式也采用传统的快递形式，这种运作方式的市场效果普遍非常差，基本已经被淘汰了。

2. 自营式线上社区电商。 这种运作方式是通过一些常见的流量运作手段吸引社区用户下载注册，在没有实体店的情况下，通过线上下单来完成交易。其产品经营方式是自营，经营类目一般不会太多，会选择更符合社区市场需要的商品。这种方式轻易不会急于全网扩张，而是根据线下用户推广的扩张进度，进行可控性的线上市场覆盖。

3. 平台式线上社区便利店。 这种运作方式主要是利用互联网技术为传统社区便利店提供线上开店服务，然后吸引社区用户下载使用，项目方主要是技术输出方和平台方，不参与商品交易，零售交易及配送环节由入驻的线下社区便利店自行负责。

4. 线上社区便利店平台 ＋ 社区配送。 这种运作方式是在利用互联网技术为传统社区便利店提供线上开店服务的基础上，提供配套的社区配送服务，这是此前最受资本青睐的项目类型。社区配送能力对于社区便利店项目非常重要，配送能力直接影响很大一部分消费者的消费意愿。

5. 线上社区便利店平台 ＋ 供货平台。 其基本思路与前两个运作方式差不多，都是为线下便利店提供线上开店服务，借此为便利店提供供货平台。另外，还有不参与 C 端交易平台的搭建，专门只做为传统便利店提供商品供应链服务的 B2B 供货平台，这种运作方式是希望通过先控制传统便利店的采购渠道，之后再向 2C 转型，成为线上社区便利店平台。

6. 社区新零售平台，社区前置分仓加盟店。 如果不是将自有的一楼住房改建成社区便利店这种情况，开设线下便利店很大的一部分成本来自于房租，但社区市场又需要使商品离用户更近，以便保证短时间内可以快速送货上门，所以基于电商理念和社区基本环境，出现了一种可以在一楼以上开设线上社区便利店的模式——将商品提前储备在社区内加盟商或小区合伙人的家里、地下室或是车库，然后利用 APP 接单，再由加盟商或小区合伙人提供配送上门服务。

7. **线上社区便利店＋社区加盟商**。这种运作方式不是为传统便利店提供服务，而是为想在社区开个小店，但此前没有线下店也没有线上技术的个人提供的，这种运作方式以加盟或者合伙人的形式为主。其不仅为加盟商或合伙人提供线下店面装修设计，还提供线上交易平台和供货平台，并配有运营指导，但最终的经营业绩由加盟商或合伙人自主承担，其前期主要赚加盟费。这种运作方式与现代化便利店深度介入的委托加盟和特许加盟略有差异。

8. **线下零售店＋线上交易平台**。传统的线下零售店，例如便利店、水果店、餐饮店等都学会了利用互联网技术在线上开店，多数以微信公众号为主，将用户从线下导入线上成为零售店的粉丝用户。零售店自主获得线上交易渠道，最主要还是利用线上做网络运营推广。

9. **传统电商巨头进军社区零售市场**。社区新零售正被越来越多的电商巨头所关注，阿里、京东、苏宁、顺丰等都以不同的方式参与到了社区新零售市场，例如京东到家、苏宁小店，顺丰嘿客（现顺丰优选）等，还有其他很多零售巨头也都在陆续进入社区市场。这些巨头一般都习惯采取资源和资金碾压的方式，此前顺丰嘿客就投了十几亿元开了几千家店。

10. **泛社区平台类社区 APP ＋电商交易**。泛社区平台类的社区 APP 普遍会附加一些交易功能，希望通过电商零售的方式获得营收，有些是自营，有些是引入其他第三方零售服务商。事实上，平台类社区 APP 也没有太好的盈利办法，做社区新零售是多数产品的标配选择。

11. **针对特定人群的特定类目经营**。我们在前面提到过，社区内的人员结构比较复杂，另外每个家庭都有一些生活常用的必需品，所以社区新零售有从人群上划分，针对老人、年轻人、儿童等不同人群提供对应商品的项目；也有从生活必需品上进行划分，经营生鲜果蔬、厨卫用品、零食饮料等将人群或类目做到垂直深化的社区新零售项目。

12. 物业 APP + 电商交易。物业 APP 本就是平台类社区 APP 的一种，而且有些具备经营能力的物业会尝试自己发展社区零售业务，社区新零售已经成为物业增加营收的经营服务项之一。不过，现在的问题是，多数物业并没有经营零售业务的能力，虽说物业 APP 的黏性要比第三方社区平台 APP 的黏性更高一点，但让物业自营社区新零售还是明显欠缺经验，现在物业更倾向于与第三方社区新零售公司合作。

13. 线下便利店与物业合作。有些不具备经营能力的物业会选择与那些具备线下经营能力的便利店等零售服务商合作，以低廉的价格引入合作方，然后借助物业与住户之间的关系推动商品交易，从中获得业绩分成。

14. 便民支付平台 + 社区电商。有些便民支付平台也曾想发展社区电商，它们希望用自己的支付用户带动社区新零售业务的发展，但未能成功。这种通过基础业务带动关联商品交易的社区零售项目还有很多。零售与支付有直接关系，但反过来，支付与零售的关系并不紧密，如果有支付就能做零售，那在微信支付的带动下，腾讯电商岂不是潜力无限？

15. 现代化的社区便利店加盟扩张。在一二线城市，无论是中资便利店还是外资便利店都开始提速扩张，但就如我们在第二章所探讨的，社区市场存在诸多问题，大多数社区并不适合开设现代化的社区便利店。反过来，现代化的社区便利店还需要去适应社区市场，不能照搬一二线城市的街口便利店模式。说得直白点，多数现代化连锁便利店向社区市场扩张，主要看中的还是社区的街口地段价值，并不完全是为某一特定社区的业主提供服务。

16. 将金融与零售消费结合，圈住用户。还有一种将金融或福利金与零售绑定的运作方式，例如锁定一些企业的福利预付卡，让持卡人只能在某平台上进行消费。还有一些经营者通过购买物业或者其他第三方的金融产品，定期返还一定的可消费金额，圈住业主在其平台内消费。社区金融与社区新零售的结合创新还有更多的发展方式，例如消费金融、供应链金融等，但主要问题是社区新零售仍未形成规模。

17.**线下零售门店的互联网化**。最初某公司在尝试将社区门店与互联网结合时，在店内布置满了商品二维码，但其很快就发现这种做法是在自欺欺人，于是做出了调整。将线上与线下通过二维码连接确实有点儿戏了，随着网络科技的快速进步，人脸识别、移动支付等前沿技术正逐渐被用到线下门店，无人化的门店也是新零售的发展方向之一。在社区周边存在大量的终端零售小店，为这些门店引入互联网技术也是市场的大方向。

以上是各种曾出现过的社区电商零售的运作方式，实际市场当中很多项目会同时具备多种运作特征。一些项目会随着发展进行战略调整，进而呈现出不同的表现形式，另外还有一些项目是在这些常见运作方式的基础上进行优化。

3.2　社区新零售不只是交易，更是服务

多数人在谈论社区新零售时关注的焦点都是线上如何如何，线下如何如何，线上线下如何结合，怎么能节省成本，怎么能促进销售，如何搭建供应链，如何进行市场扩张，怎么能多元化发展等——关注这些当然没错，线上线下结合已被公认是社区新零售的发展趋势，但社区新零售的含义不该仅停留在对交易层面的关注，更需要关注如何提升服务在社区新零售中起到的软性价值作用。

中国零售业最该改变、最难改变的是其配套的服务能力

现在，中国消费市场最欠缺的不是商品的生产制造能力，而是服务意识和态度，有些中国的零售服务者或是销售人员服务态度相对较差，在他们眼

中，消费者代表的是业绩和收入。

销售市场中有专业的销售技巧，有专门的行业话术，很多销售人员无法真心实意地为顾客提供服务。其实，也不能全怪销售服务人员，底薪＋提成模式运作不当就只能产生这样的服务形态。中国零售市场竞争激烈毛利较低，而且中国经济还未达到发达国家水平，大部分消费者不愿意为服务多付费，销售服务人员薪资不高，其服务质量不高也是正常的结果。

当然，我们并没有看轻销售行业的意思，只是就事论事阐述市场现状。中国零售业想改变这种市场现状很难，新零售带来的市场变革或许是一次契机，至少在社区新零售市场有值得尝试的空间。

门店只是场景，互联网只是工具，社区新零售不只是交易，更重要的是服务

社区新零售是一个不得不重视服务的行业，因为其大部分客户就是社区内的固定群体，失去一个顾客很有可能不只是少一个人，而是少一家人，甚至连带左邻右里少了一群人。反过来，如果服务质量优质，也就不只获得一个客户，而是一个家庭，甚至也包括这个家庭的左邻右里。

传统的社区小店做得成功与否，主要看开店的老板会不会沟通，能不能与街坊邻里打成一片，态度最关键。在日本现代化的便利店中，良好的服务态度是对店员最基本的要求，提升服务意识是店员的职业素养，优质服务是日本便利店备受推崇的重要因素之一，而且它们已经可以把便利店服务做到标准化。日本是一个极其客气并重视礼仪的高消费国家，消费者买东西时，买的不只是产品，也是服务。

7-ELEVEn 被认为是现代化便利店的代表，业界流传着"世上只有两家便利店，7-ELEVEn 便利店和其他便利店"的说法。早在 20 世纪 70 年代，日本伊藤洋华堂的铃木敏文将面临经营危机的 7-ELEVEn 从美国引入到了日本，之后在铃木敏文的运作下 7-ELEVEn 崛地而起。铃木敏文是一个极其重视服务的人，7-ELEVEn 优质的服务体验也是出自他的坚持才从量变达到了质变。

首先从管理层上，铃木敏文会要求每一个管理者对每一种产品、每一个店铺、每一个员工都要有充分的了解。他特别要求每家店铺都要对员工进行服务方面的培训，让他们给消费者最好的体验。比如，7-ELEVEn 卖盒饭，有些顾客到晚了，盒饭售罄，这时候 7-ELEVEn 的店员会提醒你去隔壁的便利店也能买到，有的甚至还为你推荐他们家的哪种盒饭好吃。

铃木敏文认为，给客户好的服务才能获得他们的认可。他自己也善于听取消费者的意见，比如，有个顾客给他写信，说价签标错了，但某位员工当时态度不太好，只是冷冷地说"标错了，不是这个价格"。铃木马上给这家店铺写信，要求整改。

铃木敏文对大部分产品有着惊人的了解，他想方设法来改善用户体验。比如，经过证明，桃子放在冰箱里三个小时之后的味道是最甜美的，于是，他就在店铺里张贴海报，告诉消费者 7-ELEVEn 的桃子举世无双；大米也是如此，长时间存放会影响大米的口感，7-ELEVEn 提出，要把大米放在冰箱里，而消费者每次购买都要适量。

7-ELEVEn 很多产品是供货商提供的，并没有写明使用方法。针对这样的产品，铃木敏文要求员工自己试吃、试用，然后为消费者提供使用的方法。比如，他们曾经售卖一种方便面，包装上没写食用方法。铃木敏文让员工自己试泡，结果找到了最佳口味的水量，然后在方便面的包装上贴了一个小告示，告诉消费者怎么泡。再比如糖果，每次有新产品来，铃木都会要求员工观察糖果几天会融化，然后提示消费者要在几天之内吃完。

铃木敏文对单品的管理可谓精益求精。例如，7-ELEVEn 的红豆饭广受欢迎，但刚开始推出这种商品的时候，其味道相当一般。铃木敏文让负责做红豆饭的员工进行了仔细调研，最后发现，红豆饭用蒸笼蒸才会激发红豆的香味，而当时店里都是用水煮。于是，铃木敏文为每家店铺都购置了大型蒸笼，一时间，日本大街小巷都是红豆味儿。

为了规范结算时的待客行为，他专门印制了"待客行为效果表"，要求每一位店员不折不扣地做到：顾客结算时，必须高喊"欢迎您"；面对顾客时，同事之间不能窃窃私语，不能随便聊天；要清楚地说明每件商品的名称、价格，同时结账；确认顾客预交款时，在未完全算完账之前，不能把预交款放进收款机；在顾客购买盒饭或食品时，要询问"需要加热吗"；顾客等待时，一定要说"让您久等了"；当很多顾客在另一处等待结账时，要说"请到这边结账"；加热后的商品必须手持交给顾客，以保证商品是温的……

铃木还关心一些看似没用的东西，比如气温和天气湿度。铃木认为，从这些看似与事业无关的事情中恰恰能发现人们生活方式的改变。其实这个观点很简单，比如天气变冷了，大家就要开始喝热咖啡；天气热的时候，人们就需要喝凉爽的饮料。但能做到这一点其实也不容易。铃木敏文要求店长每天都要询问店员，今天天气如何、温度是多少，下周、下个月、全年呢……

其实，7-ELEVEn的服务虽然有口皆碑，但我并不提倡大家完全照搬7-ELEVEn的服务理念，这种已经深入到企业基因的东西，不是照猫画虎就能学会的。中国社区新零售公司需要根据市场情况，设计一套自己的服务理念和服务体系——门店只是消费场景，互联网只是促进消费的工具，而服务是消费的润滑剂，中国社区新零售市场现在最缺的不是商品，而是服务。

社区新零售将是多元化、科技化的经营形态，而服务软实力才是"最特别之处"

日本的7-ELEVEn便利店有3 000多种商品，衣食住行方面的生活用品统统能在这个小小的便利店里买到，其在日本已经是一家多元化的零售服务商。

其实，这些业务对于已经结合线上工具和线下场景的中国社区新零售公司来讲不难实现，现在难的是消费者已经有了各自的消费习惯，很少有人会选在社区新零售公司使用这些多元化的服务。长远来讲，社区新零售必将是一个多元化的发展业态，社区新零售也有机会成为整个社区生活消费服务的入口，但只通过商品交易是很难争取到用户信赖的，而服务或许将成为同业竞争中的核心竞争力。

随着科技的进步，无人化的便利店正在成为现实，这种技术上引发的市场变革肯定会对零售业带来新的冲击，尤其是销售服务岗位——无人化最大的优势在于可以节省大量越来越贵的人力成本，但其缺点也非常明显，就是缺少热情亲切的人性化服务。社区新零售公司若着眼长远发展，就必须提高自身的服务软实力，随着科技的进步，零售业将会越来越标准化，到那时服务反倒成了最特别之处。

优质服务建立在高收益基础上？社区新零售或有捷径可走

实际上，中国也有重视服务质量的公司，也有被津津乐道的服务存在，例如海底捞、顺丰等。海底捞和顺丰被津津乐道并快速发展，表明中国消费者既想享受更优质的服务，也越来越有能享受优质服务的消费能力。随着中国经济的持续发展，中产人群越来越多，消费者对服务的重视度也在提升，好的服务自然可以受到消费者的青睐。

另一方面，随着80后、90后成为消费主力军，这批伴随着互联网成长起来的年轻一代也越来越愿意为互联网服务付费。除了电商消费、网络游戏和会员增值之外，有越来越多的年轻人和中产阶层网民也愿意为网络视频、网络音乐、网络文学、网络教育等网络服务付费，中国消费者的付费意愿正在不断提升。

若着眼于正在进行线上和线下融合发展的社区新零售市场未来竞争的话，现在这个时候需要把服务重视起来，一步步地尝试探索搭建社区新零售的服务体系。等到几年之后社区新零售市场进入爆发期时，这将会起到决定性的市场作用。

当然，优质服务是建立在高收益基础上的，因为高收益可以给店员带来安全感、满足感和快乐，在中国的社区新零售市场要想为专职的店员提供高收益很难，但在社区这个场景内还是可以另辟蹊径的。

例如，请一些在社区内比较活跃、乐于助人、擅于聊天的退休阿姨做兼职，如果能为她们提供可以给她们带来快乐的工作，即使工资不高，她们也是非常愿意接受的。在很多社区内有大量50岁、60岁的退休群体，让他们成为社区新零售的服务者，将会获得意想不到的效果。

对有些退休了的社区阿姨而言，在面对年轻人时除了会有对晚辈的关爱之情，也会有对年轻生活的向往，退休之后她们更愿意与年轻人交流；而面对同龄人时，闲话家常会让其备感亲切。

社区新零售门店的运营能力跟运营者有极大的关系，所以选择工作人员或是加盟伙伴非常关键。在经营能力方面，需要选择懂得零售经营策略的人做店长，而在与用户打交道并为用户提供服务方面，应选择乐观积极、细心周到的人，从这点来看，选择社区阿姨是一种多赢的备选策略。

3.3 如何抓住社区新零售的机会

社区新零售中称得上成功的公司不多，但失败的案例却比比皆是。此前，经常会有人问我，有没有成功的社区新零售公司，这类公司有是有，但赚1元钱的公司跟赚1亿元的公司完全是两码事。

对于新兴的社区新零售市场，它需要解决的问题还有很多，现在进入社区新零售市场，亏钱的可能性要远比赚钱的可能性高，已经有很多公司在这方面有过经验教训了。我们可以从运营要点、经营要点、战略要点三个方面，来细致地了解一下社区新零售有哪些需要注意的问题。运营要点主要是指一些需要重视的常见的运营手段，经营要点主要是指在商品经营上需要注意的问题，战略要点是指关于公司长远发展的长线布局准备。

运营要点：聚人群、优场景、互联网、备电话、有配送、附加值、找关系、拉广告

运营要点 1. 聚人群。 每个小区内的业主基本上就是固定的那些人，即便有些小区的租客比较多，但租客随时会走，业主却始终在那里，所以服务好业主是社区新零售的首要运营要点。虽然每户家庭人员组成不同，但可以根据经营的内容去锁定目标人群，例如做社区鲜菜就需要聚焦家庭主妇。聚焦人群的目的就是培养忠实的粉丝级用户，单个社区市场就那么大，是你死我活的竞争市场，不想被同行碾压，就需要有足够多的老客户支持。

运营要点 2. 优场景。 社区是常见的生活场景，也是新的终端消费场景，在社区搭建的消费场景的优劣将直接影响业主的购买情绪。如今流行的量贩式水果店就要比过去称斤两的水果店更干净整洁一些，现代化的便利店装修风格也要比传统夫妻小店更让人心情愉悦。我曾见过两个社区新零售项目因位置不佳、门店装修主题又不够明确而门可罗雀。虽然社区新零售是做固定客群的生意，但门店位置也很关键，如果已经没有最佳位置，那就尽可能地让购物场景更吸引人一些。

运营要点 3. 互联网。 互联网的联网能力、软件服务、硬件配套建设等都可以用于社区新零售市场。不过，目前市面上既具备技术又擅长经营的社区新零售公司比较少。整体而言，现阶段真正具备互联网能力的社区新零售公司并不多，而互联网在社区新零售中起到的作用主要以联网能力为主，其次是软件服务能力，硬件科技化能力暂时还未发挥出来。那种将互联网软硬件技术结合的无人化便利店暂时还不能在市场上普及。

运营要点 4. 备电话。 虽说如今已经进入互联网时代，但对于有些习惯用

电话或者还不会使用互联网的人来说，他们更倾向于使用电话呼叫服务。做社区消费市场，单个社区人数有限且固定，不可能放弃这部分用户，所以免不了要与这类人打交道，因此最好也要提供电话呼叫下单服务。最简单的方式是与呼叫中心合作，根据需求申请几个座机客服席位，或者在 APP 中接入虚拟通话服务。当然，如果前期需求量或业务量不大的话也可以不考虑，电话下单是有备无患的选择。

运营要点 5. 有配送。配送是电商时代的产物，如今已经成为新零售不可或缺的标配服务，在社区新零售市场，配送服务同样不可或缺。社区配送与社区新零售是紧密相关的组合业务，例如有些基于互联网平台化的社区零售，其现在的核心竞争力就体现在终端配送上。目前社区配送需要面对的最大问题就是常态化的消费客单价较低，消费频次和区域订单密度也较低，无法承担较高的配送成本。有关社区配送的部分，我们会在后面做更详细的分析介绍。

运营要点 6. 附加值。主营业务不赚钱用副业来赚钱，这种"羊毛出在狗身上让猪来买单"的互联网思维激发了零售业对附加值的重视。传统的社区零售业态太过单调，卖东西的只是卖东西，后来为了引入客流，有些社区零售店开始引入便利店代收业务，提升了社区零售门店的附加值。社区新零售公司要与原有的社区零售店竞争，需要提供更多的附加值服务，可将更多公益性质的便民服务引入到门店内，例如免费提供家庭常用工具等，这样不仅可以吸引客户，同时还可以分担一些物业的小工作，并为街道民政公司提供辅助作用。

运营要点 7. 找关系。中国是一个关系型社会，在社区市场有关系总比没关系要强很多，若是一个相同的项目，关系能力更强的一方肯定可以获得更多的市场便利。若没有现成的关系，就得寻找关系，或者想办法创造关系，例如我们刚才说到的便民服务，以这个名义去找街道多少还是会得到一点帮助的。反过来，需要特别指出的是，有社区关系并不意味着就能在社区市场取得成功，关系只能对项目起到一定的助力作用，并不是决定性的要素。

运营要点 8. 拉广告。传统的社区零售经营业态单一，除了经营本店的商品之外，店主基本没有话语权，所以只能默默地做经营；而在社区新零售时代他们需要打开格局，夫妻便利店不要拒绝一些加盟或者合作邀请，若是将众多社区便利店组织起来，就可以产生诸多附加价值，例如进货成本更低，再比如可以为店内增添广告位，通过广告获得额外收益。当然，社区新零售公司普遍都有通过广告获得额外营收的意识，但不能指望广告带来多大的收益，毕竟广告讲求广而告之，而社区内的消费群体数量有限，人流量不大的话广告价值便有限。

经营要点：强服务、降成本、抓品控、管库存、提坪效、应专注、重实际、执行力

经营要点 1. 强服务。社区新零售，新的地方不只是卖东西，其服务理念也要新，前一节我们探讨了 7-ELEVEn 的服务理念，虽然我们不能全然照搬，但强化服务质量这一点是没错的。说得大一点，过去，中国一直是产品型消费社会，用户只愿意为产品付费，不愿意为服务付费，而在发达国家，为服务付费的支出要比为产品付费更多；说得小一点，如果没有比传统社区零售更优质的服务体系，用户凭什么放弃原来常去的线下店而选择社区新零售公司的新店？价格低只是一方面，服务能力将成为全新的市场竞争要素。

经营要点 2. 降成本。降低成本是零售业亘古不变的经营目标，那社区新零售有没有低成本的价值洼地？零售业的成本主要来自房租成本、人工成本、固定投入、采购成本等，本章第一节我们提到了社区新零售有多种经营方式，当中可以节省成本的地方就有很多，社区新零售可以通过与物业合作拿到房租更低的门店，也可以采用线上＋社区合伙人的形式直接砍掉门店成本。然而需要指出的是，降成本不等于省钱，有些该花的钱不能省，至于该花在什么地方，就得看投入产出比了，其实对于创业公司而言，会省钱与会

花钱都是技术活。

经营要点 3. 抓品控。零售行业的经营问题基本都差不多，要降成本、抓品控、低库存等，但社区新零售与传统零售还是有些不一样的地方。例如，对于抓品控即商品选择来说，消费者常用的商品有限，线下店面的存放空间有限，哪些是目标社区常用的商品也需要慢慢摸索。

经营要点 4. 管库存。在社区零售中有些商品的动销率普遍偏低，一般供应商会根据各门店的需求随时提供补货服务，但社区新零售的经营模式往往会涉及自主搭建供应链，如果对供应商的话语权不强的话，对于某些需要资金现结的品类，就需要用自有资金积累一定的库存。有些模式是将库存转嫁、积压在社区终端零售店或社区合伙人那里，有些专做便利店商品供应链的项目则主打零库存来吸引店主。社区新零售公司需要注意控制库存，如果在结款、账期上占据主动权那自然最好。

经营要点 5. 提坪效。无论是社区内的夫妻便利店，还是街口的现代化便利店，坪效都是主要的营收参考指标。实际上，提坪效也是门技术活，现代化的便利店利用整体设计风格和明亮的光线让人看起来更舒心。那些半路出家做社区新零售的公司，对门店设计没有什么经验，将几个货架摆到门店内，商品种类少，货架距离宽，甚至还有大袋装大米、大桶装食用油的情况出现，坪效甚低。其实，为了提高空间利用率，可以让用户网上或者电话订购大米和食用油并送货上门，前提是得培养用户的消费习惯。

经营要点 6. 应专注。有些社区新零售项目的创业创新不是在零售本身上想办法精益求精，而是想一些邪门歪道的方式来促进消费；也有些社区新零售项目，并不想干又苦又累的零售工作，而是想做一劳永逸的社区新零售交易平台；还有一些虽说是做社区新零售的，但其本质目的并不想做零售，而是打着零售的旗帜做金融等其他业务。社区新零售确实是最有可能成为整个社区生活服务消费的入口，但前提是将本职的零售工作做好，早期的创业项目应该专注零售业务本身，多向京东等企业学习。

经营要点 7. **重实际**。那些在社区新零售市场又不专注发展零售业务的人或者公司，往往也都不重视实际，他们认为烧钱打广告、请公关，在线下疯狂开店就能做社区新零售，可一旦实际效果不佳，自身没有盈利，又没有新的投资人进来，项目要么被迫叫停，要么就被贱卖。另外，还有一些公司想利用小聪明"勾引"社区内的业主消费者，例如免费领鸡蛋、积分抽奖等，而现实却是业主们要比他们更聪明、更实际，等没有鸡蛋、没有抽奖了，业主们也就不来了。

经营要点 8. **执行力**。执行力也是老生常谈的基本问题了，业界流传着"三流想法一流执行力"要比"一流想法三流执行力"更有竞争力的说法，其实任何创业项目的执行力好坏都是成败的关键。社区新零售看似简单，实际却非常考验一个团队的执行力，例如互联网技术能不能将想法落实，与物业、街道等相关单位打交道能否获得有力支持，对供应链的管理能否获得更低的价格，门店经营能否有效提升业绩等。执行力主要是将想法变成现实的能力，前提是想法本身具有可执行性。

战略要点：建体系、忌补贴、去竞合、控节奏、抢增值、"抱大腿"、标准化、数据化

战略要点 1. **建体系**。社区新零售基本都是规模化、体系化的项目，涉及软硬件系统、供应链管理、整合加盟招商、店面设计等诸多方面。构建零售体系非常复杂，很难三言两语说清楚，7-ELEVEn 被津津乐道之处不只是其服务能力，还有其强大的供应链管理能力。7-ELEVEn 在日本基本没有自己的直营商店，也没有一个工厂是自己的，更没有一个配送中心是自己的，它是一个特许加盟连锁的利益共同体，更是一个命运休戚相关的命运共同体，7-ELEVEn 把体系的价值彰显得淋漓尽致。不过，这也不是说 7-ELEVEn 的体系就是最佳的，社区新零售的体系还有诸多可创新之处。

战略要点 2. **忌补贴**。烧钱补贴是很多社区新零售项目迅速抢占市场的常用手段，但诸多项目也因过度补贴死伤惨重。在社区市场切忌补贴，这是很多过来人的经验教训，依靠自身补贴用低价抢市场，一旦停止补贴社区用户也就失去了购买兴趣，他们中的多数会回到原来的生活消费习惯。当享受低价或免费服务成为客户的一种习惯，这种服务就不再是优势，而是劣势，很多互联网公司都吃过这个亏。所以，在社区新零售市场，切忌使用烧钱补贴的策略，除非具有持续烧钱的能力。

战略要点 3. **去竞合**。社区新零售就是一个新势力推翻旧势力的市场进化过程，所以免不了竞争，也少不了合作，敢于去竞争，才能收获更多的合作机会。道理很简单，想在社区新零售市场分一杯羹的公司非常多，例如一些大物业，然而社区新零售并不是谁都能做成的项目，即便是大物业多半也做不来。所以很多物业现在想明白了，不再自营，而是更多地与第三方进行合作，这样市场成本低，风险成本也低，而且找一个靠谱的合作方还能直接坐享其成。

战略要点 4. **控节奏**。创业的成功需要多种内因和外因的共同作用，但说到内因，公司负责人对创业项目发展的节奏控制尤为重要：公司负责人需要清楚什么时候该做什么事，发展节奏太快市场投入太猛不行，摊子太大资源浪费多，一旦出现问题恐难以挽回；而节奏太慢了也不行，既怕错过时机，又怕被同行超越。在社区新零售市场该怎么控制发展节奏？目前来看，那些出现问题的公司都是因盲目地追求规模和快速发展而出现难以挽回的问题。社区新零售不可能一蹴而就，涉及对线下经营业态的改造升级，它显然是一个慢市场。

战略要点 5. **挖增值**。零售是消费入口，稳定的零售业务可以带来持续的现金流，无论是苏宁、万达等传统零售公司，还是阿里和京东等电商巨头，都在主营业务稳定之后去挖掘其他增值业务，有做地产的、有做金融的、有做物流的、有做营销的。社区新零售也可以带来诸多增值业务，在金融、配送、广告、上门、医疗、养老等方面有诸多拓展与结合空间。在社区新零售基础上拓展挖掘增值业务是正常的战略扩张，但前提一定是要等主营业务稳定了，本末倒置的公司很少有成功的。如果是起步较高的大公司，当然也可以与其他业务融合发展零售。

战略要点 6. "抱大腿"。社区市场并不是完全开放的市场，在运营层面需要找关系抢资源，而在战略层面，"抱大腿"也是事半功倍的选择。"大腿"们不只能带来资金，更重要的是能带来资源，比如物业公司可以带来免费的线下门店场地，零售巨头可以带来强大的供应链，这些都有助于你从社区新零售市场的竞争中脱颖而出。

战略要点 7. 标准化。标准化是基本的战略问题，对于社区新零售这个新兴消费市场，能够做到标准化是市场扩张的前提。目前社区新零售仍处于早期的市场探索期，无论是互联网式的便利店，还是现代化的便利店都不能完全切合社区市场的需求，尽早梳理出完备的业务标准化模式，可以抢占市场扩张的先机。社区新零售需要标准化的不只是商品，还有不同城市、不同社区类型的居民生活作息和消费习惯。因为社区新零售的客群固定，发展零售业务就需要了解目标客群的需求，并在其中寻找规律性，以备扩张使用。

战略要点 8. 数据化。数据化也是众所皆知的需要格外重视的战略问题。互联网时代是数据化的时代，而未来的零售业竞争也将是数据化的竞争。大数据的市场价值已无需多言，现在没有一家零售公司会拒绝数据化，而贴近广大民众的日常生活消费数据必然会让各大零售和互联网公司趋之若鹜，社区新零售所产生的数据可以帮助这些公司更了解它们的用户群。不过，尴尬的是目前多数社区新零售项目并不具备挖掘社区大数据的能力，那些具备数据挖掘能力的第三方公司可以想办法在社区新零售市场寻找发展空间。

以上是我们从运营、经营、战略三个方面总结的一些市场要点，有些是大公司遇到的问题，有些是创业公司遇到的问题，这些都是很现实的问题。

虽然看起来很容易发现，但真正做起来往往都会被忽视。想从事或者正在从事社区新零售工作的人，不妨看看自身项目有没有遇到类似的问题，如果没有，那说明你离成功不远了。

3.4 日本便利店理念可以学，但不能盲目照搬

公开资料显示，2016 财年，阿里巴巴的 3.6 万多名员工创造了 427 亿元的利润；与此同时，7-ELEVEn 日本公司 8 000 多名员工，创造了近百亿元的利润，人均利润与阿里相当，接近 120 万元 / 人。从数据上来看，便利店的潜力相当可观，然而中国市场与日本市场迥然不同，日本模式放在中国市场也未必全然合适。

经过 40 多年的发展，便利店在日本的渗透程度要宏胜互联网

在日本，7-ELEVEn 经过 40 多年的发展，从刚开始受到年轻学生的欢迎，到最后受到中老年人的喜欢，已经覆盖了所有年龄层次。日本虽然是老龄化极其严重的国家，但对便利店这个业态来说，老龄化问题反倒成为其发展的契机。

40 多年的发展意味着什么？原来喜欢 7-ELEVEn 的日本年轻人正是现在六七十岁的老年人，而成熟的便利店服务又吸引着一代又一代人持续使用，并逐渐具有了足够的黏性，其发展逐渐地满足了各个年龄阶层的日常生活需求。

日本民众已经习惯了便利店提供的多元化服务，甚至对便利店的需求要远大于对互联网零售交易服务的需求。在日本便利店，民众可以购买机票、电影票、游乐场门票，ATM 取钱，收发快递，打印复印，交税交水电费，缴

年金保险，洗衣，存管物品等。

除此之外，日本便利店不仅仅只是便利店，同时还是"餐饮店"。7-ELEVEn、全家等日式便利店很大一部分的经营收入（约40%）来自于鲜食，也就是面包、包子、关东煮、快餐等商品，而这些在中国大多数的社区便利店是不适合提供的；只有在少数聚集了大量年轻租房群体的一二线城市市中心的核心社区才适合开设这种便利店。

中国市场绝大多数的社区便利店以夫妻店为主，在一般的社区中，民众的需求并没有上升到这个高度，对鲜食品类的需求较低，而且对商品价格尤为敏感，所以在十多年的时间里，7-ELEVEn、全家等只能在北上广深以及周边的零星城市发展。

在日本，便利店已经是一个成熟的市场，可中国并非如此，虽然从一二线城市的消费数据上来看，中国现代化的便利店刚刚迎来发展的黄金期，但中国现代化便利店所处的宏观市场环境与20世纪90年代日本便利店的发展黄金期已经截然不同了。

中国互联网发展完胜日本，便利店的优势特征在中国市场被打折扣

日本便利店的成功是时代性的产物，与日本的经济发展、城镇化进程、人民消费习惯都有关系，而中国的便利店发展与中国的市场环境也有直接关系，中国互联网对消费市场的影响，对中国现代化便利店发展起到了决定性的市场作用。

与中国相比，日本互联网发展已经显得相对滞后，许多现在在日本看起来是创新的项目，都是中国3~5年前尝试过的东西了。而且日本是一个较为喜欢用现金的国家，其移动支付的发展远不及中国市场，所以刚才我们提到的买机票、电影票、游乐场门票以及交税交水电费、缴年金保险等日本民众都是在便利店完成，而在中国只需要用支付宝或者微信支付就可以了。

中国高度的互联网化让便利店跨业扩张的生存空间越来越小，至于洗

衣、存管物品、ATM 取钱、收发快递、打印复印等需要占用线下物理空间的服务，还有许多比现代化便利店更适合的线下场所。中国市场虽然需要日本先进的现代化便利店经营理念，但便利店要想成为民众日常的消费入口恐怕很难。

中国消费市场正处于线上与线下融合发展的时期，虽说是融合，但在某些方面，线上在不断争夺线下的生存空间。此前我们曾提到，在日本，便利店的市场份额已经超过了超市，其比例大体为 54%∶46%，而在我国目前的实体零售市场，便利店和超市的占比大体是 8%∶92%，中国便利店与超市的比重可以达到日本的水平吗？

随着人均消费能力的提升，便利店的消费占比肯定也会随之提升，但短期内定然不会有太大的改变。日本便利店经过 40 多年的发展才有今天，而面对中国日新月异的互联网市场，以及处在大变革中的新零售市场，谁都不敢确定 5 年后、10 年后的市场什么样。

低消费，中国市场的消费能力仍比不过日本，现代化社区便利店市场还不成熟

我们并不否定现代化便利店在中国市场的潜力，只是提醒大家不要过于迷恋便利店在社区市场发挥的作用。从数据上来看，中国最适合现代化便利店发展的也就是北上广深等一线城市，其中上海、广州算是走在市场前列的，但网购消费在上海、广州也更为发达。

现代化的便利店更适合一些追求便捷的年轻人以及一些对价格不敏感的中老年人，所以也就只有北上广深这类一线城市更适合现代化便利店的发展。在社区市场，中国的中老年人一般对价格都很敏感，所以才会有那么多人愿意到超市购物，整体而言超市的商品价格确实要比便利店更低，日本也是如此。

在日本，时间成本和出行成本较高，所以民众能接受便利店稍微高一点

的价格，很多基础性的消费和日用品在便利店解决更为划算，而且日本的人均收入水平较高，对商品的价格并不是特别敏感，他们不愿意为了省一点钱挤到大型超市去购物，而便利店贯穿日本街角，解决民众的日常需求非常方便。另外，日本因居住空间有限，不太适合大量储备日用品，需要随时到便利店购买。

我国民众对于价格的敏感度较高，乐于到大型超市购买一些价格便宜或者有促销活动的商品，而且往往习惯在价格便宜时多采购一些存放在家中，另外普通阶层民众的时间成本较低，"逛超市"对他们而言不只是消费购物，也是一种生活方式。对于那些时间成本较高的一二线城市白领来说，他们对快消日用品的需求，完全可以通过在电商平台下单解决，去便利店反倒是一件麻烦事；而对于那些经济能力较强的家庭来说，直接开车到大型超市大量采购即可，且家里有足够的空间存放食品和用品。

所以，现代化便利店开在一二线城市的热闹街角并无不妥，但要是开在社区内就需要谨慎一些，社区新零售还有非常多的细节问题需要慢慢尝试摸索。

高成本，适合现代化便利店的优质地段，其开店成本持续攀升，转战社区是趋势

便利店行业的毛利看起来可以达到 20%~30%，但近几年中国开店的租房成本和人工成本不断增加，在一线城市现代化便利店想赚钱也没那么容易。以北京为例，有业内人士指出，在北京便利店单日营收低于 7 000 元是没办法赚钱的，即便是 7-ELEVEn 现在也没有办法保证每个店都赚钱，其过去一直是开一批关一批不断地优化。

在房租成本方面，实际上便利店是在与全业竞争，对于严重依赖地段的现代化便利店，凡是需要线下开店的都是其间接的竞争对手，因为大家都要租门店，房租成本自然就会连年上涨。若再加上雇员的人力成本和水电成

本，现代化的自营式便利店想赚钱并不容易，所以中国才会盛行夫妻式便利店，因为夫妻式便利店不用考虑人工成本，而省下的人工成本就是夫妻的年利润组成部分。干得好的夫妻便利店，一年也有十几万元的收入，对于一个家庭而言也十分可观了。

社区门店的租房费用虽然也不低，但总要比房租成本居高不下的热门街口低一些，而且很多社区内的门店是自家一楼改造的，不用租房成本。社区内门店的日均交易流水可能远远比不过街口店，但综合成本低，总还是有利可图的，对于夫妻店来说也算是够了。然而现在的问题是，社区内夫妻店的经营模式和经营内容已经有点跟不上时代发展的节奏了。

所以我国便利店市场的发展思路都是加盟整合，无论是互联网式便利店，还是现代化便利店，都已经将目光锁定在了传统的夫妻便利店，其基本方法就是先收加盟费，然后按照自身统一的风格重新装修夫妻店，让其更符合现代化的审美，同时将夫妻店的供应链端纳入体系之内，这样夫妻二人只需要每日守着店面即可，其他工作都由品牌方来完成。

我国目前正处于终端零售与互联网结合化发展的新零售阶段，而社区新零售属于一个全新的市场。用户至上的新零售时代，社区是一个聚集了大量固定用户的生活场景，其潜在的市场潜力难以估量，之前没人关注只是时机还不成熟，如今无论是社区新零售还是社区O2O，都到了市场爆发的前夜，虽然需要面对很多问题，但机会也正隐藏在这些问题之中。

第二部分

全面了解社区商业

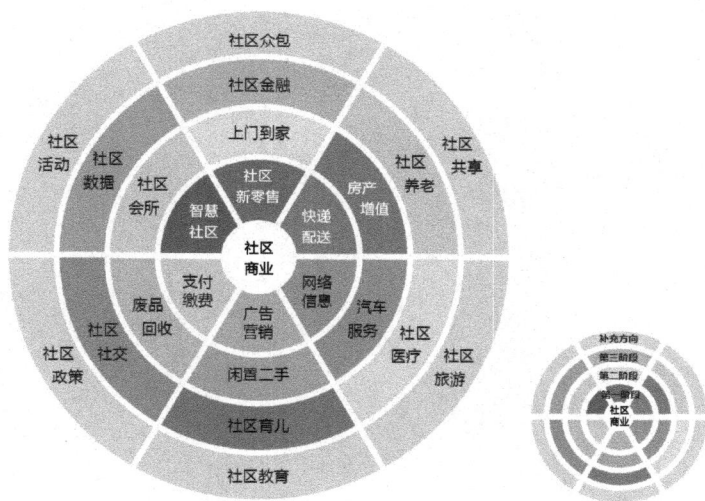

社区商业三个阶段及补充发展方向

社区商业（以前大都表现为社区 O2O）项目类型有很多，一般人搞不清楚社区商业究竟是做什么的？我们根据项目的常见性、难易度、营收能力、市场价值、市场用途以及先后相关性可以把社区商业分为三个阶段 18 个基础的市场方向以及 6 个补充发展方向。当我们把社区商业细分之后，可以更容易理解社区市场的价值和机会所在。

第四章

社区商业第一阶段：改善社区环境

社区商业的第一个发展阶段，主要包括社区新零售、快递配送、网络信息、广告营销、支付缴费和智慧社区，如图 4-1 所示。这些要么是最为常见的社区项目，要么是社区生活的基础服务，这 6 个方向构成了社区商业的发展基础。

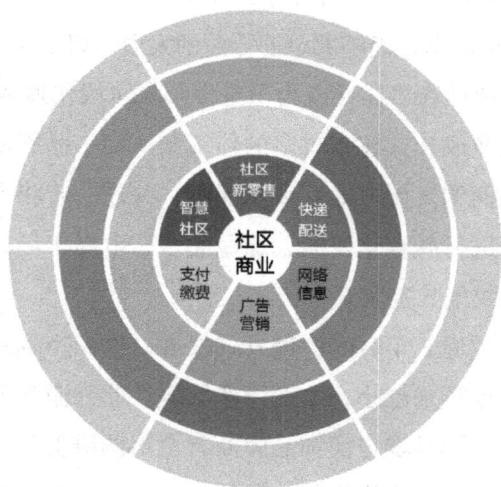

图 4-1　社区商业第一阶段

4.1　方向 1：社区新零售

2016 年 11 月 1 日，商务部、民政部、国土资源部、住房城乡建设部、质检总局五部委联合发布了《推动电子商务进社区促进居民便利消费的意见》（以下简称《意见》），该《意见》将会进一步刺激社区电商零售的发展。社区新零售已成为一种势不可当的市场发展趋势。

（1）零售业变革＋社区商业变革，双风口叠加，社区新零售爆发

本书前三章已经详细分析介绍了社区新零售的市场现状以及未来的发展趋势，在没有新零售概念之前，社区电商就已是各大零售公司和创业公司争抢的市场，而社区新零售出现之后，线下门店又成为了新的社区零售业态的主角。

在新零售带动的整个零售业变革下，消费形态正在发生变化——前一次的消费市场变化使消费者大批大量地从线下转移到了线上；这轮市场变化的首要的推动因素是价格因素，而随着电商行业的发展，以及越来越多的消费者习惯了线上购物，便捷性和多样性成为了电商第二阶段快速成长的推动因素。

随着电商的快速成长，越来越多的传统制造商、品牌商、供应商、零售商也渐渐适应了电商的发展方式和市场规则，并进一步将自身的线上业务体系和线下业态体系进行融合化发展，那些起步于电商市场的线上零售商们也开始尝试到线下寻找增长空间。

与此同时，经过近8年时间的爆发式发展，电商市场的用户红利、价格红利以及政策红利也越来越小，电商增速放缓。此外激烈的竞争又让电商的运营成本持续攀升，同时零售商和品牌商有意协调线上与线下价格体系，使得线上的商品也逐渐失去价格优势。另外，政策对于电商的监管也越来越严格，严控货品质量、纳税、售后服务等也让电商企业戴上了紧箍咒。

多重因素的市场作用下，即便电商仍有非常好的增长前景，阿里、京东等基于互联网企业的电商平台还是将目光锁定到了线下市场，这与之前万达、苏宁、物美、大润发、沃尔玛等线下传统零售商大力尝试线上化的发展思路异曲同工。虽然是两种相反的发展路线，但线上线下融合成为公认的零售业发展趋势，零售业明确地出现了新的变革趋势。

如今的消费市场和服务市场讲究明确消费和服务场景，应景消费是促进

消费的有效手段，而从我们日常的生活场景来划分，可以分为消费娱乐区、工作办公区、家庭生活区。在这三个基本的场景中，消费娱乐区原本就是零售业的主要载体，新零售所产生的市场变革的直接作用也是要将线上与原本的消费娱乐场景深入结合。

同时，新零售的出现也激发了工作办公区的消费市场出现变革，这几年除了外卖高速发展，针对工作办公区白领群体的现代化便利店、量贩式水果店，以及办公区自助小超市等项目也迅速发展。不过工作办公区毕竟是工作的地方，不是吃喝消费的地方，工作办公区的消费潜力很快就会达到上限。所以眼光更为敏锐的一些零售商和创业者将目光锁定在了家庭生活区的消费市场，也就是现在我们所说的社区新零售市场。

如今已经有越来越多的公司加入到社区市场，它们在原有的社区零售业态基础上，提供创新式的社区新零售服务。将阿里、京东在电商市场的成功案例和 7-ELEVEn 在日本市场的成功案例综合起来看，如果能在社区新零售市场取得成功，或许还可以撬动金融、数据、服务等社区相关市场，如此大的发展潜力自然会让大公司和创业者们趋之若鹜，社区新零售已经成为零售业的新蓝海。

（2）传统电商与传统零售争抢社区市场，社区新零售竞争白热化

很多公司已经进入社区零售市场，其中包括阿里、京东、天天果园、爱鲜蜂、闪电购等电商互联网公司，还有苏宁、百联、沃尔玛、王府井、中粮、物美、大润发、永辉、中百等传统零售集团，以及红旗连锁、快客便利、美宜佳、好德/可的、罗森、喜士多、上好便利店、天福、华润 Vango、祐康祐惠店等传统便利店公司。

以上只列举了社区新零售市场比较知名的公司，而这只是整个社区新零售参与者中的一小部分，在全国各地还有诸多社区新零售中小型便利店，以及众多社区新零售创业公司参与其中。

对消费者而言，激烈的市场竞争是好事，很多社区新零售公司都在积极地进行创新，这让消费者有了更多的选择，可以获得更好的商品。从经营品类来看，社区新零售提供包括传统商超及便利店商品，水果、蔬菜、鱼虾蟹等生鲜类目，包子、快餐、关东煮等鲜食商品等。虽然在类目上变化不大，但社区新零售公司的门店设计效果、供应链管理能力、商品丰富度、产品创新能力、经营服务能力、终端配送能力等都要比过去有明显提升。

所以，各方势力都加入到了社区新零售这场战争之中，除了各类社区O2O项目外，还有很多大物业公司都在筹划组建自己的社区零售体系，虽然它们暂时做得都比较差，但这并不代表它们不会进步。物业在社区有非常明显的优势，如门店优势、人员优势，现在做不好与物业本身的人员能力有直接关系，但大物业可以通过放弃自营，选择与第三方联合经营，或是投资一些社区新零售创业公司等方式来做社区新零售。

4.2　方向 2：快递配送

在非常多的社区项目里都提到了占据社区市场就能掌控所谓的"最后 1公里"或是"最后 100 米"，似乎只要抢占了社区终端配送市场就能取得多大的成功一样。我们不妨重新思考一下，就算占据"最后 10 米"又如何？抢占社区配送的目的是什么？社区终端配送究竟有多大的市场利润？

（1）社区新零售与社区快递配送的复杂关系

在诸多社区商业细分切入点中，与社区配送结合度最高的项目就是前面刚提到的社区新零售。2015 年，我曾写过一篇名为"社区电商实则是跑腿之争"的文章分析社区配送和社区电商的关系，核心内容是社区配送的重要性将影响社区电商的发展。那个时候还没有社区新零售，社区便利店也尚未得到如此广泛的关注，社区电商也还没有遭遇市场瓶颈，而是呈现百花齐放的市场状态，各家公司之间拼的就是谁的配送能力更强。

社区新零售的核心竞争力是社区终端配送能力

当时我的观点是"社区电商的核心不是网购价值，而是终端配送能力，以卖货为核心难有前途"。之所以有这个观点是因为那时我就不看好纯线上的社区电商，事实也证明纯线上的社区电商平台问题严重，虽然它们中有还在坚持的，也有拿到融资看起来发展得还算不错的，但还是有多家纯线上的社区电商要么关门、要么转型、要么让出控股权。如今的纯电商实在太难发展了，竞争激烈倒是次要，主要是挖掘用户难，在社区市场挖掘用户更难。

现在已经进入到社区新零售的时代，关于社区终端配送的观点也需要做出优化调整，"社区新零售的核心竞争力是社区终端配送能力，社区终端配送需要辅助社区新零售平台产生价值"。由于市场消费环境的不同，社区新零售对配送速度的要求要比传统电商对配送速度的要求更高，若社区新零售的配送效率不及京东、顺丰优选等，那用户为何不在京东上购买日化零食、在顺丰优选上购买生鲜水果呢？可以肯定的是社区配送的重要性将直接影响社区新零售的发展，社区配送的方式需要配合社区新零售的经营特点。

社区市场本就受空间位置、消费类目、消费时间等多方面因素的限制，如果连最基本的配送能力都不足的话，会对消费者的购物体验造成非常大的影响，一旦让消费者失去耐心而导致用户频繁流失，那也就意味着项目命不久矣。做社区新零售的人比较困扰的就是要不要发展自身的配送能力，事实上，其需要结合项目的经营特点，选择一条效率、成本、营收都能得到平衡的方式来发展社区配送。如果条件允许的话，社区新零售需要配置社区配送业务，尤其是自营式的社区新零售，社区配送是对零售业务的延伸，交给第三方来做配送，其服务质量得不到有效保证。但现在的问题是有些社区新零售无法控制零售业绩与配送成本之间的平衡问题，这就需要在经营模式上做调整了。

社区新零售的劣势非常多，低单价、低频次、低毛利、总量小、及时性要求高、市场竞争激烈，虽然在超一线城市这种情况正在好转，但也只有当社区新零售企业自身壮大之后才有机会彻底改变这些劣势，那如何壮大呢？这就需要发挥社区新零售的优势来抢占市场。社区新零售最大的优势就在于离用户更近，可以提供更快的配送服务，只有充分发挥这一点才能真正显示出社区新零售的市场能力。因为社区用户选择社区新零售的重要原因之一就是其快速便捷，他们实质是在购买送货上门的跑腿服务，终端配送能力不足的社区新零售项目很容易被取代。

有效的社区配送可以对社区电商起到修正作用

有实力的平台式社区新零售公司都在发展自己的配送团队，如果社区新零售平台仅仅只是掌握线上的流量交易入口，配送工作完全交由入驻的便利店自行负责，就很容易造成被动，如果哪一天社区便利店不再合作，平台式的社区新零售将直接失去市场。若是既能掌握线上交易入口，又能掌控线下配送体系，就可以对社区便利店形成制约，如果社区便利店想退出，具备配送能力的平台式社区新零售完全可以零门槛地引入其他便利店，只要配送环节不出问题，消费者在线上下单时对是哪家便利店提供的产品没多大的感知。

稳妥一些的平台式社区新零售会在发展自己的社区配送业务的同时也鼓励那些稍微大一点的有足够人力的社区便利店自行配送，综合多样的配送方式可以招揽不同类型的商家入驻，也可以节省一定的配送成本并降低搭建配送团队的运营风险。另外，从长远来看，参考外卖行业的配送发展，配送业务也是平台式社区新零售的营收来源之一。从服务于社区新零售的角度来说，社区配送的基础作用明显。

无论模式如何，社区新零售企业需要清楚一点，姑且不管未来社区配送有多大增值潜力，现阶段发展社区配送主要是为了配合社区新零售业务的发展。所以，社区新零售需要在社区配送层面进行多思考，社区配送人效高，社区新零售的营收能力才会体现出来。如果社区配送的成本持续偏高，销售额又没有稳定上升，说明社区新零售与社区配送之间的运营机制存在问题，如果不能从经营类目和销售业绩上做出调整，就需要在配送环节中降低成本，例如将半小时极速送达改成分时间段的一日两送，根据区域内的单量密度调整配送人力等。

如果民众生活作息习惯是有规律可循的，那么社区新零售的订单就是有规律可循的，所以社区配送服务也是有规律可循的，根据规律顺势而为可有效降低配送成本。另外，与社区用户建立长期良好的客商关系也是节约配送成本的关键要素之一，例如少敲两分钟的门、鼓励用户多使用线上支付减少配送员找零用时、配送员清楚老客户的家庭地址等，都是提升配送效率的有效手段。别小看这些细节，每一单节省 1 分钟时间，10 单就能节省 10 分钟，对于有黄金消费时段的社区新零售来说，社区配送的价值就体现在这节省出的几分钟之内。

即便没有社区新零售，社区内的终端配送也还有其他工作可以做，例如围绕传统电商的社区快递送取服务、外卖平台主营的送餐服务等，而社区新零售的发展给了社区配送一个独立的并受业界重视的市场地位。围绕社区电商发展起来的社区配送也成为与快递配送和外卖配送相辅相成的存在，让整个社区消费服务更加丰富，也更受餐饮零售消费市场的关注。

（2）终端配送之争：快递配送、外卖配送、社区配送

围绕社区市场终端的配送服务究竟该怎么做并没有一个标准，我们前一小节只是在探讨围绕社区新零售的社区配送该如何做，除此之外，外卖平台与社区新零售之间也有诸多关联之处，而传统电商的快递配送与社区新零售

的社区配送之间也有紧密的联系。另外，如果脱离交易平台的话，社区内的终端配送服务该如何发展也是很多人关注的问题。

快递配送、外卖配送、社区配送的交集正越来越多

我一直不太看好纯平台式的社区新零售，这类项目有些太过于互联网化，因为一旦进行纯平台式运作就会把市场战线拉得过长，商家会越来越多，经营品类也会越来越多，最终将会与外卖平台越来越接近。而现在的外卖平台也在大力扩张餐饮之外的其他可以交易的类目，强化社区市场的战略价值。另一方面，传统电商、传统商超、传统便利店，甚至是传统快递服务公司也都在挖掘社区消费市场，如天猫、京东、物美、大润发、红旗、顺丰等想进入社区市场的相关企业非常多。

按照如今三个看似不同的社区新零售与终端配送路线的发展走势，用不了多久三条路就会交织在一起，那时社区市场会形成全新的竞争局面。在这三者中，无论从市场规模、市场成熟度，还是参与企业的竞争实力，刚刚起步的社区新零售公司都无法与另外两者相比，一旦社区新零售公司陷入与外卖平台和传统电商零售及配送企业的竞争中就会被拖入融资烧钱的无底洞，最后的结局可能就是被吞并或收编。

从经营特点上来看，社区新零售其实是夹在传统电商零售与外卖业务之间的"中间角色"，社区新零售既与传统电商零售相关联，也与外卖有相似之处。那么，社区新零售未来是会同时吸收融合传统电商零售和外卖成为独树一帜的全新市场，还是被传统电商零售和外卖分食消化而退出主流市场？或者我们从另一个角度看，社区配送能不能整合快递配送和外卖配送，还是会被快递配送和外卖配送给分解？这就得看后续的市场发展走势了。

从市场大环境来看，更为贴近社区用户的社区配送存在获胜的可能，但这还得看社区新零售究竟能走多远。传统电商发展撑起了快递物流市场，外卖市场的爆发推动了短途的餐饮配送市场，社区配送要想取得长足发展，还

得靠社区新零售来直接驱动，产业链正相关带动的效果最为明显。

掌握终端配送能力，不一定具有市场话语权，还得看谁掌握交易入口

既然社区配送如此重要，那可不可以跳过社区新零售直接来发展社区配送呢？或者说先发展社区配送然后再回过头来发展社区新零售？这么想的人大有人在，这么做的人也有很多。如果不打算围绕社区新零售来发展社区配送的话，可以从传统快递、外卖配送和跑腿服务入手，先在社区市场承接这类终端配送业务。

这么做的好处在于抛开了社区新零售，不用考虑运营管理以及供应链维护等事宜，而是直接地专注于终端配送的工作，前期的社区市场准入门槛会比较低。社区新零售对运营能力、融资能力、技术能力、市场能力等多方面的考验都要远远高于独立的社区配送项目。

然而，门槛低不见得可以做大规模，且不考虑低门槛的项目一般竞争都会非常激烈的问题，首先要考虑的是单量从何而来？从外卖平台、传统快递那里还能分得多少单量？社区新零售带动社区配送的价值作用就体现在能提供自给自足的配送订单。

例如，（旧）达达、速递易分别从传统快递和外卖平台那里获得了大量的配送单量，并且也都曾是舆论和资本关注的焦点。可以说（旧）达达和速递易在社区市场都已具备了强大的终端配送（自提）能力，但尴尬的是这两家公司都没有利润可言，而且此前一直在持续亏损。所以说，有配送单量、有配送规模不见得能在终端配送上赚到钱，（旧）达达和速递易都受制于上游的单量输出方，干着替别人做事的工作，自身不能掌握主动权。

如果这个工作真的利润丰厚或者市场价值明显，上游的单量输出方完全可以停止合作并回过头来抢市场，例如在自提柜市场，顺丰与速递易之间就是这样，所以顺丰联手各大快递公司组建了丰巢。

另外，想先有配送服务规模再反向发展交易平台的做法也很难成功，包括速递易、（旧）达达以及顺丰、圆通、申通等配送类公司都曾做过类似的尝试，如今只有顺丰还在坚持，而（旧）达达与京东到家合并，组建了新达达-京东到家，有效地解决了单量问题。

反之，先做交易平台后做配送服务，或交易平台与配送服务一起做的公司，例如阿里、京东、美团等电商公司，都是依托自身持续的单量带动作用才培育出了各自强大的配送体系。所以，不要盲目地认为掌握了终端配送就能掌握交易入口，从多个项目的市场经验来看，掌握了交易入口才具有市场话语权，才能有效地促进配送业务的成长。

（3）社区配送补充方案——灵活的服务，尴尬的创新

其实，达达的社会化众包配送方式是对外卖及城市短途配送行业的补充，速递易的快递柜是对传统快递的辅助，在产业链层面，两者灵活地提供了不同方式的创新配送服务。但尴尬的是它们自身并不能获得实际的市场利润，所以达达选择与京东到家合并而解决了营收与成本问题，而速递易却仍处于无法盈利的尴尬境地。

众包社区配送的灵活性优势明显，规模化之后副作用更大

众包社区配送更容易讲资本故事的地方在于其一方面给需求方节省成本，另一方面给服务方带去收益，尤其在滴滴的带动下，不少人误以为众包物流很有前途。

众包社区配送的理念是将社区内闲置人力利用起来，既能为社区内的零售小店节省一部分配送成本，也为配送者带去了额外的赚钱机会，是一项一举两得的配送服务创新。例如，对于社区周边的便利店、水果店、餐饮店、零食店等零售小店来说，养一个专门的配送员工成本太高，基本上都是由现有工作人员兼职外送工作，或者直接采用第三方外送平台的配送服务。

而第三方外送平台的效率和服务质量容易出问题，在同一个小区范围

内，采用第三方外送平台的配送往往会花费更多的配送时间，反倒不如采取众包的方式招几个专门为本小区提供配送服务的兼职人员，其成本与采用第三方外送平台配送服务的成本差不多但效率更高。另外，与自己养一个长期驻店的专门的配送人员相比，众包社区配送成本更低，而且配送形式可以更加灵活，如果突然单量上涨可以及时增加众包的配送力量，如果单量下跌也可以随时停止众包配送，在灵活性方面的优势非常明显。

这里面有一点还没说清楚，就是提供众包社区配送的主体是谁？其可以是第三方社区众包配送平台，也可以是社区零售店自己招的几个兼职人员，或是其他社区服务商，这个没有具体限制，得看各社区内的商业状况。不过，有一个问题需要指出，众包社区配送不适合以单量规模为前提，因为在单量壮大以后容易陷入规模陷阱。众包本就是一个松散化的经营形态，而且对人的管理一向都是最难的，众包社区配送的规模越大，需要的人就越多，而人越多越容易出现诸多不确定的问题。

社区快递柜的实用性呈现，但市场价值被高估

在承接传统快递配送方面，快递柜的出现解决了一部分居民作息时间不定而带来的终端社区配送难题，之前解决这个问题的办法主要是与线下门店建立自提点合作。但有些社区没有合适的自提点，快递柜进社区的方式为此提供了补充解决方案。在速递易的带动下，社区内的快递柜竞争越发激烈，顺丰、海尔等公司都参与到了社区快递柜之争，同时还有诸多其他快递柜创业公司纷纷加入，一时间社区快递柜成为进入社区市场的热门选项，其中很多公司认为通过快递柜可以切入社区市场。

从实用性上讲，快递柜确实可以为用户收取快递提供一定的便捷性，也方便了快递公司，这点无需质疑；但快递柜的成本太高，营收也是问题，寄希望于用快递柜来带动社区商业成为空谈，只有实用性而没有实质的营收能力和长期的潜在价值导致业界对快递柜业务产生了质疑。

从成本上看，发展快递柜业务除了基础的制造成本，每年还得向物业缴纳入场费，快递柜的覆盖规模越大，成本就越高；而在营收问题上，快递柜尝试过跟快递公司收费，跟用户收费，卖广告换钱，但效果都不理想。在某些情况下或合理条件下快递公司或快递配送员可以接受快递柜的收费要求，但为了防止快递柜未来坐地起价，顺丰等快递公司组团发展体系内的丰巢快递柜；快递柜要想对逾期不取的快递额外收费实在太难，如今是买方占据主导权，快递柜超时收费难以获得用户支持；而且快递柜服务并非不可替代，用户还有其他选择，并且快递柜只适合小件物品，不能接收大件物品。快递柜的广告价值也非常有限，人流量决定广告价值，快递柜面向的人流量其实很小。视频轮播广告没有人看，箱体广告位又有限，而且很多都会被物业安排在社区内比较偏的位置，广告不能为快递柜带来绝对收益。在实际的市场营收能力上，快递柜并没有多大价值。

物业能承担得起代收与配送的终端工作吗

有些对社区市场更为敏感的物业也已经参与到了快递代收代送的工作中，与其他社区项目相比，承接住户与快速公司之间的代收代送工作是最简单易行的。此前也有很多物业免费为业主提供代收服务，但现在物业开始跟快递公司收取代收代送费用，这是合理的，快递与其他代收点合作也得付费。

为了更有竞争力，有些物业还提供代送业务。物业多少都存在一定的闲置人力，这些闲置人力可以将代收的快递送到业主家，物业的代收代送工作比快递柜和自提点更能打动用户，而且也能拉近物业与住户之间的关系。只不过，在这项代收代送的工作中，物业公司自身是赚不到钱的，从快递公司那里收取来的费用，基本全部给了提供送货上门服务的保安、保洁等员工。但物业公司即便自身不赚钱也乐于提供快递代收代送服务，因为这能变相提升员工的收入，可以间接地留住员工，并降低涨工资的压力，而业主也乐得物业提供这类服务，这对于住户、物业、物业员工、快递公司四方都有利，只不过其中的利润低了一些。

有些物业不愿意承担这部分工作，是为了避免出现快递纠纷而惹来不必要的麻烦，其实这个问题可以与快递公司谈判协商解决，提前与快递公司做好权责划分，平时配送时再注意点就行了。

4.3 方向 3：网络信息

社区商业中最基础、最早期、最简单、最大众、最无效的切入方式就是基于网络技术研发的信息平台式的社区 APP，那些原本还算知名的小区××、×× 小区之类的公司，没破产的也差不多销声匿迹了，但社区市场依然存在大量的类似 APP。

（1）平台类社区 APP 泛滥，透支用户市场

市场已经证明这种社区商业项目没有价值，但还是有人抱着侥幸心理想在这个方向做尝试，梦想还是要有的，万一实现了呢？其实，没有这种万一，开发一个社区 APP 的技术门槛实在太低，基本功能大同小异，最大的差别无非是界面好坏的问题。技术门槛低的项目就只能依靠迅速的市场扩张提升竞争门槛，而社区市场难以快速扩张，目前为止还没有任何一个第三方的平台类社区 APP 实现大规模的市场化。

最尴尬的是第三方平台类的社区 APP 产品过多，以致透支了用户对产品的兴趣。有些小区内前后有多个平台类的社区 APP 进入推广，以至于后进入小区的产品在推广时遇到了非常大的阻力，因为住户对产品的好奇心已经被先期的平台类社区 APP 消耗殆尽，而且新来推广的 APP 与之前又没有多大区别。

另外，凡是有一点实力的物业都在推出自己的社区APP，大一些的物业更是想对外输出自己的社区APP产品，稍微小一点的物业也可以花很少的钱找个开发公司做个社区APP，都知道社区O2O是未来的发展趋势，谁还会把社区平台让给第三方来做呢？第三方平台类的社区APP生存空间越来越小。

回想一下，那些最早走在社区O2O一线的平台类社区APP，例如××小区、小区××等是不是已经很久都没在市场发出过声音了？这些早期的平台类社区APP都曾拿过投资，但始终没发展起来，有的已经转型了，有的已经关门或被收购了，还有的遭遇了各地加盟商反水。就连占据先发优势的它们都没能以平台类的社区APP站稳脚跟，其他后入场的第三方社区APP还有什么机会呢？

（2）物业捆绑社区APP，有住户却少用户

与第三方平台类的社区APP相比，物业自己推出的社区APP当然也是为了挖掘更多社区市场的商业价值，但即便短期内物业自己的社区APP不能在社区市场有所作为，它们也没有盈利压力和时间压力，更没有竞争压力，社区APP仅仅是它们需要延伸尝试的一个发展方向，成功了自然更好，失败了也无关痛痒。无论市场上有多少相同的平台类社区APP，它们只需先守住自家的一亩三分地就够了，至少在互联网配套服务上不比其他家物业差就可以了。

物业要比第三方有更多推动用户使用的手段，最起码物业可以将社区APP与一些基本的物业服务相捆绑，例如报修、缴纳物业费、智能门禁、信息通告等。其实在技术层面第三方的社区APP也能做到这些，但主要还得看物业配不配合，如果物业自身有社区APP肯定会推广自家产品，第三方的社区APP自然一筹莫展。也就是说，在所服务的社区内，物业根本不怕与第三方竞争，第三方也没能力与物业竞争。

物业与第三方之间竞争也好，合作也罢，并不是目前遇到的最大问题，

无论是第三方还是物业的社区 APP 都面对着用户使用度不足的问题，即便社区 APP 可以与物业服务捆绑在一起，但社区内总会有人不愿意使用。第一，我们生活中真正需要与物业打交道的时候并不多，社区 APP 的打开率很低；第二，物业捆绑的一些功能操作起来很复杂，而且并不是唯一的可用途径，住户不用社区 APP 也还可以用别的；第三，社区 APP 可以为一部人带来方便，但社区内总会有一部分人不会使用 APP，而物业也不可能不给他们提供服务；第四，如果物业提供的服务本身就存在实质性问题，那社区 APP 就只能是累赘，如果物业提供的服务本身就很好，那社区 APP 更多的是起到锦上添花的作用。

社区 APP 在理论上可以为住户提供很多便利，虽然实际也能做到这一点，但尴尬的是从用户、功能、作用多个角度综合来看，社区 APP 只能服务社区中的一部分人群，还有大量的社区住户根本不用社区 APP。截至 2015 年年底，某物业公司服务的社区面积已超过 3.2 亿平方米，其开发的社区 O2O 平台 APP 的注册用户也就刚达到 200.3 万个，活跃用户只有 84.8 万个。另外，我们不清楚这家物业公司对活跃的定义，因为其 APP 有手机智能门禁的功能，如果不算使用门禁的用户，活跃用户还有多少呢？

如果连物业自身的社区 APP 都没有用户的话，第三方商家指望通过一个平台类的社区 APP 来撬动社区 O2O 市场只能是做无用功。市场已经证明，在现阶段，平台类的社区 APP 只是看起来有价值，其实际价值非常有限。

（3）从整合周边服务商向物业云 PAAS 转型

我不否定平台类社区 APP 基本的市场用途，作为承担整个社区 O2O 消费服务的网络载体，平台类的社区 APP 是最基本的呈现方式；但在社区商业既不稳定又不成熟的大环境下，多数平台类社区 APP 都沦为摆设，根本产生不了多少收益，甚至没有资金流，完完全全是一个信息框架，这样的一款产品能发挥出平台价值吗？我们还应该再思考一个问题，即便是"有用户就一定有平台价值",但这个平台就一定可以盈利吗？58同城、美团都是很直观的案例，流量非常大，但很难盈利，更何况现在绝大多数的平台类社区APP根本就没什么流量。

或许很多创业者的目标并不是让公司赚多少钱，而是把项目的估值做上去而后自己发家致富，至于公司是否盈利并不重要，因为以互联网公司的营收状况来看，不盈利也不影响项目被资本追捧。众多平台类社区APP的目标就是成为社区大平台，只有社区平台才具备被资本追捧的想象空间。

所以，在发展平台类社区APP时，产品方一方面在思考如何进入社区市场，另一方面在想办法整合周边的商家。在某些创业者眼里，似乎只要能整合周边的商家就能做成社区平台，有这种想法的人多半是还没真正在社区市场吃过亏，已经吃过亏的人都知道这个思路太过理想而不切实际。

从这些社区平台整合的内容来看，一般是服务类的电话信息，包括各种维修、家政之类的；另外还有商品或餐饮类的交易信息，例如便利店和餐饮外卖等。就算现在社区周边的商家很愿意配合社区平台，社区平台也需要给这些商家提供可持续的订单量，但以目前社区APP的活跃度来看，根本不能形成可以留住社区周边的商家的用户单量。而在整合商品和餐饮类的商家方面，平台类社区APP也完全竞争不过那些社区电商和外卖公司。

有些人想做平台类社区APP的本质并不是真正想在社区市场做点实事，而是把社区当成是概念风口过来凑热闹圈点钱，这种出发点就有问题的项目很难成功，这么做还不如那些直接卖社区APP产品技术的公司。现在确实有不少技术类公司开始转变思路，尝试打造物业云平台，提供PAAS服务等，寄希望于在云计算领域取得突破，但还是面临那些问题——物业方面不会为此付费，用户又不积极，物业云变现也是难题。

4.4 方向4：广告营销

　　有人聚集的地方就有广告。广告是最基本的市场变现手段，也是最容易赚钱的商业模式，之前社区广告一直不被重视，如今却成为社区市场最让人垂涎欲滴的业务之一。绝大多数社区商业项目都会有广告业务，只是广告营销的方式有所不同。而从实际市场表现看，后进入社区市场的社区企业很难拿到线下的社区广告资源，而线上社区APP又因缺乏用户量没有广告价值，线上线下的广告结合更是无从谈起。

（1）除社区新零售和保、洁、绿、修之外，社区还有其他共性服务

　　很多互联网人在做社区商业时都想找到一个可以快速扩张的切入点，以便用规模来换得市场融资，前面讨论的电商新零售、网络信息都是基于这样的思路。他们当中也有一些人的项目拿到了融资，但都因为用户的积极性不够而日渐式微，那到底有没有对用户积极性不那么敏感，可以不考虑用户活跃度的问题而快速扩张并且还能带来可观利润的社区市场切入点呢？有，社区线下广告或许能满足这样的要求。

　　另外，在已有的社区业态当中，除了目前让人趋之若鹜的社区新零售，以及物业给住户提供的基础服务即保安、保洁、绿化、维修这四大业务之外，还有没有其他的共性服务呢？有，就是社区线下广告，只不过这部分业务没有体现在物业的营收项之中，或者被纳入到了增值服务营收当中，没有独立体现出来。社区广告对于有些物业属于额外收入，这笔收入不是来自住户缴纳的物业费，而是来自外面的第三方公司，是物业利用业主的公共利益获得的额外收入。

　　从互联网扩张速度的角度看，社区内的线下广告不需要用户多活跃，只

要社区内的住户量够多就可以了，市场扩张的门槛非常低，有快速规模化的潜力；再从营收方面看，物业从社区广告服务商那里拿到的利润很可观，而社区广告服务商自身也会赚取一部分利润，社区广告的利润其实非常丰厚。

原本就从事社区广告的企业也可以借着社区商业的大势发展一些新的广告形式，增强自身的广告价值。已经有社区广告公司借着社区O2O的东风登上了新三板，社区O2O市场概念也给传统的社区广告服务商带来了机会，受到了更多的关注。有些经营思维比较灵活的公司已经在采取行动——一方面加强与物业的紧密合作关系并延长合作期限，另一方面尝试以自建或收购的方式增加其他可以获得营收的项目。社区新零售是整个市场的机会，并不单单是互联网公司的机会，那些已经在社区市场有多年业务积累的社区广告服务商更具有发展优势。

（2）社区广告门槛已形成，新进入者需在业委会与物业之间寻找平衡

社区广告并不是新兴市场，多年来的发展让各地的社区广告市场形成了稳定的利益链条和市场准入门槛，对于互联网出身的社区创业公司来讲，想实现快速扩张也没那么容易。它们需要打破原有的社区广告利益链，包括重新布局社区内的广告位资源，切断物业与原有社区广告公司的合作，并建立新的合作关系，还要重新发展各地的商户广告资源，甚至还会涉及一些地方监管部门的利益关系，触碰到业主和业委会的敏感神经。

当然，如果暂时并不想取代原有的社区广告商，也不想影响物业利益的话，可以先想办法低调地在社区内搭建自己的线下广告体系，设立属于自己的广告位，在社区站稳脚跟之后再考虑竞争问题，这是比较稳妥的发展思路，例如有些社区创业项目通过快递柜、门禁道闸等方式进入社区来拓展社区广告业务。对于物业而言，如果其没有与第三方社区广告服务商签订排他条款就不排斥与其他公司合作，反正合作的越多物业可以赚到的收益越多，剩下的问题就是广告商层面的竞争，这就得看各城市的商户广告的市场价值了。

如果物业不愿意配合，必要时创业者可以考虑用法律的手段帮助社区业主维权。依据《物权法》第73条规定：建筑区划内的道路，属于业主共有，但属于城镇公共道路的除外；建筑区划内的绿地，属于业主共有，但属于城镇公共绿地或者明示属于个人的除外；建筑区划内的其他公共场所、公用设施和物业服务用房，属于业主共有。广告贴放位置是小区内的公用设施，所有业主都可以使用，因此是属于业主共有的。

此外，《物权法》第82条规定："物业服务企业或者其他管理人根据业主的委托管理建筑区划内的建筑物及其附属设施，并接受业主的监督。"对于小区中属于全体业主共有的部分，物业公司的职责是管理，只有业主才享有占有、使用、收益和处分的权利。物业公司要将公共位置交给商家发布广告，应当征得全体业主或业主委员会同意，其没有权利擅自将商家的广告设置在小区公共位置内。另外，关于物业公司利用公共设施的经营所得，《物业管理条例》第55条也作了相关规定："利用物业共用部位、共用设施设备进行经营的，所得收益应当主要用于补充专项维修资金，也可以按照业主大会的决定使用。"

近年，各地物业与业委会因为社区广告发生的纠纷越来越多，大部分的法律人士普遍以《物权法》来支持业委会的诉求。如果真要追究物业的社区广告所得，业委会是占据法理优势的；但问题是业委会的维权意识弱，而且目前中国大部分社区并没有业委会，这给了物业钻空子的机会。

物业的广告营收这块是比较敏感的问题，若第三方社区项目鼓动社区业主反对物业独吞社区广告收入肯定会引起轩然大波，如果是想通过与物业撕破脸的方式获得社区内的广告经营权，需要做好万全准备来压制物业，既要为社区业主提供法律手段，也要做好物业退出社区之后的准备。如果原物业最终被业委会赶出社区，其需要帮忙引入具有较强服务能力和良好合作关系的新物业，之后在社区广告问题上形成自己与物业及业委会三方共赢的新局面。显然这不是一个行之有效的好办法，最好的方式还是与原物业、业委会建立紧密的三方关系，将原来的社区广告服务商踢出局，这种方式须提前摸清原物业与原社区广告服务商之间的关系状况。

（3）既没规模又没打开率，社区 APP 广告价值暂时为零，不如线下

平台类社区 APP 都想做线上广告，认为当自身 APP 的用户量达到一定程度时就会产生广告价值，但现实很"打脸"。平台类的社区 APP 为了丰富平台上的服务内容都是以免费广告为噱头换得周边商户的入驻支持，这相当于已经切断了广告营收的可能。平台类社区 APP 的运营思路是先放水养鱼，即先以免费的甜头将周边商户拉进来，等之后用户量大了再跟这些商户收费。这是互联网项目的基本运营思路，但现在的问题是社区 APP 的用户量始终上不来，活跃度和打开率也不足，线上 APP 的广告价值几乎为零。

现阶段要发展社区广告需要以线下广告为主、线上为辅。因为线下广告没有用户量、打开率等指标，更容易向商户卖钱，而且线下社区广告资源丰富，有楼顶、楼体、电梯、LED、LCD、门禁、道闸、箱体等众多的媒介资源，广告呈现也有文字、图片、视频、语音等多种方式，有些线下广告还会与社交媒体相结合，例如采取扫码关注、拍图上传、转发分享、朋友圈点赞换取奖励等方式增强线下广告的互动营销价值，这就体现出了线上广告的辅助价值。还有公司尝试在社区内铺设 ibeacon 发展社区摇一摇广告或者免费 Wi-Fi 广告等。

另外，随着越来越多的社区商业项目想进社区内做地推，目前已经形成了社区地推广告产业链，地推公司与物业已经建立了长期紧密的合作关系，其每场地推活动付出一定的场地费用，物业有钱赚，地推公司也有钱赚。除此之外，还有很多零售品牌也想进社区做地推，只是单独为一个商家做地推活动的成本太高，所以有地推服务公司同时组织几个品牌向每家收取一笔入场费用，在给物业付了场地费之后还会有一部分利润，同时几个商家一起做地推活动也更为热闹，更容易吸引住户。不过，有些大型物业比较排斥商业

性的社区地推活动，它们更在意基本的物业服务品质，不看重地推场地费这点利润。

互联网最厉害的地方就是可以不断牵动媒体舆论的神经，随着社区O2O成为关注焦点，舆论热度不断提升，谁有胆量打破社区广告服务商、物业和业委会这三者间存在的信息不对称关系，谁就有可能成为最大的受益者。

4.5 方向5：支付缴费

支付缴费是社区商业中比较基本的功能，只要存在交易的APP都会搭载支付功能。在最初的时候曾有人把支付缴费作为社区O2O的切入点——那个时候移动支付才刚刚起步，有第三方支付公司和银行想通过社区场景来发展用户。然而三四年时间过去了，其他公司仍停留在原地，只有支付宝和微信支付一路高歌猛进地为用户提供了基础的水、电、燃气、广电、宽带、物业等缴费功能。

（1）支付宝和微信支付已然占领社区便民缴费支付入口

便民缴费主要是指水、电、燃气、广电、宽带、物业费用缴纳，以及电话费充值、信用卡还款、加油卡充值、城市一卡通充值等。这些缴费支付要么是一个月使用一次，要么是一年使用一次，如此低频的使用率使其更加适合作为高频支付工具的附属服务，也就是现在支付宝和微信支付正在做的那样。

支付宝和微信支付在购物消费和服务消费上有足够多的使用场景，已经积累了足够多的用户，其不用担心用户量问题，也不用为支付频次的问题烦恼。它们只需要与各政府部门、各公司洽谈接入这些便民缴费的接口即可，而且在智慧城市的大背景下，阿里和腾讯与各地政府建立了紧密的合作关系，政府职能部门都非常积极地将便民缴费的接口开放给支付宝和微信支付，如今的支付宝和微信支付已经完全在便民缴费上占据了上风。

银行当然也考虑过支付频次的问题，它们普遍采用社区一卡通的方式来捆绑用户，然而这种方式不是太理想，根本绑不住用户，对于经常使用移动支付的用户来说，支付宝或微信支付要更为方便，而对于不会使用移动支付的用户，同样也很难适应用一卡通缴费。发展移动支付的门槛是比较高的，首先注册使用门槛就隔绝掉一大部分用户，大多数银行的各种手续太多，办事效率又差，用惯了支付宝的人不愿意回过头去用银行的支付工具；其次在支付场景上，银联的支付场景只能覆盖到一些大商场或大商户，而支付宝和微信支付能覆盖到便利店、快餐店甚至是流动摊贩，支付宝和微信支付的便捷程度以及用户黏性远远超过了绝大多数的银行卡和银行 APP。

另外，那些发展社区新零售的公司基本都支持支付宝和微信支付，这就进一步提升了这二者在社区市场的使用频率。微信支付还曾大力支持某公司发展社区新零售项目，只不过这家公司的社区项目没做成，如今已经转型做非社区的项目去了。

（2）三四线城市仍有一些年龄偏大的人习惯到线下缴费

根据 CNNIC 数据显示，截至 2016 年 12 月，全国手机网上支付的用户规模达 4.67 亿，年增长率为 31.2%，网民手机网上支付的使用比例由 57.7% 提升至 67.5%。具体如图 4-2 所示。

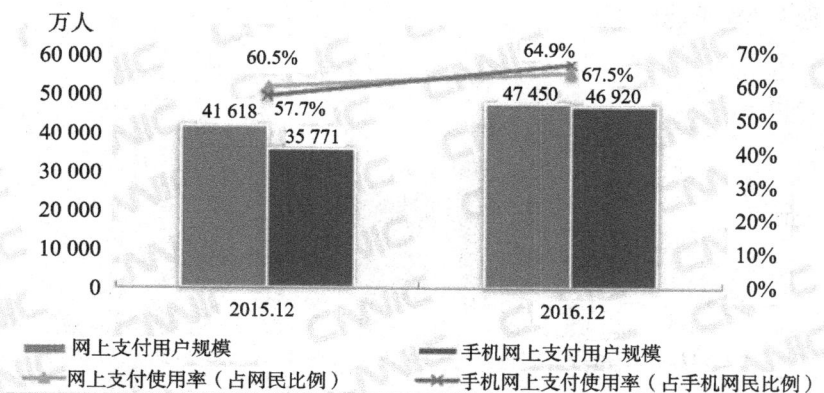

来源：CNNIC 中国互联网络发展状况统计调查   2016.12

图 4-2　2015—2016 年网上支付 / 手机网上支付用户规模及使用率

资料来源：CNNIC。

从图中我们可以看出，移动支付的增长速度非常快，以目前的趋势来看，移动支付会继续保持高速增长。但我们反过来看，仍有 30% 多的手机网民不使用移动支付，另外还有 6 亿多的非网民也不使用移动支付，即共有 9 亿多的非移动支付用户。非移动支付的现付和刷卡市场也还有可挖掘空间。

非网民不使用移动支付很正常，是网民又不使用移动支付的理由不外乎两种，一种是没钱，另一种是不会，而这两类人主要是没有独立消费能力的少儿和对互联网不太熟悉的中老年人。另外从中国网民年龄结构来看，中老年互联网用户占比仍较少，这些人生活缴费的方式还相对传统，为他们提供代缴费服务有不错的发展空间。中国网民年龄结构如图 4-3 所示。

之前我接触的一个三线城市的社区 O2O 项目，其交易流水最大的服务竟然是一个企事业单位退休人员聚集的社区的代缴费业务。当时我还是有点惊讶的，可后来想想很合情合理，移动支付缴费对年轻的网民群体而言是非常简单的事情，可中老年人一时半会儿还不适应。目前的缴费途径已经非常畅通了，中老年人不会移动支付，可以有人为他们提供便捷的代缴服务，这个市场的规模可能还不小。

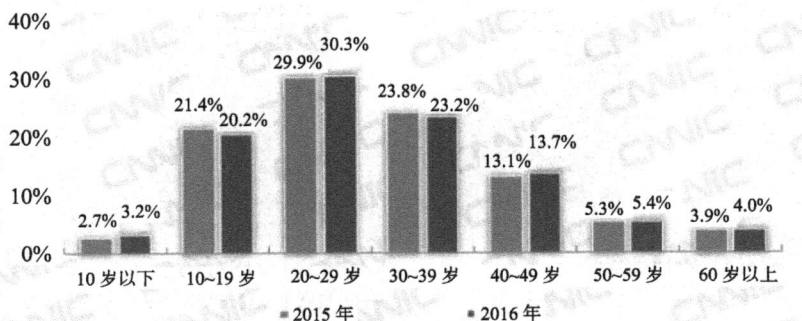

来源：CNNIC 中国互联网络发展状况统计调查   2016.12

图 4-3   中国网民年龄结构

资料来源：CNNIC。

（3）便民支付只是辅助工具，难以反向带动社区新零售

不同的公司从不同的角度出发对便民缴费的理解也不同，便民缴费服务在为民众带来方便的同时，也有公司想借机发展社区新零售——之前曾有某知名第三方支付公司大肆宣扬其社区战略，想以之前在社区便利店的布局为根基发展社区电商，但该项目最终似乎不了了之。

以便民支付反向发展社区新零售与前面提到的以社区配送反向发展社区新零售的市场思路类似，都是产业链中辅助型工具产品或服务试图向上游零售服务交易市场延伸，但结果都不理想。这种做法在电商市场已经有过无数的失败案例了，有物流能力不见得能发展得了电商，有支付能力也不见得能做得了电商，甚至有超大量用户都未必能做得了电商。通过支付、物流和用户量来发展电商零售并没有想象中的那么容易。

如今支付市场格局已经形成，支付宝一家独大，微信支付紧随其后，其他工具都沦为陪衬，想再发展支付工具已经很难了。社区服务所带来的便民缴费市场根本不足以支撑第三方支付工具的发展，而要想发展社区新零售还得反过来去借助支付宝和微信支付这两大支付工具，因为它们的用户量更大，极大地降低了社区新零售的支付门槛。

社区新零售本身就很难做了，而如果既想抢占社区新零售市场，又想发展支付工具，这就更难做了。京东和美团都非常想在第三方支付市场取得一定成绩，但市场表现平平，因为时机已经错过，第三方支付门槛已经形成。京东和美团这么大的交易量，想通过电商交易和服务交易带动支付工具发展都未能成功，其他公司就更没有机会了。

某第三方支付公司在社区市场的失败案例是在给后来者警示，支付和电商之间没有绝对的相关关系，以现今的市场环境，支付带动不了电商发展，电商也很难带动支付发展。第三方支付作为工具型产品终究只能起到辅助作用，要想发展社区新零售最好是从社区新零售直接入手，便民支付对社区新零售的带动作用有限。

4.6　方向 6：智慧社区

社区 O2O 与互联网＋社区的概念相近，但与智慧社区还是有些区别的。智慧社区主要是指在软硬件方面一整套的社区网络基础环境建设，但有太多的公司为了蹭智慧社区的概念已经不管这些了，提供互联网 APP 或者涉及智能门禁、智能停车、智能监控、社区 Wi-Fi 等功能其中之一的项目都号称自己是智慧社区项目，导致现在智慧社区与社区 O2O 的概念已经有些模糊不清了。

（1）社区 O2O 不等于智慧社区，但相辅相成

市场潜力，概念先行。当我们关注一个潜力市场时，往往会给这个市场至少包装一个概念，以便舆论和群众可以更容易地接受并参与传播，这几年社区市场的潜力凸显，并以此形成智慧社区和社区 O2O 两个极具市场想象空间的概念。

社区 O2O 与智慧社区貌似互为对方"马甲"

社区 O2O 与智慧社区都是互联网时代产生的新概念，其中智慧社区比社区 O2O 出现的还早。不过，在普通人眼里，社区 O2O 与智慧社区差不多是一个意思，甚至有非常多公司徘徊在两个概念之间，一会儿打着社区 O2O 的幌子，一会儿高举智慧社区的大旗，看起来社区 O2O 与智慧社区有些互为对方"马甲"的意思。

分不清社区 O2O 和智慧社区情有可原，因为本身这两个概念就没有标准定义，而且其实际都在做同一个市场，内容、方向、用户都非常接近，说是同一件事也完全可以。不过，若再深入一点看，二者还是有些不同之处的，社区 O2O "≠"智慧社区，但是基本可以"≈"。

社区 O2O 与智慧社区是相辅相成的关系

其实，智慧社区可以说是社区 O2O 的基础条件，因为智慧社区主要做的是对社区 IT 软硬件环境进行升级改造的基础建设工作，在完成这些工作之后，智慧社区的变现思路正是目前社区 O2O 在做的事情。

而社区 O2O 在一定程度上也非常需要社区拥有良好的信息化基础环境，只不过在已经成熟的互联网环境下，即便没有智慧社区去做基建的工作，也可以依靠已有互联网体系实现对社区网络消费服务市场的探索。

搞 IT、房产的称之为智慧社区，搞互联网、零售的则表述为社区 O2O

为什么整个社区市场会出现智慧社区与社区 O2O 两个如此相似但却表述各异的两大市场主线呢？这是因为二者从不同行业延伸而来。一般来讲，搞 IT、房产的称之为智慧社区，而做互联网、零售的则表述为社区 O2O。

起初谈论智慧社区的多是华为、海尔、华三、大唐、电信等做 IT 的企业，以及一些房地产开发商们，而说社区 O2O 的更多是偏向互联网领域的创业者们。由于互联网行业的声势更为浩大，渐渐地社区 O2O 的声音占据上风，这使得一些房地产巨头们也开始更多地提及社区 O2O，以顺应舆论宣传的需要。聪明的公关都明白"遇见屠夫说猪，遇到秀才说书"的道理，如今有不少企业同时打着智慧社区和社区 O2O 旗帜，在不同场合给自己贴上不同的标签。

例如，一些 IT 及房地产的行业会议就命名为智慧社区，而一些互联网 O2O 的会议就标榜社区 O2O。当然，还有更聪明的做法，那就是直接将两个概念合二为一简化成"智慧社区 O2O"或"O2O 智慧社区"，这样就更省事了。

智慧社区由政府主导推动意在信息化，社区 O2O 则是自发形成的新市场

此外，存在智慧社区与社区 O2O 两个如此相近却又不同的概念，还有一部分政策因素。社区 O2O 完全是根据大环境自发形成的市场概念，而政府一般不会参与炒作市场概念，而是会推动政策概念，如一带一路、PPP，智慧社区也是其一。

如今的社区 O2O 与智慧社区越来越接近，有非常多的社区 O2O 项目也开始涉足社区内硬件环境建设，因为智慧社区在一定条件下可以作为社区 O2O 项目的切入点，例如以智能门禁体系获取用户，然后发展零售或广告业务等。

简单来说，与智慧社区相比，社区 O2O 要更接近消费市场，因为这是社区 O2O 概念的本质，如果社区 O2O 能先打通消费市场并形成市场驱动力或许会反向带动智慧社区的发展。

（2）开发商暂时还不在意社区新零售，打造智慧社区是想提高房价

2014 年年初，国家发改委印发《关于加快实施信息惠民工程有关工作的通知》，全面推动智慧社区建设，发展信息惠民应用，智慧城市、智慧社区建设得到国家及有关部委的高度重视。同年 5 月，住建部就已提出到 2020 年智慧社区比例超过 50% 的长期目标。住建部颁布的《智慧社区建设指南》指出，2015 年全国要启动 50 多个试点项目。业界对于智慧社区的功能定义大体是这样的：按不同功能模块划分，智慧社区提供的服务一般分为四类，一是基础网络服务，包括有线和无线通信网、宽带网络接入、强电接入等；二是物业管理与安全服务，包括视频监控、防盗报警、电子巡更、门禁、停车场管理等；三是智能家居服务，包括家庭安防、居家养老、远程家电控制、通信娱乐等；四是便民生活服务，包括电子政务、电子商务、收费交易、医疗健康、邻里社交等。

开发商眼中的"智慧社区"与物业眼中的"社区服务"，以及互联网公司眼中的"社区 O2O"的聚焦点有着天壤之别。

开发商开发智慧社区楼盘时更多的是尽量做好基础网络服务、物业管理与安全服务以及智能家居服务这前三部分，多数做到的还只是前两部分，因为开发商最为看重的是"卖"的环节，所以其只需提供让购房者可以直观看得到的基础硬件建设就可以了，让购房者觉得这里的房子物有所值，以便其能在行情低迷或与同行竞争时更有竞争力地把房子卖出去，或者是提高一定的售价。开发商的目的其实很直观，他们根本没有精力去发展社区新零售，尽快将房子卖出去就是他们最主要的目标，要知道晚一天的工期不少开发商就要给银行等金融机构一百多万元的利息。

对物业而言，管理智慧社区楼盘可能是好事，也可能是坏事。如果智慧

社区概念不仅能提高房价，同时还能降低物业运营成本，提高物业营业收入，这自然是好事；可如果在后续的运营中，智慧社区不仅没能降低物业的运营成本，反而增加了基础设备维护的成本，同时住户对高额的物业费有异议，这就会让物业陷入两难之中。

现在具备开发和物业职能的大型房地产公司都在为房地产长远的市场价值做考虑，在它们开发智慧社区楼盘时也肯定会为后续的物业服务做准备。整体而言，如果有后续经营各类社区 O2O 服务的能力的话，新楼盘智慧社区建设的利远大于弊。

（3）智慧社区已成新建小区标配，老旧小区以局部智慧化为突破点

对于大城市的新楼盘而言，打造智慧社区几百万上千万的投入成本并不高，但难题出在老旧社区的改造上，这笔费用业主是不愿出的，物业更不可能出，国家补贴也不现实，依靠资方投资更是白日做梦。只有智慧社区能赚到钱了，才能真正地发展起来。目前来看打造智慧社区不可能一蹴而就，如果一上来就要以一整套的解决方案去做，资金消耗太大，而选择更细分实用的切入点，用社区 O2O 的经营思路获得利润之后，市场才会意识到智慧社区原来是有持续变现能力的。

老旧小区的智慧社区改造成本高，难以规模推广

事实上，智慧社区最大的市场来自于对原有的老旧社区的改造，但最大的问题是太过烧钱。有记者调查称，一个 2 000 多户的小区，建设智慧社区的费用约为 1 000 多万元，其中设备成本就达到 200 万 ~300 万元。从我掌握的数据看，仅为智慧社区进行光纤布线的成本大概就达 900 元 / 户，再加上对一些硬件的升级改造，每个小区的建设成本少说也得几百万元。

无论是智慧社区还是社区 O2O，要以互联网形式变现就需要形成规模化，那至少得有 1 000 个小区的规模。我们不妨算笔账，假设一个小区

2 000 户，平均每户 3 人，每个智慧社区的改造成本 300 万元的话，1 000×2 000×3=600 万（人），1 000×300 万 =30（亿元）。如此恐怖的烧钱量任何企业都承担不起，况且 600 万用户的规模在互联网行业根本不足为道，30 亿元才砸出 600 万用户，没有一个风投敢参与这样的项目。

再想一想，就算有 600 万用户了，怎么变现？智慧社区覆盖了 600 万用户，但这并不代表 600 万人都用你的服务、买你的产品。我此前从某位创业者那里听到过一个大胆的想法，就是将智慧社区内的这些基建（包括宽带）全部免费提供给用户，然后强行让用户下载企业的 APP，企业通过这个 APP 推送广告或卖东西赚钱。这是一种非常不成熟的想法，"强行"本身就是最差的服务体验，而且 600 万的用户规模能产生多少广告收益？何时才能收回 30 亿元的成本？

就算用户下载了 APP 又能怎样，很多 APP 在手机里都是不常用的，APP 能不能带来收益不是依靠社区基建的强行推广，而是要看 APP 产品本身符不符合用户的需求。先花巨资提供社区基建，然后强行绑定推广 APP，纯粹是绕了个隐患难以估量的大圈子，就连巨头们都不敢这么玩儿。

基本的智慧社区建设与社区消费市场没有直接联系，智慧社区不具备直接变现的能力，社区 O2O 更接近市场是因为其不断尝试通过提供更多优质的社区服务来变现，简单来说就算没有智慧社区，社区 O2O 照样发展，而即便有了智慧社区，社区 O2O 也不一定能发展起来。社区市场变现的核心还是运营能力，智慧社区只起到辅助作用。

对于老旧小区，一整套智慧社区解决方案的改建成本太高，若没有 100% 可以变现的手段，风险太大，在考虑到成本收益等现实问题之后，现在有很多公司都采用仅提供智慧社区中的某一项服务以最小的成本来换取用户，之后再通过社区 O2O 完成变现，例如智能门禁、智能安防、智慧停车、智能家居、社区 Wi-Fi 等很多垂直类的智慧社区项目。这种经营思路在理论上更有可操作性，但实际的市场情况也并不是那么乐观，其跟社区环境也有很大关系，例如有些小区免费给住户更换了智能门禁之后，大家根本不用甚至不久就给弄坏了，这就没有办法了，这点也反映了一个关键问题，智慧社区并不具有普适性，还需"因地制宜""因时制宜"。

新建小区硬件端的智慧社区建设成标配，但缺乏后期运营

此前，我见过有些技术出身的智慧社区团队最初都会选择从 C 端市场切入社区市场，而经过几番尝试之后发现其现有资源和技术难以真正地进入社区 C 端市场，最终调整策略选择从 B 端入手。当然这个 B 端不是物业端，因为与物业建立长期稳定健康的合作关系要更难，而且与物业合作很难有资金回款，现在的物业大多数根本不会为社区项目付费，甚至还会收费。

如果现有楼盘的物业没办法合作，那就想办法向产业链上游走，直接与新楼盘开发商合作。对于有智慧社区解决方案技术的公司，与开发商尝试建立合作关系是一条不错的出路。一方面，很多技术类社区创业公司的市场运营能力不足，2C 变现的方式难以走通；另一方面，大多数物业都不会为技术流的东西买单，想合作就得烧钱。如此一来，只出不进的烧钱模式根本坚持不了多久，很少有投资人愿意去冒这个险。

直接与开发商谈智慧社区合作还能拿到一定的合作费用，至少可以收回基本建设成本，毕竟投入硬件也需要钱，养团队也有费用。与开发商合作肯定不只是工程性质的外包合作，还有长期的社区 O2O 合作，另外视频监控、楼宇对讲、智慧停车、安全门禁等这些在后期都需要运营维护费用，能与开发商达成合作关系其实就获得了一张长期饭票。

开发商把智慧社区当成概念来做对于一些想在社区内寻找机会的技术公司是好事，开发商只重视眼前的利益，有利于社区创业公司拿下长远的利益获取权。想进入社区难，想拿到社区话语权更难，虽然与开发商合作市场周期长了点，但可以进入社区而且还能掌控一定的话语权，此外又能拿到一定的资金用于团队发展的基础开销，这可以作为在社区市场淘金的备选。

第五章

社区商业第二阶段：提升增值服务

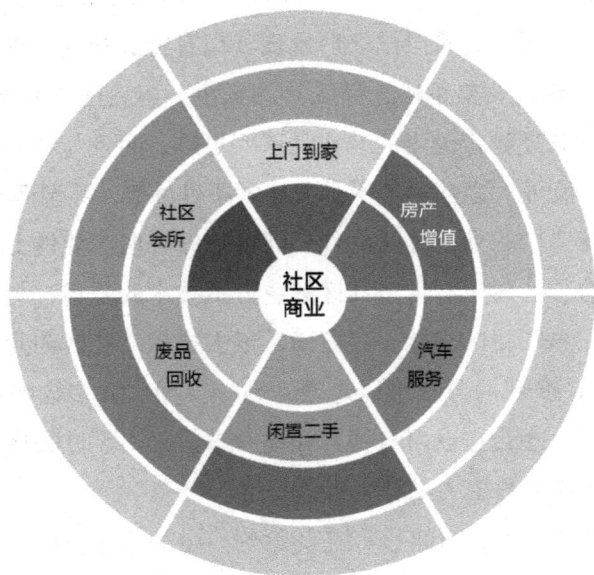

社区商业第二阶段

社区商业的第二个发展阶段，主要包括上门到家、房产增值、汽车服务、闲置二手、废品回收和社区会所。这几个项目的市场价值尤为突出，具有一定市场根基但发展速度较慢，这6个方向是对社区商业价值层面的深入挖掘。

5.1 方向 7：上门到家

在最开始时，上门到家业务主要是受整个 O2O 大环境的影响而迅速成长，彼时的上门 O2O 与社区 O2O 属于两条不同的发展路线。而随着业界意识到上门到家与社区之间的紧密关系，以及社区市场受到越来越多的重视，上门到家逐渐成为社区市场的重要组成部分。

（1）上门 O2O：商品消费之外，社区新零售还包含服务消费

上门 O2O 与社区 O2O 在业务层面重合度很高，在产业链层面属于上下游的纵横交错关系，二者有非常密切的相关性。

社区 O2O 被上门 O2O 割裂？不，社区 O2O 正在整合上门 O2O

社区 O2O、上门 O2O，实际上都是为用户提供家庭生活服务，只是所处的大市场略有差异。上门 O2O 受区域限制因素较小，一家上门 O2O 公司可以服务整个城市甚至是全国市场，而社区 O2O 有强烈的区域限制性，只能服务已有合作关系的小区。"上门"顾名思义要上门甚至入室，社区不太需要入室但覆盖了用户的主要生活圈。上门 O2O 侧重以线上为主广撒网式地发展用户，社区 O2O 则以线下小区为单位来扩展市场。

从对市场的理解上，二者存在一定差异，但在业务层面上，二者的重合度非常高。上门 O2O 从服务特征来分的话可简单分为三大类：①上门服务创新类：洗衣、大厨、家政、洗车、按摩、美业、宠物等；②生活问题解决类：开锁、送水、下水、换气、维修、电工、回收、家教、家装、医疗等；③电商消费零售类：生鲜、水果、商超、特卖、（餐饮）外卖、（网购）快递等。社区 O2O 与上门 O2O "纵横交错" 的市场关系如表 5-1 所示。

表 5-1　社区 O2O 与上门 O2O "纵横交错" 的市场关系

纵向全网发展　横向区域发展	上门 O2O		
	上门服务创新	生活问题解决	电商消费零售
社区 O2O　社区 1　社区 2　社区 3　社区……　社区 N	洗衣、大厨、家政、洗车、按摩、美业、宠物等	开锁、送水、下水、换气、维修、电工、回收、家教、家装、医疗等	生鲜、水果、商超、特卖、（餐饮）外卖、（网购）快递等

　　社区 O2O 被上门 O2O 纵向切割为多个垂直细分市场，但这并不影响社区 O2O 的发展，反而证明了社区 O2O 的价值。既然上门 O2O 与社区 O2O 做同一个市场，初期被割裂只是暂时现象，如今的上门 O2O 正全力与社区 O2O 展开融合，诸多上门 O2O 项目都在找社区 O2O 合作方为其提供流量。

　　上门 O2O 做的是"纵向市场"，而社区 O2O 做的是"横向市场"，从互联网的规模效应来看，肯定是覆盖全网用户的上门 O2O 更容易做一些，社区 O2O 的地域发展特质限制了其初期的规模效应。但随着社区 O2O 与上门 O2O 相互促进发展，一纵一横之间的交集会越来越多，更直接的市场关系也会在二者的碰撞中显现。尤其是互联网平台式的社区 O2O 项目需要引入垂直服务商，而这些上门 O2O 项目就是它们的首选合作伙伴。

再高频的上门 O2O 也是低频，上门 O2O 终是回归社区 O2O 市场

　　三类业务中哪些上门 O2O 是常用的？相对而言第三类用得可能还会多一点，但严格意义上第三类业务其实主要是社区新零售业务。第一类业务完全处在真伪需求难辨的阶段，在一二线城市还能维持发展，三四线城市暂时没有立足空间，或许 10 年后这块市场会爆发，但现阶段只能勉强维持；第二类项目也是低频需求，最初互联网公司只做这方面的信息整合，后来渐渐才有项目做产业链整合，采用与第一类项目相似的平台运营手段，收编一些技工，然后与流量方进行合作。

再高频的上门O2O也是低频，目前的上门O2O都是纵向垂直型，单项服务的整体需求量还算可观，但单个用户的活跃度、产品打开率、订单复购率均不足，整体来讲垂直的上门O2O服务还需寄生于有流量的大平台。而有能力的社区O2O平台做的就是横向切一刀的工作，把所有垂直服务横向整合到一个平台上，以此维持平台整体的活跃度。面对平台类社区O2O的流量，上门O2O最终都得俯首称臣，这种情况已经发生了，例如某大物业已经整合了不少垂直类的上门服务。

另外，垂直型的上门O2O也不满足于仅仅发展纵向垂直市场，也一直想在主营业务的基础上横向扩张，例如做家政的开始向洗衣、洗车等领域扩展是很有可能的，其实某洗衣O2O项目早已开始采用众包的方式横向发展社区市场，但效果不佳。

上门O2O集体阵亡的原因并不是说市场是错误的，而是市场泡沫严重。上门O2O虽然有市场，但市场规模并没有大到可以同时容纳那么多家公司，所以出现大批倒闭的公司实属正常；至少现在每个领域都还有活下来的公司，这说明上门O2O也不完全是伪命题，只是在市场还没成熟之前，市场容量太小，有那么两三家公司已经足够。

（2）巨头纷纷退出上门O2O平台之争，只有58到家还在坚持

此前淘宝、京东等都在争相成为上门O2O平台，美团、大众点评也曾有做上门O2O平台的想法，但后来放弃了，而京东到家后来也放弃了服务类的到家业务。

上门O2O平台不是一般创业公司能做的

新美大放弃上门业务以及京东收缩服务类到家业务，再次表明上门O2O

市场并没有之前看起来那么好，有流量、有用户不见得能做好上门 O2O。巨头们虽手握大量流量，但它们不会亲自去做每一块的细分服务，一来平台有平台要做的事情，它们没有精力去做每个细分市场；二来就算它们想自己做但往往缺乏管控力，缺少各个细分服务市场的供应商，这是上门到家 O2O 的机会所在。例如，58 到家吸取了 58 同城的经验教训，虽然从最开始就涉足一些自营服务，但就如陈小华所言，58 到家不可能所有市场都自营，毕竟其精力有限；它会将更多的业务开放给第三方来做，自己参与其中把控服务质量，通过自营＋平台的方式将平台打造成生活服务入口。

目前仍在坚持上门 O2O 平台的巨头级公司主要有两家：58 到家和淘宝到家，而且二者之间还有投资关系，阿里是 58 到家的投资方之一。实际上，真正全情投入到上门 O2O 市场的只有 58 到家，然而在 2016 年 58 到家的进展并不太顺利。58 到家所遇到的困境，其实是上门 O2O 市场问题的缩影。

58 到家的市场逻辑：用自营来养平台，成为生活服务入口

58 到家很明确地提到了自己的四大业务线，自营的家政、货运、美甲和开放平台，其中主营业务为钟点工、货运、美甲，其他均是采用平台模式与第三方商家合作。那么，为何 58 到家的业务形态是这样的？

从官方的信息可以看出，58 到家的目标还是做成大平台，然而从目前的市场环境来看，只做纯粹的平台根本没有生存空间，所以 58 到家选择了钟点工、货运、美甲看似利润可观的三个业务作为自营项目，希望以此获利来支持平台业务的发展。

58 到家用自营来养平台的逻辑很好理解，纯粹的上门流量平台很难成功，甚至整个 58 集团都已经厌倦了做纯粹的流量平台，就连 58 同城都在深度参与到招聘、房产、二手业务等交易体系之中。

但说到底，58 到家仍固守互联网流量平台的经营策略，采取自营＋平台这一运营策略的目的是希望通过自营的优质服务吸引用户，同时以平台方式

引入众多第三方服务，利用多元化的生活服务满足用户不同的生活需求，以此留住用户，并成为生活服务入口。

这是常见的互联网逻辑：一手抓第三方，另一手抓用户，自身做成大平台。虽然前期在培育市场时可能异常艰辛，但与未来坐享其成的无尽利润相比，前期的投入都是值得的。不过，在具体的执行层面，这种方式的投入产出比还是需要计算的。

平台价值是建立在有大量活跃用户基础之上的，如果市场环境不成熟会导致活跃用户不足，就无法产生足够的交易量，平台也就只能沦为空壳而已。另外，再反过来看，即便有流量也未必可以带来转化，淘宝到家有绝对的流量支撑，58到家也已有微信的流量导入，然而效果都不明显，也就是说58到家的问题不是出在流量不足上，而是市场环境还不够成熟。

所以，从长远来看，要想做大，平台思路没问题，在市场不成熟时也正是抢先打造市场平台的时机，不过需要注意发展节奏。目前，从58到家的产品形态来看，它已经是功能非常完整的生活服务平台，可问题是整个市场的用户习惯还没养成，平台的整体单量始终上不来。

（3）已规模化的到店商圈O2O与仍待标准化的到家社区O2O

商圈O2O格局已定，其他公司已经没有成为大平台的机会，垂直的饿了么算是取得了不错的突围成效，但也已归属阿里。如今商圈O2O市场也已经被挖掘得差不多，剩下的就是巨头之间的最后较量了。

与商圈O2O相比，社区O2O的机会更多。上门O2O项目曾在2015年成为资本市场追捧的对象，虽然后来出现不少公司关门或是合并的消息，但这些公司倒下的原因是在市场不成熟时采取了激进、贪大、贸然的举措。上门O2O本就与社区O2O一脉相连，社区O2O环境不成熟时，上门O2O的市场规模很难打开，在资本刺激之下没有持续的规模化就没有生路，有些项目死了是必然的，没什么可说的。到店商圈O2O与到家社区O2O对比如表5-2所示。

表 5-2　到店商圈 O2O 与到家社区 O2O

已经规模化的到店商圈 O2O			部分服务会有差异性重合		仍待标准化的到家社区 O2O		
餐饮美食	电影	酒店	外卖	汽车服务	物业	家政	维修
KTV	按摩/足浴	酒吧	机票/车票	宠物	智慧社区	便民缴费	便利店
密室逃脱	运动健身	茶室/咖啡	周边游	教育培训	养老	房产	社交
桌游电玩	DIY手工	洗浴/会所	丽人	医疗服务	大厨	洗衣	开锁
农家乐/采摘	摄影	景区/旅游	母婴亲子	消费购物	回收	二手	社区会所
剧院/科普馆	赛事/演出	大型商场	金融	大数据	广告	智能家居	邻里活动
……			……		……		

商圈 O2O 和社区 O2O 是以民众活动范围划分的，各自的特点也非常明晰，商圈是以吃喝玩乐的消费经济为主，社区主要涉及生活服务的居家支出，如今的商圈市场已经被 O2O 挖掘得差不多了，而社区市场仍需要进一步深化 O2O 发展。

商圈经济的特点是集中化、标准化、多样化、高频化、大众化、娱乐化，这些特点符合互联网的发展需求，所以前几年商圈 O2O 市场呈爆发态势增长。不管是百度糯米、大众点评还是美团，排在其 APP 最前面的几项服务基本上都是餐饮、电影、酒店、KTV 等。

社区经济的特点是什么？非标化、分散化、长尾化、低频化、小众化、工具化。此前，社区生活服务主要是以开锁、送水、下水、换气、维修、电工、回收、快递等业务为主，现在衍生出了洗衣、大厨、家政、洗车、按摩、美业、商超、生鲜等新市场。

从上门 O2O 的垂直切入角度来看，相同服务项的服务流程比较容易标准化，但用户的需求和问题是无法高度标准化的，而且社区 O2O 是刚刚兴起的服务形态，多数用户还没养成标准化的使用习惯，需要时间慢慢培养；

分散化也好理解，这是与商圈集中化的对立形态，社区是分散到城市各处的最小生活单元，市场的整体需求也被分散到各处社区，所以很多服务才需要上门；长尾化、低频化、小众化也不需要多解释了，维修、下水、开锁本来就是长尾服务，低频是正常情况，家里不可能每天都有东西损坏，此外，现在能享受那些大厨、按摩等上门服务的也只是小众群体。

若说电商改变了零售业，商圈O2O改变了消费服务业，那社区O2O将改变居家生活服务业。无论是电商、商圈O2O还是社区O2O，最大的贡献是将所有商家放在同一开放的环境之下竞争，这种充分竞争的市场形态有助于商家迅速提升服务质量。

在商圈中可以开设不同类型、不同档次的店面服务于不同的消费者，也就是说商圈中的商家可以"挑"服务对象，而在社区市场则不行，被服务的住户永远都是那些人，服务商只能忍受他们和适应他们，所以提升包含态度、水平、价格等方面的综合服务质量是社区O2O获得成功的关键。社区O2O要想规模化，首先是要有一套高标准的服务体系，从而使综合服务质量获得用户的认可。

到店商圈O2O与到家社区O2O的核心差别在哪

简单来说，到店商圈O2O的APP确保用户不流失的核心手段是产生消费时走平台的支付体系，而到家社区O2O的APP中支付体系只是一方面，更加重要的是要有配套的售后服务保障。我们从看似不起眼却又非常重要的跳单问题切入来看。

先看到店商圈O2O市场，此前虽也有跳单情况存在，不过都是一些小商户主动鼓励消费者跳单现付，因为跳单时它们仍给消费者团购价，但不需要被网站扣点，这时消费者不吃亏，小商户也可以获得更多收益。目前来看，越大的商户越不会轻易鼓励消费者跳单，因为大商户需要按照财务流程记账，它们也不差那点收益，而且大商户的议价能力强，团购网站扣点少，有的甚至还会给予补贴；最主要的是消费者跳单的门槛高，又要现付，又要退团，很多消费者便懒得跳单。

　　未来或许会有所不同，如果美团、大众点评、百度糯米等没有任何优惠的话，我们在到店消费时还会走它们的支付体系吗？显然不会。直接用支付宝、微信支付或者现金、刷卡支付都可以，哪个更方便用哪个，没有理由非要用新美大或者百度糯米的支付体系，如此一来就等于消费者和商户跳出了商圈O2O平台的支付体系，说的严重点就是跳单了。失去了支付控制力的话，平台就又回到了最为原始的信息展示功能，也就失掉了扣点的能力，这是平台最不想见到的结果，所以美团重金收购了一家有第三方支付牌照的公司。

　　当然，这只是假设，平台方是不会任由这种情况出现的。那么问题来了，该如何避免这个问题呢？答案就是优惠。无论是7折、8折还是9折，只要有优惠，消费者就乐于选择平台的到店支付体系，只是优惠力度越小越容易跳单，但有优惠总比没有好。到店商圈O2O平台的核心是以优惠手段确保支付体系的稳定。信息流与支付流，前者是变现的基础，后者是变现的途径，在平台都有稳定信息流的情况下，支付流就是核心竞争力所在。

　　那到家社区O2O的核心是什么？答案是售后保障。这点也不难理解，首先到家服务基本不会有太大的优惠，甚至还会比到店消费支付的更多，因为到店有一些空店率、翻台率、坪效等运营指标，为保持整体效益会适当对人均消费有一些优惠；而在到家服务市场这些指标就不重要了，重要的是人效和时效，也是就工时内可创造的总经济价值，其中关键的是出行时间也被算在工时之内。例如，到店服务中一个员工一天可以服务8个人，而到家服务则只能是3个，很明显到家的单人时效更低，因为不得不算入在交通上花的时间。

　　既然到家社区O2O没有优惠，那还靠什么维持支付体系呢？信任，用户对平台的信任。那怎么做到让用户信任？最基本的是维持优质的服务质量，最关键的是可以为消费者提供无忧的售后保障。用户选择平台支付体系付款的最大理由就是——钱给平台了，平台能确保消费者的利益不受侵害，如果平台不能提供这方面的保障，消费者直接跳单结账更为方便。

平台的下单体系也是约束跳单行为的手段之一，可即便用户在平台下单，但发生纠纷时平台不能帮用户解决，用户以后不选你了，下单体系约束跳单又有何用？下单只是支付的前半段工作，要想让用户支持到家服务的支付体系，完善的售后保障很有必要。

无论是商圈 O2O 的平台类产品，还是社区 O2O 的平台类产品，平台的终极价值是能在平台上形成支付体系，而商圈 O2O 的平台 APP 需要靠折扣优惠留住用户，社区 O2O 的平台 APP 需要靠售后服务来留住用户，这是两大 O2O 运营要素的主要差别。

5.2　方向 8：房产增值

一般家庭生活中最值钱的资产是什么？没错，就是房子。围绕房产的业务，在没有社区 O2O 之前，甚至在互联网还没有大规模普及前就已经是市场的主干业务了。房地产是国家支柱性产业，其现阶段的市场价值要远在整个社区 O2O 之上，房地产业务的发展并不依赖于社区行业，只不过我们需要关注的是社区市场的崛起会不会给房地产市场带来新的变数。

（1）社区 O2O 会不会为房地产市场带来一些新的改变

在考虑社区 O2O 围绕房地产项目可以做哪些服务创新之前，我们需要先了解整个房地产以及互联网房地产市场的基本情况，实际上房地产市场已经形成了成熟完整的市场产业链，社区市场的崛起并不能对原有房地产市场产业链构成冲击。

社区O2O并不是为了实质性改变房地产市场

从卖房、买房、租房到房地产金融等一系列房地产服务都已经形成固有的市场交易模式，前两年有不少互联网房地产项目脱颖而出，它们誓言要改变房地产行业，引得不少互联网人士为其呐喊助威，搞得传统房地产业人人自危，但事实却证明，互联网想彻底改变房地产市场并没有那么容易。

社区O2O的主要价值是服务社区市场，在社区范围内提升传统服务的运营能力和服务质量，同时挖掘新的可产生经济效益的社区增值服务项目。发展社区O2O并不是为了对原有的房地产市场结构造成多大的影响，而是看看还有没有其他可以围绕房地产的增值服务或者是有没有可能提供更好的服务体验。

社区O2O能对房地产中介市场造成冲击吗

前两年的一些房地产互联网项目，其实就是从整个市场层面与传统中介抢饭吃，社区O2O若是要拓展社区房地产服务首先能做的其实也是类中介服务，即为房地产所有者和房地产需求者提供交易或出租服务。房地产中介本就该属于社区O2O范畴，只不过房地产中介的出现要远远早于社区O2O，用户已习惯将这个市场看作房地产中介。

市场中没有任何力量限制社区O2O经营中介类的房地产服务，但社区O2O如何运作房地产服务仍需要慢慢摸索。为了便于叙述和理解，这里需要明确一下，在谈论社区O2O房地产服务时会涉及经营主体问题，其中会有一些综合类的社区O2O平台涉及房地产服务子业务，也会有一些（与房地产中介有些相似的）垂直类的社区O2O房地产服务项目，我们将平台类和垂直类的社区O2O房地产项目统称为社区O2O房地产服务商，突出以社区为主的经营特点，与以房地产服务为绝对核心的传统和互联网中介做区分。

　　房地产服务的第一步是要能拿到房源，而社区 O2O 对社区市场的贴身服务特性完全有机会比房地产中介更早地抢到一手房源。过去在没有社区 O2O 的市场大环境下，房地产所有者要想变卖或者出租房产可以选择找中介代为办理，也可以直接在互联网上发布信息（有些房地产中介看到信息后也会主动提供代理服务），这中间不再存在其他房源信息对外输出的方式，所以房源信息就这样被推送到了市场，而房地产中介之间需要比拼获取独家房源的能力，谁手上有更多的独家房源，谁的市场竞争力就更强。

　　社区 O2O 房地产服务商获得了房源之后，会有不同的发展思路，有些会把房源信息专卖给中介，而有些则是自己参与经营。如果选择前者则只能算是信息中介，没有额外的价值；如果社区 O2O 房地产服务商想在社区市场获得更多的收益就需要自己参与到经营之中。接下来要考察的就是房源信息的传播能力了，在这一点上社区 O2O 房地产服务商可能稍微处于劣势。传统中介以门店形式覆盖用户市场，一个门店可以同时覆盖周边多个楼盘的房地产服务，用户只需到目标区域的各家房地产中介那里走一圈就基本能得到足够多的可选房源，而互联网房地产中介的房源信息传播能力要更强。社区 O2O 主要是为本社区内的住户提供服务，但外界用户很难为了寻找房源而专门下载社区 APP，所以其在对外传播手段的选择上还需要进一步斟酌。由于社区 O2O 房地产服务还未得到充分的重视，现在仅有的办法就是在社区的显著位置放置一些黑 / 白板信息或者在房地产信息类网络上发布消息了。

　　对于房地产需求者而言，无论是买房还是租房，在达成交易协议之后就会入驻目标社区，所以在这一点上社区 O2O 房地产服务商要比传统中介更有优势。传统中介在交易达成之后一般也就失去了用户，而社区 O2O 房地产服务商在用户达成交易后，后续其他的社区 O2O 服务才刚刚开始。而且对于房地产需求方来讲，选择在社区 O2O 房地产服务商那里交易要更为可信，不会存在那么多服务陷阱，因为社区 O2O 房地产服务商会更着眼于长远的房地产交易后市场的价值，而不仅仅是租房或者买房这个短期内的交易过程。

从较为宏观的市场层面来分析，社区 O2O 房地产服务商可能会对传统房地产中介造成一定影响，但真正到了市场执行层面可能还有其他问题出现，社区 O2O 市场中围绕房地产服务的项目很少。

（2）一二线城市的租房市场火热，租客是社区新零售的重点用户

在房地产服务市场，二手房房地产交易可扩展空间有限，基本都是一手交钱一手交房的交易形式，而房地产出租经营方式越来越多，在租房时长上有长租、短租之分，在租房服务上有普通租房、多人拼租、精品长租、集中公寓、分布公寓等不同方式。由于城市吸引力，一二线及省会城市的租房市场持续火热，随着不同年龄层人群经济能力和生活需求的多样化发展，租房的选择也开始多样化。

传统房地产中介（包括二房东）或者互联网租房服务商提供的租房服务，社区 O2O 房地产服务商也可以提供，而且社区 O2O 房地产服务商可以比它们提供更多的社区配套服务。无论是传统的房地产中介还是互联网租房服务商，其能提供的服务仅仅是租房本身，在把房子租给租客之后，它们最多还会负责一些基础硬件设备的维护问题，而对社区 O2O 房地产服务商而言，租客也是社区成员，也需要为他们提供配套的其他社区服务。

而除了社区新零售之外，其他基本的社区信息服务、水电报修、二手交易、打扫卫生等都可以由社区 O2O 房地产服务商以及其他相关的社区 O2O 服务商来提供。一般租房的群体多数是已经具备独立消费能力的年轻人，他们更愿意接受新鲜事物，而且非常适应互联网服务，这部分用户不仅仅是租客，还是社区项目发展的主要用户群。在一二线及省会城市白领居住较为集中的区域，挖掘租客市场是考验社区 O2O 能力的核心指标。

当然，租房的并不全都是 20 多岁的年轻人，有一些年龄较大的中年人因暂时性的异地工作而需要租房，这部分租客会更看重住房环境和配套服务，也愿意支付更高的费用。如果能更好地发展这部分用户，租房业务就会

变得更有利可图。

从其他方面来看，租房本身的用户流动特征往往会产生大量需要处理的二手用品，例如一些为了租房生活和工作方便而自费添加的桌椅、电动车等设备，用户在搬家时往往都会处理掉，这个时候提供二手服务的社区O2O服务商又可以发挥作用了。社区O2O比较有优势的地方在于各项目之间具有互通性，所以在我们讨论社区O2O时，除了关注主要业务的价值之外，还要看看是否可以带动其他相关业务的发展。

（3）物业在房地产市场具备优势，不同物业充当不同的角色

事实上，很多物业或多或少都会有房地产业务，只不过多数物业的服务模式较为落后单一。如今，随着社区经济的持续发展，以及大物业本身开始发展社区增值业务，房地产业务自然会受到越来越多的重视。在所有社区服务商中，物业发展房地产服务还是具备明显优势的。

在二手房交易和租房管理上物业有着自身的优势，其实物业就是我们前面提到的社区O2O房地产服务商主要的呈现载体，前面所说的社区O2O房地产服务商的优势和价值，物业也都具备，甚至更有优势。之前是物业本身并不愿意过多地涉及物业基础服务之外的业务，包括租房业务。如果物业有心进入租房服务市场，其优势明显，不仅在服务端可以做得比中介更好，甚至在竞争层面可以限制中介进场，毕竟社区之内的事，多数情况下物业还是有很强的控制力的。

至于物业充当什么角色这个主要还得看物业自身的战略规模，有的大物业是想作为综合服务平台，将各类社区垂直服务交给下面的第三方服务商来做，还有些物业就如刚才提到的是自己参与房地产租赁运营服务，也有一些物业干脆直接倒卖房源信息。根据自身能力以及市场策略的不同，物业在房地产服务环节中充当的角色也存在差异。

5.3 方向 9：汽车服务

除了房子，一般家庭生活中最值钱的资产还有什么？车子。车子跟房子一样，所有者每年都需要为其支出相应的费用，例如车子的保险、加油、维修、洗车、过路、停车等费用，如果是贷款买车，还需要向银行按月还款并支付利息。用户愿意为车付钱，而且每年基本都会有固定的支出，这就说明围绕车的服务是可以产生营收的，就看运营者如何从传统的汽车服务产业链中抢下一部分市场了。

（1）社区内最值钱的资产，除了房子还有车

在为车主提供的服务中，有些是可以在社区内做的，有些是做不到的。在选择社区汽车服务切入点时不一定非要选择市场价值最大的，而最好选择能在社区内提供稳定服务的方式。

首先从用户每年为汽车支出的服务项目金额大小来看，一般不出大车祸的情况下，支出最多的两部分费用是汽油和车险，其次是维修保养费、停车费、过路费、洗车费以及轻微交通刮碰的赔偿费用。一般一辆普通汽车一年支出的各项费用加起来至少需要 1 万元，中高端汽车要高一些，其中汽油和车险基本上占据了 1/2~2/3 的费用，不过国内成品油市场竞争激烈，在社区市场发展成品油业务的空间并不大，而 5 000 多亿元的车险市场是有可能在社区内找到突破点的，例如可以直接从车主的社区生活端抢下车险业务。

车险与汽车用油是两个完全不同的交易方式。汽车用油是随需随用的，多数情况下车主会在家里或工作地附近的加油站加油，还有很多时候会根据汽车油量而随时寻找加油站加油。简单地说汽车加油消费的场所不是固定的，更与社区没有直接关系，如果想在社区内做点与汽车用油相关的工作，

基本只能是便民支付的油卡储值工作或是销售汽油储值卡了，而这类工作的价值有限。

车险的购买方式非常简单，每年进行一次交易就可以了，如果车主发生交通事故，他们会因后续的赔付问题与车险公司进一步接触；如果不出现交通事故，他们一年之内不会与车险公司再有交流。也就是说，车险交易完全可以在社区内进行，但也正是因为车险的一次性交易特点使得车险公司不能在社区内开设车险销售门店，因为即便再大的社区，车险单量也有限，而且就算开个店，也不是所有人都会在社区店里购买，所以要想在社区提供车险销售服务，需要借助其他基础的常态化的汽车服务来增加用户黏性和品牌可信度，其中常态化的汽车服务可以作为基础服务，而车险则可以成为增值服务。

不过，车险市场竞争本就激烈，在每年车险到期时车主都会接到多家车险公司的销售电话，而一般情况下，用户选择车险时不会换车险公司，除非原车险公司的服务不佳或者有综合价格更低的车险公司，在社区内借助其他汽车服务是争夺车险订单的必要手段。另外，车险本身是保险公司做的业务，而此前车险业务普遍不赚钱甚至亏钱，不过随着车险新政的出台，车险的利润会有所上涨。但社区汽车服务商仅仅是代理销售车险，很难获得充足的利润，这需要社区汽车服务商与保险公司做进一步的深入探索。

（2）保养、停车、充电、共享等汽车服务诸多，如何与社区结合

如果车险可以作为社区汽车服务的增值项，那么哪些可以作为基础的社区汽车服务呢？在洗车、维修、保养、停车这几个常见项目当中，维修、保养一般都需要借助辅助设备才能实现，在社区内一般难以进行，虽然上门修车服务目前也有人提供，但成本较高不适合普及推广。另外对于新车车主而言，新车在三到五年时间内一般都会选择到4S店保养维修，而车越好也就越会选择在4S店进行保养维修。

　　一个综合了维修、保养、洗车等一系列服务的O2O汽车门店可以覆盖周围五公里内的多个社区，但如何让这个门店覆盖范围社区内的车主认可并愿意接受该门店提供的服务，是围绕社区市场O2O该思考的问题。事实上，提供养车服务并不难，难的是获取用户以及提升用户的黏性，同一区域内可能有很多同类的养车门店，用户为何会选择你们？如果可以在社区内直接将用户截留，是不是可以直接对同区域内的其他养车门店形成竞争冲击？将汽车服务与社区市场结合，如何能直接从社区市场抢得具有黏性的用户？

　　社区停车项目与前面的智慧社区紧密相关，智慧停车是智慧社区的重点项目之一，涉及开发商和物业服务未来长期的营收问题，销售车位、出租车位、公共位置车位改造、外来车辆停车等服务，均可以带来营收。根据不同社区情况，智慧停车项目的发展方式也不同，一般而言新楼盘建设时都会考虑到智慧停车，而老旧楼盘的智慧停车建设就相对费事一些，包括开发商、物业、智慧停车项目公司，甚至是拥有自主车位的车主都可能是智慧停车的受益方。

　　另外，随着电动汽车的市场化，社区内的充电桩项目开始受到市场重视。2016年8月，国家发展和改革委员会、国家能源局、工业和信息化部、住房和城乡建设部联合发布了《关于加快居民区电动汽车充电基础设施建设的通知》，其中提出了加强现有居民区设施改造、规范新建居住区设施建设、做好工程项目规划衔接、积极开展试点示范等多项措施。文件较为清晰地划分了用户、电动汽车企业、供电公司、物业等各方职责，同时规范了小区内充电桩建设的流程，相关方可以根据该流程及各部门权责进行充电桩建设。特别是对物业的职责要求方面，《通知》明确了"对于占用固定车位产权人或长期承租方建设充电基础设施的行为或要求，业主委员会（或业主大会授权的管理单位）原则上应同意并提供必要的帮助"；对用户提出建自用桩的申请，物业要在5个工作日内予以办理。该文件给充电桩项目进社区"开了绿灯"，随着电动汽车销量的不断上升，社区内的充电桩项目将会成为多方争夺的焦点。

在整个出行市场层面，汽车共享服务取得了长足的发展，但由于社区内的邻里关系性质，决定了社区内的共享出行项目难以商业化；即便社区用车共享确实存在很多使用场景，可如果不能商业化，就会存在诸多运营问题，所以社区用车共享未来可能会作为整个社区服务中的其中一项存在，很难独立发展。

最后，二手车也是社区汽车服务的重要项目之一。互联网二手车市场与传统的线下二手车市场既是革新关系也是融合关系，而社区市场其实也适合探索二手车项目。根据中国汽车流通协会的统计显示，2015 年我国二手车累计交易金额为 5 535.40 亿元，交易规模达到了 941.71 万辆；而 2016 年全年中国二手车交易量累计同比增长 10.33%，达到 1 039.07 万辆，首次突破千万级大关；预计 2017 年二手车市场将保持 20% 的增速，二手车交易量将达到 1 250 万辆以上。

二手车市场前景广阔，项目方可以在社区内获得第一手的二手车车源，并且可以依托社区关系提升交易可信度；二手车也可作为基础的社区汽车服务之外的高价值衍生业务，但如果没有配套的其他社区汽车服务，单纯地打造一个"社区二手车"的概念恐怕缺少吸引力。

（3）社区洗车是一门好生意，只是多数上门洗车 O2O 的策略不对

将洗车项目放到最后来讨论是有原因的，因为洗车或许是进入社区市场最简单有效并能成功立足的切入点。前面我们在谈论车险、维修保养以及二手车时都提到了需要基础的社区汽车服务来带动这几个业务的发展，而社区洗车或许是最好的选择。此前，也曾有一些主打社区洗车的项目拿到过融资，但后来绝大部分都以失败告终，它们的失败源自于策略和技术出了问题，并不是社区洗车不可行。

洗车是最常见、最基础的汽车服务，商家可以与社区车主建立足够的黏

性服务关系，进而有机会发展维修、保养、车险以及二手车等高价值的汽车增值服务，洗车业务本身也有几百亿元的市场规模。根据公安部交管局统计显示，截至2016年年底，以个人名义登记的小型载客汽车（私家车）达到1.46亿辆，与2015年相比，增加了2 208万辆，增长了15.08%。按1.46亿辆私家车、每月洗车1次、每次25元计算，洗车市场规模便达到了438亿元，而实际的市场规模要远远高于这个数值，且每年还有几十亿元的增量。

将社区洗车作为切入点有机会撬动更大的汽车服务市场，即便是不能以洗车服务发展其他汽车增值服务，而仅仅做好洗车这一项服务从规模上来说对商家也已足够。

5.4 方向10：闲置二手

二手市场、闲置市场、旧货市场、跳蚤市场都是指同一个市场，这里我们统称为二手市场。中国电商市场已经把可以卖的东西都搬到网上卖了，但此前闲置二手网络交易市场却迟迟未能得到主流市场的认可。当然，二手房、二手车、二手奢侈品等市场发展还算不错，不过由于这些产品的高价值特殊性，其不能放在我们常说的闲置二手用品市场之列。

如今闲置二手市场已经出现转机，2015年年底58大力发展二手业务，其推出的与58到家并列的独立子项目"转转"已获腾讯2亿美元投资，淘宝也在重金打造二手闲置物品电商交易平台"闲鱼"，腾讯此前也曾尝试做过"闲贝"，二手市场终于得到了主流市场的重视。之前就一直有不少人想发展社区内的二手业务，但苦于大环境不佳而无从下手，互联网巨头掀起的二手热或将带动社区二手市场，但因社区市场环境的限制，社区二手业务恐怕也没那么容易做。

（1）二手交易需利用互联网无限放大买方群体

二手交易市场可以分为两个大方向：第一个就是线下传统二手交易购销模式，即在区域范围内二手经销商以低价收购，然后再等待高价卖出，以互联网的交易特征来类比就属于C2B2C模式；第二个是互联网C2C平台式的交易方式，即借助互联网传播二手信息并达成交易，其中线上平台方主要维护平台秩序，不参与交易环节。要想在社区市场尝试二手项目，需要先了解线上和线下两种不同的二手交易市场，要以社区市场为二手市场的基础，就需要注重两种市场特性的结合。

传统的线下二手经销商有足够的时间和空间等待这些二手商品变现，其买入和卖出时的价格差十分巨大，因为二手商品流转率低，经销商要保证利润，就得压低买入价才有利润空间。相应地以C2C模式为交易基础的线上二手市场不存在中间商赚差价，所以可以让整体的交易价格偏高，并且网络交易的特点是交易可以不受地理位置限制，信息可以充分的对称展示，这样买卖双方都可以利益最大化。

按道理，线上二手交易模式要比线下二手交易更具优势，但此前存在的问题是线上二手市场的诚信不足、市场混乱，以假乱真、以次充好、盗窃销赃等问题层出不穷，C2C模式难以管控产品的来源，质量问题也无法准确界定。目前二手网络交易市场也未能得到监管部门的重视，一旦产品出现质量问题消费者很难退货处理，更难维权。

另外，详细考察转转、闲鱼等线上二手平台我们会发现，其中最为活跃的交易品类是3C，其次是母婴、鞋服，那些大件商品品类的交易情况并不乐观。物流难题限制了大件二手商品的跨区域交易，因为二手产品本身的价格就不高，若交易双方相距太远，物流费用支出甚至有可能超过二手物品价格，所以二手交易要受到地域性限制。

互联网巨头开始重视二手市场最大的价值在于可以带动更多的消费者和媒体关注二手市场的发展，从市场层面具有积极的推动作用。但互联网巨头进入并不见得就一定可以解决二手市场存在的问题，往大了说，中国二手市场一直没有得到主流重视的根本原因之一是诚信问题。

（2）社区市场缺少二手交易氛围

二手消费实际上是一种成熟理性的消费形式，在瑞典等一些发达国家，每家每户都会买卖二手商品，二手交易占 GDP 的 10% 以上，而中国的二手经济一直不受重视。或许随着消费意识的逐渐升级，以及信用机制的日益完善，二手市场的潜力会逐渐开始显现，不过这些都还需要时间。

以目前民众的生活消费习惯来看，二手市场在"买"和"卖"两端都存在市场意识落后的问题。尤其是随着收入的增长，民众对生活品质的要求越来越高，在买入环节上，谁都不再愿意购买二手物品；另外，中国制造业能力不断提升，商品贬值速度加快，二手物品的剩余价值普遍偏低，卖出动力偏低。

国内旧物消费意识的不成熟也直接影响着二手市场的发展。在国外淘二手货被当成是一种时尚，很多二手商店的客人络绎不绝，eBay 的兴起也是得益于旧物网络交易的火爆；而在国内只有少数人把淘旧物当成时尚，多数人会拿有色眼光看待旧物消费者，"好面子"是大部分人从来不关注旧物市场的主要原因之一。

现阶段要在社区市场发展二手交易主要存在两个问题。第一个是交易氛围，只有让普通大众认可二手交易是节约型的时尚消费理念，才会打破"面子"的心理束缚；第二个是交易模式，单个社区内的二手交易市场过于狭小，二手物品数量以及潜在购买者数量都很少，所以单纯进行社区内的二手交易难有发展，必须将二手物品的货源端和购买端无限放大，例如可以将交易范围放大到周围 5 公里的所有社区。

反过来看，这两个问题也正是社区二手的突破点。首先在交易模式上，从社区住户处发展货源可以提升二手用品的可信度，而不断扩张服务社区数量可以放大潜在购买者的数量。那么接下来最核心的问题就是如何改变社区住户对二手物品的消费态度，这是最考验社区二手项目智慧的地方。

（3）闲置二手交易品类分化明显，社区新零售能优化社区闲置市场

如果国内的二手交易市场也能像有些发达国家那样占 GDP 10% 的比重，那可是 7 万多亿的市场规模。不过，瑞典等发达国家产品的剩余价值值得被二手交易，同时民众自身的消费意识也更为理性实用；而国内制造业大多只注重更新换代而不注重产品的耐久品质，厂商都更希望看到用户对新品更新换代，而不是旧物的二手交易。

从个人用品、家庭用品、办公用品以及商用设备这几点品类用途上来看，社区市场主要关注个人用品和家庭用品这两大类。其中，家庭用品层面的二手交易市场难有起色，不过个人用品层面的 3C 数码产品还算不错，其中最热的是手机产品。另外，商用设备的二手交易一直较为活跃，但不是我们这里要讨论的重点。

而从经营品类来看，二手物品市场有二手 3C、二手家电、二手书、二手母婴、二手鞋服、二手车（自行 / 电动 / 平衡车）、二手家具、新品转让、古着、情怀旧物件等众多品类，其中适合直接在社区内经营的品类不是很多。

社区市场二手物品主要围绕家庭需求，按道理其中的二手家电、二手家具、二手母婴产品应该是社区二手的主要经营品类，但如前面所说，这几个品类的产品需求并不强，现在一般家庭都不愿意用别人用过的二手用品，而母婴用户更注重安全卫生，且现在的家长愿意为孩子花钱，适合二手交易的母婴用品较少。

二手 3C、新品转让是在互联网二手市场比较活跃的两个部分，一来有些年轻人由于自主消费能力不够强，但希望享受高品质的智能产品，所以愿

意接受二手 3C 用品；而新品转让要么是所有者想将"意外"所得（奖品或礼品）变现，要么就是冲动消费之后后悔了想折价套现，要么就是由于其他原因不能享用而出售，一般八成新以上的物品都比较好销。整体而言二手 3C、新品转让已经在互联网市场形成了一定的交易规模。

二手鞋服、二手书的空间不大。二手鞋服基本可以放在新品转让部分，一般都是高单价的一线品牌才有二手交易的价值，但穿着次数过多或者款式已经过季的二手鞋服基本没有需求。二手书则主要是指那些已经停止发行出版或者售价超高的书籍，一般市面上有售的普通书籍很少有人会进行二手交易，其实二手书最大的市场是在高校周边，而不是社区市场。

古着等情怀旧物件市场价值较大，其中包括一些风靡一时的年代着装，或是我们小时候用的停版的教科书等，这些有年代特征的情怀用品具有极强的二手交易价值，但也不太适合社区市场，社区市场主要还是讲究实用性。

整体来看，目前在社区内发展二手市场难度较大，独立的二手产品难以存活，现在更适合作为社区 O2O 的辅助项来发展，依托其他主营服务逐步推动社区二手的建设发展。

5.5 方向 11：废品回收

在谈论社区废品回收时，很多人经常把废品和垃圾混为一谈，实际上这完全是两个不同的经营方向，以目前国内的垃圾处理技术来看，垃圾处理项目短期内很难有利可图。国外的整个垃圾处理过程非常系统科学，并且民众需要直接或间接为生活垃圾付费，而国内则全然免费，而且垃圾分类迟迟没有实质性进展。

一个比较好的消息是在 2017 年 3 月底，国务院办公厅发布了关于转发国家发展改革委、住房城乡建设部《生活垃圾分类制度实施方案》的通知，46 个城市将先行实施生活垃圾强制分类，计划到 2020 年底，基本建立垃圾分类相关法律法规和标准体系，形成可复制、可推广的生活垃圾分类模式，在实施生活垃圾强制分类的城市，生活垃圾回收利用率将达到 35% 以上。

所以国内的社区垃圾服务市场从长期来看前景可观，但短期内不太乐观，还需要国家一步步加强对垃圾分类的管理和治理力度。短期内社区市场废品回收还是值得尝试的一项服务，《生活垃圾分类制度实施方案》也将激活社区废品回收市场。社区内的废品回收一直存在，只是之前多半是由零散的废品回收人员进行回收，但如今社区废品回收成为了热门项目，市场中已经有很多主打社区废品的项目，但有些项目已经夭折，而有些项目的成长还算顺利。

（1）整合社区周边废品回收人员的平台思维行不通

社区市场的废品项目由来已久，但初期的废品回收项目多半是采用网络平台式的发展模式，整合一些零散的废品回收人员，然后打造成废品回收平台。其实有关收编零散废品回收人员项目不成功的分析也有媒体报道过，最根本的问题出在回收端。这些零散的废品回收人员一直都有业务，为何非要跟一个新出现的互联网废品回收平台合作呢？一般收废品人员多是年纪有点大、文化水平偏低、工作能力较差的人，整合他们的难度可想而知，而且他们根本不懂互联网，也不会用互联网工具，很难让他们拿个智能手机到处接单收废品。

从用户端来看，出售废品本就是低频需求，用户不可能为了几块钱的废品特别下载一个独立的 APP 或长期关注一个公众平台。对用户而言，在社区内日常进出的收废品人员那里出售废品已经形成了习惯，让他们使用 APP 等网络工具出售废品太过复杂，除非不用 APP 找不到收废品人员。然而废品平台方根本做不到这一点，这就使得废品 APP 或者公众平台完全是可有可无的存在，没有任何黏性就产生不了市场价值。

再从市场层面来看，如果废品回收平台仅仅做整合废品回收人员的工作，而不参与到废品回收的过程当中，废品回收人员凭什么被人整合？通过补贴吸引零散的废品回收人员，然后让用户养成通过 APP 呼叫废品回收服务的习惯，以致形成平台价值？这么想完全是一厢情愿，前期有过类似想法的项目死的死、转型的转型，事实证明这条路是走不通的。

后来出现的社区废品回收项目逐渐认清了这一点，基本都开始尝试更多地参与到废品回收的经营环节，甚至为了保证废品回收的服务质量，派专人提供上门服务，然后将收回来的废品统一送至废品回收站。资金更雄厚一些的公司会自己开个废品回收站，将收回来的废品分类处理之后卖给一些废品再加工公司。这类模式的项目与之前的废品回收过程的差异只是废品回收人员的素质提升了，仍没有充分发挥互联网的价值，但至少比前一种模式更实际了些。

从回收端市场来讲，互联网的价值在于社区废品回收项目可以利用互联网便于传播和长期维护用户的能力来不断放大覆盖范围，增强废品回收能力，提升废品回收的量级。而当废品回收能力的量级得到提升后，回收项目无论是对废品回收站还是对废品再加工公司都会更有话语权。另外如果可能的话，这些项目可以对用户的废品进行数据化处理，得到一些家庭消费行为的数据，而数据才是未来企业竞争的核心力之一。

（2）与网络相结合的废品回收机是社区废品项目的主流发展趋势

随着社区废品市场的持续深化发展，智能化废品回收机正在取代人工上门收取废品，并且已经成为主流的市场发展趋势。不过，机器取代人工有利也有弊，目前的废品回收机还不足以完全取代人工服务，短期内两种运作模式并存是比较完善的市场服务手段。

用机器取代人工的社区废品回收有以下几点优势。

第一，废品利润低，人工成本高。废品回收市场本就朝不保夕，废品价格可能一天一变，零散的废品回收人员可以承受收入的不稳定性，而要招聘优质人员就必须向其提供稳定的高收入。如今的社会，人工成本越来越高，一般零散的废品回收人员之所以做这行是因为没有其他的技能，而如果社区废品回收平台是为了保证收废品的服务质量去招收高质量的人员，这个成本就太高了。采用机器回收是降低人工成本的主要方式，因为废品回收机的成本并不高，且具备快速扩张的潜力。

第二，联网能力强，可做网络延伸。目前人工收废品的方式缺乏服务的联网能力，在人工服务过程当中，互联网最多能起到的是废品类的信息传播和呼叫上门服务，意义并不大。而用机器来回收可以提升废品回收的联网能力，用户在机器上刷卡识别身份之后，将废品投入到废品回收机内即可。有些废品回收机会根据废品数量直接吐钱，但更多的是采用积分制，用户通过向机器内投入废品获得积分，这个积分可以在废品回收平台进行消费购物。通过社区废品撬动社区新零售才是废品回收平台最想达到的成果。

第三，分类收集效率更高。废品回收机一般只适合用来收取纸制品、废旧衣料、废旧电池、饮料瓶等标准化程度高的废品。如果机器设备先进些，可以对投入的纸制品、衣料、饮料瓶这些废品进行压缩处理，以提高回收机的空间利用效率。废品回收机在引导用户使用的时候已经进行了产品分类，并在机器内进行压缩，与以往的人工踩压相比，极大地提升了回收方的工作效率。另外，如果用户主动到废品回收机投递，那么机器上还可以加入广告业务。

第四，进入社区市场更方便，有政府支持甚至还有补贴。废品回收机摆在社区内是看得见摸得着的东西，从政府政绩层面是积极提倡这种节约能源型的产品进社区的，有些地方政府或街道对类似项目还有资金补贴。废品回收方以机器进入社区的方式要比人工更容易，尤其是如果政府或街道"开了绿灯"，一般物业就不会直接阻拦了。

不过，社区市场一般都没那么简单，表面上看用机器来回收废品极具优势，但也存在明显的短板。

第一，废品回收机不能直接回收大件废品。废品回收机确实方便了废品回收方对纸制品、衣料、饮料瓶、电池等产品的回收，但在废品当中还有不少大件产品，例如废旧家电等，这些产品都是高价值的产品，可目前的废品回收机无法回收，这部分工作仍需要人工来完成。

第二，不能提供上门回收，用户使用门槛高。废品回收方以为摆个机器用户就会主动送上门地去投放废品，但事实却并不乐观。以如今的废品价格来看，不少家庭宁愿直接将废品当垃圾处理掉，也不愿抱着一堆废品走那么远去投放到箱子内。秉承勤俭持家理念的老人或许可能，但这个设备那么互联网化，老人哪里会用？

目前的废品回收机还不足以完全取代人工服务，短期内两种运作模式并存是比较妥当的市场服务手段。

（3）废品项目价值不在于社区新零售，而在于后端再生能源市场

前面两个小节我们讨论的主要是在前端市场如何回收废品的问题，并由此引出了有公司打算依靠前端回收市场发展来的用户，借助网络技术打造的废品回收积分制来向社区新零售推进，这是一种普遍的发展思维。

理性来看，这种先依靠废品服务获得用户，然后再进入社区新零售市场的想法或许只是一个美好的设想。废品回收和社区新零售完全是两大块业务，一个创业团队很难同时涉及这两个大方向，这相当于同时创办两家公司；就算有公司有资本实力同时推动这两个业务的发展，但废品回收与电商零售之间究竟有多大的相关性才能让前者带动后者发展？

废品回收价格严重偏低，日常生活所产生的废品卖不了几个钱，即便是把这个钱变成积分也买不了什么东西，当然，如果积分可以用来购物，用户

肯定不会拒绝，但关键是这几个积分不足以带动用户长时期在一个收废品的平台上购买东西。

社区废品回收最大的经济价值来自于后端的再生能源市场，发展社区前端回收业务的意义在于获得一手的废品回收资源并数据化，同时通过布局社区终端市场形成规模效应。而前端回收市场有多大市场规模要看后端再生能源有多强的技术能力，如果后端的再生能源公司有优越的技术，可以对回收来的废品进行精加工处理并能获得高额回报，那么前端回收市场的价值自然水涨船高。

如果是这样，那社区废品项目就是个重产业，需要先将废品回收到再生能源整条产业链打通，让整条线路周转起来。按照这个思路，大型废品回收公司来发展社区废品业务要更有优势。资源回收再利用的再生能源市场肯定是朝阳行业，只不过目前在国内进展缓慢，如果想借助互联网来发展废品市场，应多考虑与后端的再生能源相结合。

5.6 方向 12：社区会所

发展社区商业的核心关键在于线下，线上只是起到放大社区服务能力的辅助作用。社区会所项目在社区市场一直鲜有被提及，但这块市场可以在社区业态组成当中占据相当重要的位置。有人认为重金投资社区会所项目不符合互联网时代"轻"的特点，然而轻有轻的价值，重也有重的好处。

（1）作为社区内的休闲娱乐中心，社区会所应被重视

如果认为社区会所的运作模式略显笨重，那我们不妨反过来想，那些所

谓的"轻"社区互联网项目真的就很"轻"吗？更重要的是，即便有一些可能很"轻"，但它们有利润吗？互联网所引发的"轻资产"化扩张模式的思路没问题，但社区市场毕竟并没有纯互联网化，其真正价值在于挖掘线下的社区内的市场价值，一味地"轻"化其实是与发展社区商业相背离的。

举个简单的例子，虽然互联网也能让人下个棋、聊个天，但互联网总不能让人散个步、喝个茶吧？社区市场存在的意义在于激发居民享受社区环境下的休闲娱乐生活服务的需求，而不是简单地把所有东西都搬上网。如果社区市场提供纯互联网化的产品，这个产品肯定得不到市场认可，因为那已经脱离了人们对社区环境的基本诉求。

传统的邻里交流方式有很多，要么是互相串个门聊聊家常，要么在楼下乘凉时聚在一起闲聊，或者大家去棋牌室打打牌，又或者一起跑个步、游个泳，比较讲究一点的可能还约出去喝个下午茶，如果关系更为亲密一些可能会一起逛街、吃饭、按摩等。社区会所的建立初衷并不是在社区内为居民提供高端消费服务，而是为其提供一个可以放松的娱乐活动交流空间。

（2）社区会所服务项目日益丰富，但盈利能力还需提升

根据不同的市场目的，社区会所的服务内容和用途也不同，比较常见的社区会所是将社区内的配套活动中心从没有运营能力的物业手里承包下来，或者租下已经闲置的售楼处进行休闲娱乐会所式的改造升级，然后开展经营活动。另外，越来越多的优质开发商选择将社区会所作为楼盘的配套项目之一，这类会所的面积可以达到几千坪，服务项目也极为丰富。

根据此前的市场反馈，有些社区会所项目运营得还不错，用户反响积极，运营方收益也较为可观，但也有很大一部分社区会所发展并不乐观，甚至被停运闲置。很多开发商刚开始以丰富的社区会所服务作为卖点，而当房子销售出去之后却没有配套的运营能力，以至于社区会所沦为鸡肋。

开发商和物业的不作为，正好可以让社区O2O项目在这个方向上寻找

突破点，首先需要弄清社区会所发展不佳的原因，是社区本身缺乏消费能力，还是因为没有合适的运营方；然后再进一步分析社区人员情况，包括年龄结构、家庭组成、出行方式等。因为各年龄段人群的日常作息和生活重心不同，并且不同的社区住户组成截然不同，适合的服务也不尽相同。

以互联网的服务意识和灵活的经营思维，运用市场分析等多方面的综合能力，完全有机会做好社区会所项目。举个简单的例子，一些项目允许社区住户在购买一定金额的金融理财产品或者消费一定金额的生活用品之后可以成为社区会所的会员，免费享受社区会所提供的基础服务。社区养老项目就可以采用这种方式，直接将社区养老主项目与社区会所、社区金融、社区新零售等社区市场发展方向联通起来。

想在社区市场赚钱并不容易，尤其是在社区环境下居民不习惯为互联网的虚拟服务付费，更愿意为看得见摸得着的服务付费，而社区会所就提供这样的场景，但最终能不能让住户愿意掏钱就得看运营方自身的能力了。社区会所并不是公益项目，所以必须要想办法获得营收并确保利润，如果不能盈利，也就失去了市场价值。

（3）社区会所或是社区新零售的线下服务形态

传统的社区会所以运动娱乐为主营方向，而社区O2O之下的社区会所服务非常丰富，社区新零售、社区配送、便民缴费、社区广告、房产增值、汽车服务、上门到家、二手交易、社区社交、社区育儿、社区养老、社区金融、社区医疗，以及运动、教育、养生、保健、文化活动等诸多社区服务都可以在社区会所内提供。

社区商业运营是不是一定非要追求互联网的"轻"化运作模式呢？社区会所的运作思路显然与互联网的"轻"化思维相矛盾。在社区市场没有绝对意义的"轻"，反而需要切合实际的"重"。轻资产运作固然没错，但事实已经证明纯粹的互联网项目在社区市场并没有出路，适当的重才能真正地落实到线下社区市场。

　　而且社区会所也并不是重资产，因为社区会所用地一般都是社区内业主共同所有的资产，会所运营方最多是提供的设备和人工重一点，这并不是不能承受。发展社区会所最大的障碍并不是重与轻的经营方式，而是如何与业主、物业和平共处。传统的社区会所项目出现问题，多半是因为运营方惹恼了业主，最终被业委会赶了出去，这里需要注意的是如果要使用业主共有资产作为运营场所，就需要重视服务的普及性，如果不能普惠所有人就容易造成社区矛盾。

　　换个思路，社区会所可以尝试与社区新零售寻找集合空间。零售门店需要开在人流密集的地方，而社区会所是社区内聚集人流的主要场所，同时业主的消费积分可以兑换免费的社区会所服务，这就可以将社区会所与社区新零售结合起来。不仅如此，社区会所完全可以成为社区新零售的配送中心和售后服务中心，有了会所作为社区服务的线下载体，未来的社区新零售可以延伸出更多其他的经营服务项。

第六章

社区商业第三阶段：挖掘社区商业未来价值

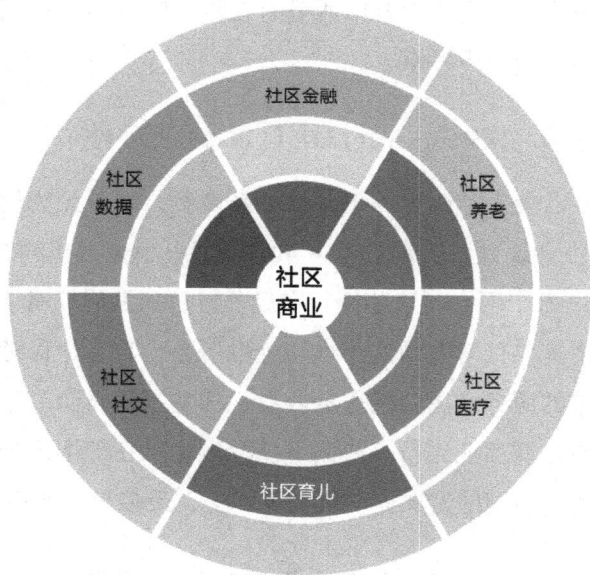

社区商业第三阶段

社区商业的第三个发展阶段，主要包括社区金融、社区养老、社区医疗、社区育儿、社区社交和社区数据。这几个项目需要有极强的企业实力、技术能力和市场基础才能做，而这6个方向也代表着社区商业未来的价值所在。

6.1 方向 13：社区金融

在社区 O2O 市场中，最让大公司兴趣浓厚的则是社区金融，既省时省力省事又高收益的营收手段就是提供金融服务。民生银行、平安银行以及彩生活、碧桂园等各大银行及对社区服务有控制力的大物业一直都在围绕社区金融做尝试，而且效果还不错。

（1）政策监管门槛颇高，银行对社区金融回归理性

社区金融在欧美发达国家并不是什么新鲜物，以美国为例，根据美国独立社区银行业协会统计，美国约有 8 300 多家中小金融机构划为社区银行，在全美国有 3.68 万个网点。这些银行在经营特色和发展战略上，强调的是在特定社区范围内提供针对客户的个性化金融服务，与客户保持长期性的业务关系，以其独特的服务和灵活的服务收费，成功抵御风险。这些银行赢得了巨大收益，可与全能商业银行一决高下。社区金融在美国已经是相对成熟的金融体系了，而在中国的发展连初级都算不上，最多只是萌芽期。

各大银行都在积极寻找社区市场突破口，扩张受牌照限制，自助服务网点成摆设

中国的"社区金融"这几年逐步走热，最初是因为银行业开始关注"社区银行"的业务拓展。国内社区银行在 2010 年开始萌芽，到 2013 年年中迅速成为兴业、民生等商业银行的重点关注阵地。可到了 2013 年年底，中国银监会办公厅下发《关于中小商业银行设立社区支行、小微支行有关事项的通知》之后，持牌经验问题限制住了民生的步伐。

然而很快剧情又发生了扭转，进入 2014 年后，互联网金融和社区 O2O 两大概念不断受到追捧，这又坚定了各大银行尝试发展社区银行的决心。一

直以来，民生银行表现得都最为积极，此外中行、建行、光大、兴业、平安、交行以及一些地方城商行等银行也都有所尝试。

银行布局社区银行遇瓶颈不难理解。第一，在现有的银行体系之下，公民基本都有了固定使用的银行，换行门槛比较高；第二，一些公民的工资卡、福利卡、市民卡等与银行有合作关系，转行换卡受到制约；第三，银行选址建社区银行时会首选中高端社区，但中高端社区的居民投资理财体系已相对稳定，社区银行缺乏吸引力；第四，受牌照限制，驻入型社区银行必须持牌，牌照发放速度慢；第五，自助网点型社区银行无需牌照，但缺乏吸储、销售的能力，自助服务机成摆设；第六，受互联网金融冲击，线下理财的作用被弱化，社区银行的运营成本相对较高；第七，随着互联网金融问题频发，监管部门对整个金融市场的监管加强，社区金融创新受到限制；第八，各大银行高层对社区金融的重视程度不足，普遍以试点的心态在做，没有自上而下的条理体系。

其中，牌照问题极大地限制了各大银行布局社区银行的推进速度。从2013年下半年至2015年上半年，平安银行已经建成此类网点283家，其中只有239家拿到营业牌照；而民生银行号称目前投入运营的社区支行及自助服务网点已超过5 000家，但实际上更多的是自助服务网点，例如其在深圳建成的持牌社区支行20家，而开设的全功能自助服务网点却有近200家。社区金融自助服务机看起来很方便，但为何实际的市场价值不明显？

从战略层面考虑，自助服务机进社区是最省成本的扩张方式，但银行没弄清楚自助服务机的目标人群究竟是谁。懂得使用银行自助服务机和懂得利用互联网金融理财的其实是同一拨人，而这部分人选择的是互联网金融，因为选择P2P的投资回报率更高，选择蚂蚁金服、理财通、陆金所等是因为这些投资和消费的转化更方便。而那些选择相信银行但又不懂互联网金融的群体多半是上了年纪的人，他们不懂该如何利用银行的自助服务机投资理财，如果理财需求迫切他们会直接到银行的柜台寻求服务。

银行也想成为社区商业的参与者之一？别怕！它们的运营不行

另外，银行一直有扩张金融之外业务的打算，这一点从各大银行积极发展电商业务就能看出。所以在社区金融之外，很多银行在社区市场尝试其他机会，"社区一卡通"正是银行欲涉足社区市场的主要市场手段。一般的合作形式是，银行与智慧社区等技术服务商合作，在说服物业之后免费为社区更换门禁、车禁、电梯控制等，以此来保证银行卡本身的使用频率，进而拉近与居民的距离，带动吸收存款并提供金融服务等。此外，它们会将一卡通与 APP 结合起来，一卡通主要起到物理效用，而 APP 中会整合一些周边商家和电商资源以及物业服务，通过提供更多的消费场景和基础的社区服务来提高一卡通的实用性。

一切看上去都很合乎情理，银行有钱，市场上又有非常多智慧社区技术服务商愿意与银行合作。理论上银行采用一卡通的形式可以直接切入社区，但问题出在银行不具备长期的市场运营能力；就算依靠银行的公信力可降低与周围商家的谈判门槛，但招商之后的运营才是社区商业的难处所在，这部分工作显然银行自身是做不好的。

银行更乐意将非金融类的其他社区增值服务的运营权交给第三方来做，其主要关注的是支付、吸储、理财、金融等业务。不过，未来社区一卡通的形式可能会被淘汰，现在已经有很多社区将手机作为智能门禁的钥匙。

（2）社区金融如何直接在线下切入

除了银行之外，对社区金融感兴趣的公司比比皆是，例如碧桂园、彩生活等物业公司，以及恒大与腾讯合资的智慧社区公司恒腾网络、以速递易自提柜起家的三泰电子等。这些公司在社区市场盘桓已久，最终都将目光聚焦在了社区金融市场。

在第八章讨论免物业费的发展模式时我们会讨论物业发展社区金融的可行性。以免物业费作为卖点，打动社区住户并不是没有可能。以 1 000 元/年的物业费计算，一年购买 3 万元的理财产品差不多就够付物业费了，

1 000/30 000＝0.033，收益约 3.3%，去除运营成本，如果物业能将金融业务的综合收益率控制在 3.3% 就能抵消物业费收入，如果物业运营得当，综合收益达到 6%~10% 也是可能的。也就是说，对住户而言，仅仅投入一部分闲置资金就能抵消一年的物业费，但对物业而言，住户的这部分资金不仅可以分摊掉基础的物业费收入，甚至可以额外带来 2%~6% 的金融收益，相当于额外多带来了 2~3 倍的物业收入。在这么可观的利益之下，大型物业岂有不发展社区金融的道理。

当然，对于那些了解金融理财，懂得市场游戏规则的用户而言，他们并不在意物业服务是否免费，因为将同样的资金投在其他金融理财产品可能会换得更高的投资回报，他们完全可以用在其他平台上获得的金融理财收益来交物业费，免不免物业费，他们并不十分在意。他们明白以金融投资换得免物业费其实还是羊毛出在羊身上。

但对于一般的住户，很容易被以金融投资换得免物业费的方式所打动，这些人对免费服务有与生俱来的亲切感，如果物业方面再稍微让出一定的利润空间，在免去物业费的同时按银行 0.35% 的活期利率给住户结算利息，这样对住户而言则很具有吸引力，如果分给住户的收益能达到银行的定期标准那就更有吸引力了。

以免物业费换取金融投资是物业发展金融业务的手段之一，但物业发展社区金融还有更多的创新空间，包括证券、保险、信贷、抵押、外汇、消费金融以及基础的便民缴费等服务，都是物业未来可以延伸的发展方向，如果是具备强大地产背景的大物业，甚至可以申请民营银行牌照。

（3）社区金融并没有那么难，社区新零售与社区金融也可以结合

一些大型物业所服务的中高端楼盘有做社区金融的基础条件：一来物业本身的服务质量好，住户认可度高，综合经营实力强，具备发展金融业务的能力；二来中高端楼盘的住户具备较强的收入水平，金融理财潜力明显。

与物业相比，银行由于本身具有的公信力可以较为容易地取得用户的信任，民生、平安等社区银行没提供太多其他的社区服务就轻松地获得了社区

用户。民生银行经过实际的探索，已经证实社区金融的可行性，而平安银行在接受媒体采访时也表示其社区业务整体已经盈利，并有超过六成的网点实现了盈亏平衡。

民生和平安的例子很直接地告诉我们，社区金融真正做起来可能也没有我们想象中的那么难，在有信任基础的情况下，用户考虑的是投资回报率问题以及风险性问题，在这方面银行要比物业更具优势，一来银行的金融系统已经较为成熟，风险控制能力更强，二来住户可以接受在银行投资出现亏损。优质物业也有住户信任基础，并且有物业的社区金融业务进展还算不错，但物业刚刚进入金融行业，风控能力未必完善，一旦出现重大投资失误将是一场灾难，另外住户在物业处进行投资理财一般是不接受亏损的。

事实上，社区金融不仅仅是卖理财产品、抵消物业费这么简单，与社区新零售、生活服务也有非常多的结合空间。如今金融行业的项目越来越细化，消费与金融的结合，生活与金融的结合，资产与金融的结合点越来越多。例如，在社区新零售与社区金融的结合方面，可以在阿里与京东尝试的消费金融的基础上进行更多的创新。

6.2 方向 14：社区养老

随着中国老龄化进程加快，如何解决养老问题已经成为国家战略层面的考量，我国的"十三五"规划结合国情提出要"建立以居家为基础、社区为依托、机构为补充的多层次养老服务体系"。居家养老和机构养老都是传统的养老模式，社区养老这两年得到了政府和市场的广泛关注，各地政府大力鼓励有条件的养老机构进驻社区。"十三五"国家老龄事业发展和养老体系建设规划的发展目标如图 6-1 所示。

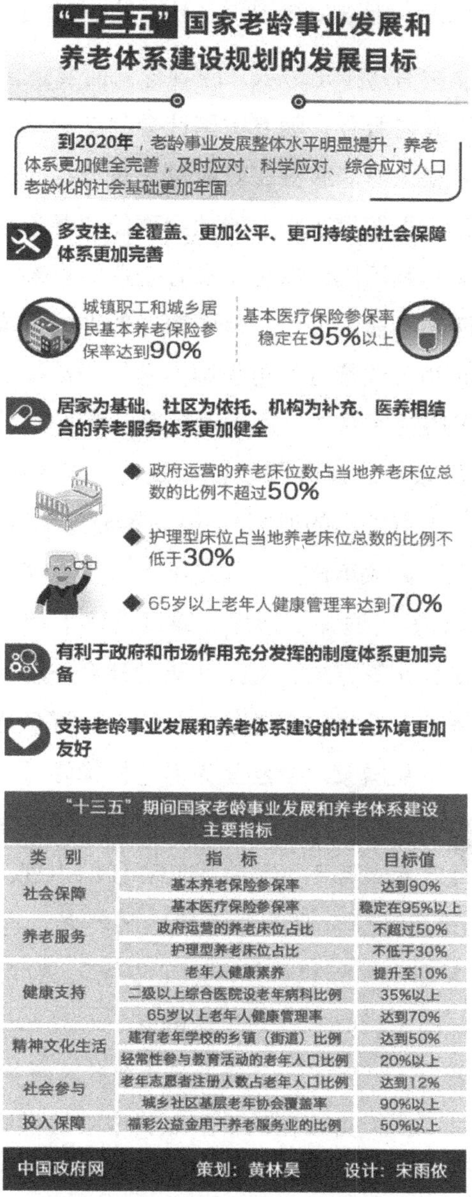

"十三五" 国家老龄事业发展和
养老体系建设规划的发展目标

到2020年，老龄事业发展整体水平明显提升，养老体系更加健全完善，及时应对、科学应对、综合应对人口老龄化的社会基础更加牢固

多支柱、全覆盖、更加公平、更可持续的社会保障体系更加完善

城镇职工和城乡居民基本养老保险参保率达到**90%**

基本医疗保险参保率稳定在**95%**以上

居家为基础、社区为依托、机构为补充、医养相结合的养老服务体系更加健全

◆ 政府运营的养老床位数占当地养老床位总数的比例不超过**50%**

◆ 护理型床位占当地养老床位总数的比例不低于**30%**

◆ 65岁以上老年人健康管理率达到**70%**

有利于政府和市场作用充分发挥的制度体系更加完备

支持老龄事业发展和养老体系建设的社会环境更加友好

"十三五"期间国家老龄事业发展和养老体系建设
主要指标

类 别	指 标	目标值
社会保障	基本养老保险参保率	达到90%
	基本医疗保险参保率	稳定在95%以上
养老服务	政府运营的养老床位占比	不超过50%
	护理型养老床位占比	不低于30%
健康支持	老年人健康素养	提升至10%
	二级以上综合医院设老年病科比例	35%以上
	65岁以上老年人健康管理率	达到70%
精神文化生活	建有老年学校的乡镇（街道）比例	达到50%
	经常性参与教育活动的老年人口比例	20%以上
社会参与	老年志愿者注册人数占老年人口比例	达到12%
	城乡社区基层老年协会覆盖率	90%以上
投入保障	福彩公益金用于养老服务业的比例	50%以上

中国政府网　　策划：黄林昊　　设计：宋雨依

图 6-1　"十三五"国家老龄事业发展和养老体系建设规划的发展目标

资料来源：中国政府网。

（1）社区养老已进入国家战略规划，社区商业将产生推动作用

在中国传统文化中有"养儿防老"的观念，而发达国家却有先进的养老体系，由国家来提供养老服务；随着中国社会制度的发展与改变，中国民众也寄希望于由国家来提供养老服务，政府也一直都在为养老产业做打算，但政府传统的养老政策构思偏重于企业的社会责任和养老服务的公益特征，最终导致养老服务公司无利可图，以至于没有企业愿意参与养老产业，中国养老市场多年来一直踟蹰不前。如今，社区养老似乎成为政府解决养老问题的重要手段之一，同时相关政策也不再强调养老的公益特征，而是鼓励企业进入社区以市场方式发展社区养老，这让很多养老企业看到了机会。

2016 年 7 月，民政部、财政部联合印发《关于中央财政支持开展居家和社区养老服务改革试点工作的通知》，拟选择部分地级市（含直辖市的区）开展居家和社区养老服务改革试点，满足绝大多数有需求的老年人在家或社区享受养老服务的愿望。《通知》指出，通过搭建平台、购买服务、公办民营、民办公助、股权合作等方式，支持和鼓励社会力量参与管理运营，形成一批服务内容全面覆盖、社会力量竞争参与、人民群众普遍认可的居家和社区养老服务。这个文件从国家政策层面为养老机构降低了准入门槛，各大城市快速加快社区养老项目的推动力度。

事实上，鼓励社区养老并不是国家推卸责任的表现，反而是政府对养老产业有了成熟的认知，鼓励企业参与经营社区养老，这符合正常的市场规则。在老年人服务方面的国际趋势是"原址安老"，意思是说，尽量让老人在他熟悉的环境中，即长时间居住与生活的家里和社区里度过晚年。对于健康的和轻微失能的老人，可以实行由社会服务和社区服务支持下的居家养老；部分失能的老人，可以白天由社区的日间照料中心提供服务，晚上则由子女接回家中；到老人完全不能自理时，再接受老年服务机构的全天候照护。以此形成以居家为基础、社区为依托、机构为补充的多层次养老服务体系。

对此国家提出"9073"计划，即90%身体状况比较好的，愿意和子女在一起的老年人，采取以家庭为基础的居家养老；7%的老年人依托社区的养老服务中心提供日间照料；3%的老年人通过机构养老予以保障。有专家表示社区养老是社会养老服务体系的重要组成部分，社区养老既是居家养老和机构养老之间的桥梁和纽带，也是社会养老服务资源集散与辐射的重要平台。有专家指出，要发展社区养老，主要应通过构建三张网，形成一个社区养老服务网络，这三张网第一张是保基本的托底网，第二张是产业化的市场网，第三张是非营利组织参与为主的社会网。

如果按照政策层面的理解，社区养老只是在社区内建立养老服务中心，而以社区O2O的角度看，居家养老其实也是在社区养老范围之内的。只要老人生活在社区之内就可以享受到社区养老服务，这样的社区养老才更有市场价值。能动能玩地生活在自己家的老人需求更多，社区商业将更多地为这部分群体提供市场级服务，也就是说社区养老其实可以覆盖97%的老年群体。

（2）社区养老应再细分，不同的社区特点需要不同的运作思路

如果从社区O2O的角度来做社区养老，就不能仅仅围绕"养"和"老"这两个关键字来做了。社区O2O养老服务的目的并不是"养"，而是让老年群体快乐地生活；而在服务的人群上也不能局限为"老"年群体，要将人群范围扩大至退休人群，尤其是50岁退休的中年群体，他们是社区市场的主力群体，但他们还没到需要养老的阶段。

世界卫生组织对老年人的定义为60周岁以上的人群，而西方一些发达国家则认为65岁是分界点，中国古代曾将50岁作为分界点，而以目前中国的经济发展和民众的身心健康来看，我们完全可以将65岁作为划分"老年人"的年龄标准。中国男性目前的退休年龄仍是60岁，退休之后正是能动能玩有时

间又有精力的好时候，从他们的心理上也不愿意一退休就被划入到老年人阵营。社区养老其实只是围绕社区中老年服务的一个统称，而从市场和用户层面其应该做更深入的细分。社区市场中老年人的基础价值特征如表 6-1 所示。

表 6-1　社区市场中老年人的基础价值特征

特征划分	年龄划分	50~54	55~59	60~64	65~69	70~74	75+
	家庭人员构成划分	独立居住		两代同堂		三代同堂	
		孤老	双老	孤老	双老	孤老	双老
	退休收入及子女供养	1 000 元以下	1 000~2 500 元	2 500~4 000 元	4 000~6 000 元	6 000 元以上	
	健康情况和活动能力	身体健康，活动能力强		部分常见病，活动能力正常		身体虚弱或疾病缠身，行动不便	

不同特点的中老年人有着不同的生活需求，通过几组交叉分析就可以初步得出每个社区的中老年住户的经济价值，然后有针对性地提供相应的服务，将 50 多岁的人群与 70 多岁的人群放在一起，提供相同的服务肯定不合适。

另外，社区养老还需要先对目标社区进行评估，包括社区的建设时间、住户构成、物业能力、社区环境、社区配套、出行交通、周边商业、政策覆盖、基础医疗、房产价值等。这些环境因素都对社区养老服务有着直接影响。社区基础环境会影响的社区养老服务发展构成如表 6-2 所示。

表 6-2　社区基础环境会影响的社区养老服务发展构成

建设时间	住户构成	物业能力	社区环境	社区配套
出行交通	周边商业	政策覆盖	基础医疗	房产价值

不难看出，当我们把各种因素放在一起时可以更具体地了解不同类型的中老年用户的生活需求和消费能力，根据这些用户情况、社区情况以及城市情况，再结合实践经验完全可以归纳出具体的社区 O2O 养老模型。而现在的问题是，社区 O2O 养老才刚刚起步，暂时只有养老之名，缺养老之实，谁都知道养老市场会日渐壮大，但究竟该如何盈利是全行业在思考的问题。

根据现有市场经验，从整个社区市场层面来看，以社区养老为社区 O2O 的切入点要更加贴近社区，因为中老年人不太会使用互联网，所以需要更加注重线下市场的建设和发展。我们一再强调社区 O2O 核心竞争力在于线下的服务能力，社区 O2O 养老项目很直观地体现出了这一点，但稍微有点遗憾的是社区 O2O 养老提供的服务会有些局限。

（3）社区养老的基础需求：日常、健康、安全、亲情、娱乐

构建以居家为基础、社区为依托、机构为补充、医养相结合的养老服务体系，这是国家养老战略，而国家政策只是为了刺激市场发展，大家现在都知道养老产业大有可为，但在此基础上得清楚中老年人的基本需求是什么。

人到了一定年龄之后对生活品质的追求就没有那么高了，衣食无忧、身体健康、子女孝顺也就够了。说得再具体一点，老年人的基本需求有日常生活、身体健康、生命财产安全、骨肉亲情、休闲娱乐这五个维度，社区养老服务就需要针对这五个维度提供服务。社区养老的基本需求如图 6-2 所示。

社区养老的基本需求：日常、健康、安全、亲情、娱乐

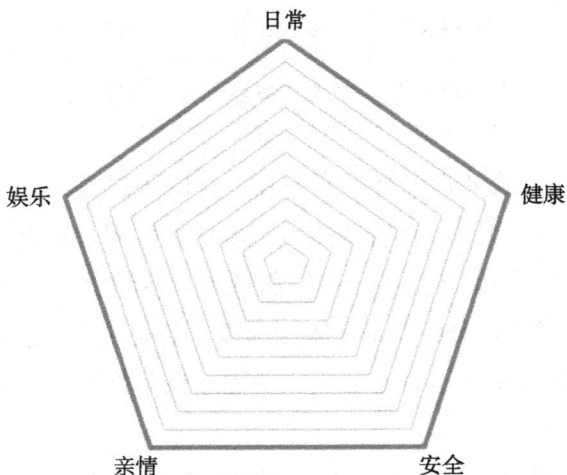

图 6-2　社区养老的基本需求

　　社区养老的服务对象虽然是老年人，但社区养老要影响的可不只是老年人，还有他们的子女。日常、健康、安全、亲情、娱乐是老年人的基本需求，反过来看也是子女们的基本需求，因为无论子女是否与老年人同住，他们都会关心老年人的生活，其中主要在意的是日常生活、身体健康、生命财产安全这三点。另外，对于那些子女不在身边的老人，情感沟通是打动他们的突破口，而对于生活闲暇惬意的老人，他们对休闲娱乐方面的精神文化有着强烈的需求。

　　不同的家庭结构和用户属性，基础需求的侧重点也不同，如果子女与父母分居异地，这个时候老年人可能把亲情放在最重要的位置；有的老年人家庭生活条件比较好，他们就有心情去追求生活上的休闲娱乐；而对于有些家庭比较贫困的老年人，能够吃好喝好便知足了。大部分老年人基本会同时存在日常、健康、安全、亲情、娱乐这五点基本需求，而围绕这五点社区养老有非常多的延伸空间。现在的主要问题是谁能用什么办法盘活整个社区养老

产业，让老年人或者是他们的子女愿意为服务付费，而且是长期可持续的付费，这是现在很少有企业能做到的。

6.3　方向 15：社区医疗

　　医疗服务相关市场的人都知道社区医疗是一块潜力巨大的市场，有市场分析机构预测 2020 年社区医疗收入有望达到 3 600 亿元。近两年社区医疗发展迅速，一是得益于政策上的突破，政府部门除了指导各大医院积极组织社区卫生服务站之外，还鼓励有条件的企业进入社区市场参与市场化竞争；二是互联网＋医疗市场爆发，在纯线上的互联网医疗遇到瓶颈时，各大互联网类的医疗服务公司开始尝试落地，而社区医疗就是其中一种落地方式；三是各大房地产公司和物业服务公司开始重视社区医疗服务的配套建设，以提升自家房地产的市场竞争力；四是社区 O2O 的出现促进了整个业界对于社区医疗发展的关注。社区医疗市场正在得到越来越多的关注。

（1）公共社区医疗主要配合于政府医疗体系，市场准入已在放开

　　根据国家统计局数据显示，截至 2015 年年末参加城镇基本医疗保险的人数为 66 570 万人，全国共有医疗卫生机构 990 248 个，其中医院 27 215 个，乡镇卫生院 36 869 个，社区卫生服务中心（站）34 588 个，诊所（卫生所、医务室）195 866 个，村卫生室 644 751 个。2016 年数据整体变化不大，主要是人员有所增加，2016 年年末卫生技术人员为 844 万人，其中执业医师和执业助理医师 317 万人，注册护士 350 万人，分别比 2015 年增加了 41 万、17 万、22 万人。《2015 年我国卫生和计划生育事业发展统计公报》基本情况

如表 6-3 所示。

表 6-3　《2015 年我国卫生和计划生育事业发展统计公报》基本情况

2015 年全国医疗卫生机构总诊疗人次达 77.0 亿人次，比上年增加 1.0 亿人次（增长 1.3%）
2015 年居民到医疗卫生机构平均就诊 5.6 次
2015 年总诊疗人次中，医院 30.8 亿人次（占 40.0%），基层医疗卫生机构 43.4 亿人次（占 56.4%）
与上年比较，医院诊疗人次增加 1.1 亿人次，基层医疗卫生机构诊疗人次下降 0.2 亿人次
2015 年公立医院诊疗人次 27.1 亿人次（占医院总数的 88.0%），民营医院 3.7 亿人次（占比 12.0%）
2015 年乡镇卫生院和社区卫生服务中心（站）门诊量达 17.6 亿人次，比上年增加 0.5 亿人次
乡镇卫生院和社区卫生服务中心（站）门诊量占门诊总量的 22.9%，所占比重比上年提高 0.3%

大体来看，我国的基础医疗体系还算发达，基层医疗卫生服务网络基本实现了每个街道都有一所社区卫生服务中心，城乡居民能够就近获得基本医疗和基本公共卫生服务，医疗卫生服务可及性提高，政府鼓励社会力量办医也对社区医疗卫生工作起到了重要的支持和补充作用。卫生人才队伍也初具规模，全科医生制度逐步建立，2015 年，每千人口执业（助理）医师 2.21 人，每千人口注册护士 2.36 人；每万人口全科医生 1.38 人，每万人口专业公共卫生机构人员 6.39 人。

然而，与此纵向发展不相匹配的是，基层医疗服务份额并没有相应增长。根据国家卫计委公布的《2015 年我国卫生和计划生育事业发展统计公报》数据显示，三级医院诊疗量占总诊疗量的比例仍在上升，病人依然向高级别医院集中；2015 年基层门诊人次占比相较 2009 年反而下降了 5.4%，说明基层未能有效分流日益增长的医疗需求，病人依然向高级别医院集中。这也意味着，这些年让患者向社区分流的诸多举措并未起到太多实效，居民就医流向没有明显改善。

从 2015 年下半年开始，政府部门密集发布的一系列医改新政，如"推进分级诊疗建设""医养结合""规范社区卫生服务管理和提升服务质量"，可以看出，国家已意识到了基层面临的问题，并试图从政策层面清障助力。2016年，政府紧锣密鼓发布了多项指导意见，包括"家庭医生签约服务""基层专业技术人才队伍建设"和"长期护理保险制度试点"等。国家卫计委又发出通知，将对全国社区卫生服务中心进行服务能力调查，并以此为依据，制定社区卫生服务中心服务能力基本标准，厘清社区卫生服务中心功能定位、合理为服务定价。

种种信号表明，国家仍将重点发展基层医疗卫生服务，包括明确各级各类医疗机构诊疗服务功能定位，加强基层卫生服务队伍和能力建设，提升服务水平，最终落实分级诊疗制度，实现到 2017 年"基层医疗卫生机构诊疗量占总诊疗量比例 ≥ 65%""居民 2 周患病首选基层医疗卫生机构的比例 ≥ 70%"等目标。无论从政策层面还是市场层面，社区医疗的价值与作用日渐凸显，现在的问题是如何让民众更加接受社区医疗服务，并且让社区医疗服务机构以市场化的方式获得正向营收利润。

（2）零售药店、社区门诊、社区卫生服务站是社区医疗的基本主体

根据《2015 年我国卫生和计划生育事业发展统计公报》提到的有关社区卫生服务体系建设的信息显示，截至 2015 年年底，全国已设立社区卫生服务中心（站）34 321 个，其中社区卫生服务中心 8 806 个，社区卫生服务站25 515 个。社区卫生服务中心人员 39.7 万人，平均每个中心 45 人；社区卫生服务站人员 10.8 万人，平均每站 4 人。社区卫生服务中心（站）人员数比上年增加 1.6 万人，增长 3.3%。

而 2015 年，全国社区卫生服务中心诊疗人次 5.6 亿人次，入院人数305.5 万人，门诊和住院量比上年增加（如表 6-4 所示），不难看出，基层医疗卫生机构的工作压力还是较大的，服务于基层医疗的全科医生每万人口只

有 1.38 人，其标准配置是 2 人。

表 6-4　全国社区卫生服务情况

年份	2014	2015
街道数（个）	7 696	7 957
社区卫生服务中心数（个）	8 669	8 806
床位数（张）	171 754	178 410
卫生人员数（人）	381 856	397 301
#卫生技术人员	323 053	335 979
#执业（助理）医师	134 258	138 516
诊疗人次（亿人次）	5.36	5. 59
入院人数（万人）	298.1	305.5
医师日均担负诊疗人次	16.1	16.3
医师日均担负住院床日	0.7	0.7
病床使用率（%）	55.6	54.7
出院者平均住院日	9.9	9.8
社区卫生服务站数（个）	25 569	25 515
卫生人员数（人）	106 915	107 516
#卫生技术人员	94 450	95 179
#执业（助理）医师	42 740	43 154
诊疗人次（亿人次）	1.49	1.47
医师日均担负诊疗人次	14.4	14. 1

数据来源：《2015 年我国卫生和计划生育事业发展统计公报》。

社区医疗范围是指一般的医疗保健，即提供病人在转诊到医院或专科前的一些医疗服务，在一些国家，社区医疗又称为第一线医疗，而社区保健的医生通常称为全科医生。而从目前国家统计的数据来看，国内基层的社区医疗的基础环境已经形成，但全科医生配置存在缺口，民众对社区医疗的信任度不足，基层医疗卫生机构未能充分发挥其应有的价值和作用，导致医院持续高负荷运作。国家医疗体系方面目前的政策导向就是积极鼓励基层医疗卫生机构发挥作用，通过民营力量介入以市场的方式分流一部分医院的工作压力。

另外，除了社区卫生服务中心（站）、诊所（卫生所、医务室）等基层医疗卫生机构外，零售药店也是对社区医疗的基本补充，根据国家食药监总局发布的《2015年度食品药品监管统计年报》显示，截至2015年11月底，全国有零售连锁企业4 981家，零售连锁企业门店204 895家，零售单体药店243 162家。"小病去药店，大病去医院"是目前国人常见的就医观，药店其实是对社区医疗的极大补充，而且其覆盖能力要比基层医疗卫生机构更强。

其实，从目前基层医疗卫生市场环境，以及政府部门的市场政策来看，社区医疗市场完全具备爆发的潜力，现在就差一股可以吹起这个市场的东风。如果将医院和基层医疗卫生机构深入联通，让民众重新认识基层医疗卫生，就是互联网医疗和社区O2O医疗发展壮大的机会，已经有社区医疗项目拿到了互联网投资公司的投资，整个市场处在爆发前夜。

（3）如何参与社区O2O医疗的发展建设

社区医疗市场潜力有目共睹，现在的问题就是社区O2O如何参与到社区医疗项目的发展建设中。首先，医疗行业和养老行业在社区市场中出现了恰到好处的结合点，这就是社区养老的医养结合发展方向，老年人是医疗卫生的主力人群，同时也是稳定人群，医养结合会对社区医疗和社区养老产生正面的促进作用；其次，政府开始鼓励家庭医生签约服务以及上门诊疗服务，这可以给社区医生更大的施展空间，也更加市场化；最后，国家计划到2017年，"基层医疗卫生机构诊疗量占总诊疗量比例≥65%"，这是政策上的利好。

以社区O2O或者互联网医疗的思路参与社区医疗建设的方式有很多，稍微"轻"一点的模式会使用一些可穿戴设备，记录老年人的心跳、血压等指标，然后将数据汇集到社区医疗服务点，一旦发现异常便及时与病患联系进行诊治。稍微"重"一点的模式会有公司采购智能医疗仪器为社区居民构建健康档案，但这种成本相对较高，需要有配套的医师团队，有专业的医疗背景才能做，不适合纯粹的社区O2O项目。

在所有社区O2O项目之中，社区医疗的门槛是最高的。第一对人才要求高，需要有资质的全科医师和护士护理；第二对基本的医用设备、卫生环境的构建要求较高；第三政府对医疗项目的监管严格，而如果不被政府医疗卫生及医保体系接受，就难以获得足够的用户；第四想利用互联网整合社区医疗卫生机构或许有可行性，但技术成本较高，一般公司承受不了，另外即便这种信息整合获得了成功也掌握不了医疗服务的控制权。简单来说，社区医疗的技术和资金成本高，市场化难度大，普通的创业公司根本承受不了。

我国的基层医疗卫生网络的基础建设已经非常丰富了，但这种丰富也给市场化带来了压力，政府部门想推动基层医疗卫生机构市场化改革并不会那么容易。在这种基层医疗卫生基本面已经被覆盖的环境下其他新的民营医疗服务想要入场竞争的压力太大。政府需要将民营市场化的社区医疗项目纳入到国家医疗卫生体系之下，这样可以降低参与者的风险并激发原有基础市场的活力。

6.4 方向 16：社区育儿

社区育儿项目一直鲜有人提到，因为在原有的社区环境之下，很难围绕儿童做增值业务创新，但放在如今的社区O2O大环境之下，社区育儿没准会出现新的发展空间，更为重要的是，在全面放开二胎这一热门政策的驱动下，必然会有人开始往儿童市场发力。

（1）二胎政策之下，社区育儿的新零售市场出现机会

全面放开二胎政策激发了2016年的生育潮，根据统计局数据显示，2016年新生儿数量高达1 786万，比2015年增长了131万；而2015年的新生儿数量比2014年减少了32万。其实，现在很多已经在社会上打拼多年的家庭都能负担得起二胎，家里的长辈们更是愿意多一个子孙后代。

城镇人口多是以小区形式聚集在一起，0~6周岁儿童是主要的社区育儿消费市场，截至2016年年底城镇社区育儿市场用户量大概有4 640多万人，另外每年还有1 800万人左右的准婴儿市场，按4∶6估算，城镇准婴儿数为720万人。潜在的4 640万人+720万人的社区育儿市场确实值得认真思考其突破口，另外随着持续的城镇化，更多的农村年轻人进城买房结婚生子，城镇新生儿占比将会进一步提升。

《2016 CBME中国孕婴童消费市场调查报告》显示，0~3周岁宝宝家庭月均育儿支出为1 000元左右，各年龄段育儿支出差距不大，育儿支出占家庭总体收入的10%左右，这两个数据与2014年的数据基本相同。与此同时，不同城市和不同年龄段妈妈的家庭月均育儿支出差异不算太大，说明育儿消费是每个家庭的刚性消费，当然一二线城市的家庭婴幼品支出仍会高一些。

国家统计局的数据显示，2016年全年社会消费品零售总额为332 316亿元，比上年增长10.4%，其中城镇消费品零售额为285 814亿元，比上年增长 10.4%；年末中国大陆总人口为 138 271 万人，比上年末增加 809 万人，其中城镇常住人口 79 298 万人；城镇居民人均可支配收入 33 616 元，比上年增长 6.8%。

以一个小孩配两个大人的三口之家计算，平均一户（3 人）城镇家庭一年的可支配收入是 93 585 元，再参考上述 CBME 数据育儿支出占家庭总体收入的 10% 计算，每户家庭一年的育儿支出为 10 085 元，月均支出 840 元。

CBME 的月均育儿支出 1 000 元的数据主要是一二线及省会城市 0~3 周岁婴幼儿的均值，而我们结合国家统计局数据推算的 840 元是包括一二三四线城市 0~6 周岁的均值。一方面一二线城市的家庭收入更丰厚，支出相应更多；另一方面对 0~3 岁的婴儿，其奶粉、尿不湿的支出较多，相应均值更高，而婴儿期之后消耗品支出相应减少，儿童玩具、衣物、食品、图书支出增多。

所以整体而言，以 0~6 周岁的育儿平均情况来看，全国城镇家庭育儿月均支出 840 元是合理值。4 640 万 6 周岁以下幼儿意味着 4 640 万个城镇家庭，以 4 640 万个城镇家庭乘以 840 元的月均支出再乘以 12 个月，即 0.464（亿）× 840 × 12 = 4 677 亿元。也就是说，2016 年以 0~6 周岁婴幼儿为主的社区育儿市场有 4 000 多亿元的规模，再加上准妈妈们的消费贡献，0~6 周岁的母婴用品市场空间约有 5 000 亿元的规模。

其实，从新生儿数据上可以看出，二胎政策将逐渐成为刺激社区育儿项目的驱动力，婴幼儿市场 5 000 亿元规模的市场价值非常值得挖掘，婴幼儿的饮食、娱乐、教育、健康、安全等是否可以在社区的场景下找到突破口呢？

（2）社区育儿市场固然庞大，但还需看实际的运作手段

虽然看起来城市社区内的育儿市场价值这么大，但之前并没有人系统地研究过社区市场，如何去挖掘还得一步一步尝试。对于 0~6 周岁极度缺乏自

理能力的学前儿童，整个家庭都在围着他们转，如果能够吸引到这些儿童，伴随而来的是大批社区内的母亲，甚至是整个家庭，通过孩子影响到的这批母亲群体会非常愿意为她们的孩子消费。社区育儿可参考的运营切入维度有很多，包括社群、消费、二手、玩乐、教育、安全、保险等。

第一，社群。孩子和母亲是相互影响的关系，孩子与孩子之间、母亲与母亲之间更可以相互影响。以目前流行的社群经济来看，若能在线下社区形成宝妈社群，利用好用户之间的相互关系，很多事情就好办多了。

第二，消费。无论是线下零售，还是线上电商，抑或是代购，零售是最为常见的经营手段。孕婴童产品多是暴利品，一件不起眼的小衣服都能卖上百元，其他的奶粉、尿不湿、儿童座椅、手推车、儿童玩具等价格更高，孕婴童一直都是零售业中比较大的一块市场，社区育儿是从社区服务终端争夺目标用户群。

第三，二手。正是由于孕婴童产品的售价越来越高，所以一些非贴身类的耐用二手产品的市场价值开始显现。有些民众会找那些也有孩子的亲朋好友们要一些穿过用过的旧物，而且亲友也都愿意给。可以考虑将孕婴童二手用品的流通与社区二手等其他服务结合放大用户范围，其市场价值或会显现出来。

第四，玩乐。玩是孩子的天性，现在的家长也经常会带着孩子到楼下玩玩，或者到一些有儿童游乐设施的商场里去玩。现在有些有生意头脑的小商贩会在小区楼下设置一个儿童投币摇摇车，一元钱晃一会儿，有些孩子一坐就是很多次；有的会卖那种儿童玩的钓鱼玩具、充气城堡等也能赚点钱。

第五，教育。如今的家长越来越重视儿童学前教育，生怕自家孩子"输在起跑线上"，各种儿童教育培训班、早教中心越来越多。社区育儿是对儿童教育的延伸服务，同时也是抢生源的方式之一，有优质的儿童教育服务做背书，社区育儿的延伸服务就变得更有吸引力，若是能结合夏令营等活动则利润或将比较可观。此外，有些城市鼓励搭建社区图书馆，其中围绕孩子的读物有很大的市场空间。

第六，安全。儿童安全一直是家长们最为关心的问题，一怕被拐，二怕走丢，三怕受伤。很多儿童安全手表、手环之所以卖得好，就是抓住了家长害怕孩子被拐或者走丢的心理。这种针对儿童的智能可穿戴产品，除了可以保障安全也正在和儿童健康相结合，这块市场刚刚起步，主要是那些对互联网接触比较深的用户在购买。若能在一些其他的儿童消费或服务业务的基础上将产品代入线下社区市场，可打开更大的市场空间。

第七，保险。学前儿童的保险市场开发还不够成熟，一般孩子上学之后学校的保险就可以满足其基本需求，但学前儿童保险仍需要进一步挖掘。安全险、健康险、教育基金、儿童理财等，围绕儿童可挖掘的保险，甚至是金融市场都还有很大空间，这一点又可与社区金融相结合。互联网的运营思路是一鱼多吃，围绕用户打造一整条产业链，保险金融是稍微更靠后一些的市场，但具备非常可观的市场潜力。

第八，其他。围绕孩子可以做的增值服务还有很多，例如儿童托管代接送、私人订制上门看护、亲子互动旅游等，前提是在社区内有成熟的社区育儿的市场环境。增值服务建立在成熟的客户关系基础上，如果与用户建立起了足够的信任，可以获取收益的方向还有很多，这里只是简单举了几个例子。

（3）若成市可控，可搭建社区育儿新零售服务门店

发展社区育儿肯定不能仅停留在线上，线上对于成年人更有价值，而0~6周岁的孩子更喜欢看得见摸得着的东西。发展社区育儿就一定要注重社区内的服务场所建设，至于这个场所要怎么建、要提供哪些服务，还得看自身项目的运作能力，至少得确定可以做到盈亏平衡。所以在做社区育儿市场之前不妨简单算一笔账，考虑一下投入和产出。

以城镇常住人口为 79 298 万人、0~6 周岁城镇儿童为 4 640 万人计算，城镇儿童密度大概是 6%，也就是说在城镇 100 个人中约有 6 个是目标儿童

客户。以一个 500 户（每户 3 人）的小区计算，500×3×6%=90 人，一个有 90 个目标客户的小区能不能盈利？传统的孕婴童市场要么是电商模式，要么是开在商圈中的儿童用品卖场，这两种方式覆盖的客户量都非常大，而如果要开社区母婴店，所服务的客户数量就很有限了，在有限的客户中挖掘市场，这是非常大的挑战。

市场机会肯定是有的，按照上述推算得出的家庭月均儿童支出 840 元计算，如果能从这 90 个客户的月均支出中拿到 100 元，90×100=9 000 元，这个营收肯定是不够的，以人工费 5 000 元、房租 3 000 元、水电 500 元来算，月均固定成本就已达到 8 500 元，再算上进货成本肯定亏损。所以，这个时候只能要么选择在住户量更多的社区开店，要么想办法提升每月从用户那里获得营收的能力。

若每月能向每一位客户卖出 200 元的产品或服务，500 户的小区月营收总额是 18 000 元，与 18 500 元的成本相比还是略有亏损，如果去掉人工成本的话，则能赚 5 500 元，这个月收益还算不错，对于个体店主来说可以接受；1 000 户的小区月营收总额是 36 000 元，去除 31 500 元的成本，还有 4 500 元的利润，若是单店能达到这个收益规模，就可以小规模扩张了。

真正想做社区育儿这块市场，选好所服务的社区市场至关重要，毕竟家庭月均儿童支出 840 元只是平均值，有些社区的家庭为婴幼儿的支出可能高达 1 500 元，甚至是 2 000 元。此外，6% 的城镇儿童密度也是平均水平，有些学区房社区内的儿童可能会更多。

真要做社区育儿市场，前期的调研准备工作非常关键，另外就是自身经营项目的营收能力需要有所保证。许多幼儿园都是建在社区之内的，而社区育儿与幼儿园的服务目标群体完全重合，换句话说，未来社区 O2O 之下的社区育儿项目没准要与社区幼儿园抢市场了。

6.5 方向 17：社区社交

　　根据国外 Nextdoor 的成功经验，国内越来越多的人将目光锁定在社区社交市场，然而三四年的时间过去了，并没有出现中国版的 Nextdoor。但这并不能阻止还有人前赴后继地对社区社交市场充满幻想。

　　（1）中国没有 Nextdoor，社区社交暂时仅停留在美好的设想之中

　　我最早接触的社区项目就是社区社交，然而三四年时间过去了，我们也已经全面进入移动互联网时代，为何至今也没有出现中国版的 Nextdoor？对此我们不妨反思两个问题：其一，从互联网的大环境来看，中国不比美国差，甚至网民数量远多于美国，但为何就没出现一个 Nextdoor 呢，问题出在哪？其二，三四年时间过去了，似乎 Nextdoor 在美国市场也没有像有些人预期的那样所向披靡，更多的是作为 Facebook 和 Twitter 的补充存在。这使得我们不得不反思，社区社交适合成为主流社交应用吗？

　　过去，我们对社交的认知是它是基于某种社会关系形成的线上关系网络，并且将社交关系划分为强关系社交和弱关系社交，然而现在我们回过头来看，在中国市场推动社交应用发展的驱动力并不是用户之间的强弱关系网络，而是用户自身的强弱心理诉求。从市场基本情况来看，微信是强关系＋强诉求，陌陌是弱关系＋强诉求，人人是强关系＋弱诉求，社区社交是弱关系＋弱诉求，但社交关系和心理诉求之间会随着时间和环境的变化而产生变化。社交关系强弱与社区需求强弱的产品举例如图 6-3 所示。

　　微信是移动互联网时代性的产物，在产品初期赶上了移动互联网爆发，用户对移动社交有较强的使用心理诉求，再加上与 QQ 和手机的较强关系网络，微信得以迅速占领移动社交市场。

社交关系强弱与社区需求强弱（产品举例）		
	强关系	弱关系
强诉求	微信	陌陌、钉钉
弱诉求	人人	社区社交

图 6-3　社交关系强弱与社区需求强弱的产品举例

陌陌的崛起并不依靠社交关系，所以很多人把陌陌当成是弱关系社交的典范，陌陌是在新时代下人性被猎艳、好奇的心理诉求所驱动才得以在社交市场占得一席之地，它的出现很直观地说明了社交应用的发展不见得非得依托原有的社交关系。

人人的落寞在社交市场也具有代表性，同学关系本是强关系，但关系虽强却在平日里没有彼此交流的心理诉求，时间长了之后强关系、弱诉求的人人就被市场淘汰。

社区社交是弱关系＋弱诉求的存在，邻里之间一般都处于半陌生状态，社交关系并不强，同时彼此间缺少共同话题，社交诉求也不强。所以至今社区社交也没有一个代表性产品，因为以目前国内的社区环境状态根本就发展不起来。

不过，社交关系的强弱和社交心理诉求的强弱会随着时间和环境的变化而产生变化。例如，当我们在学校的时候，人人其实是强关系＋强诉求的组合，因为那时我们对校园交友的心理诉求极强，而当我们离开校园之后，不再关注校园交友，人人就变成了强关系＋弱诉求的构成，所以导致其走向衰落；再看钉钉，当我们在某家公司任职时，同事之间的一些工作交流需要通过钉钉来完成，这个时候钉钉就属于强关系＋强诉求的存在，但当我们离开这家公司时，强关系变成了弱关系，强诉求变成了弱诉求，那个时候钉钉的用处就减弱了，除非新公司也使用钉钉。

Nextdoor 代表的其实是弱关系＋强诉求的市场关系。得益于美国更为空旷的居住环境，在一些非大型城市，邻居之间相距较远，并不是所有人都彼此熟识，整体处于较弱的社交关系，但美国人对社区联合安防有着明确的共识，这为 Nextdoor 的发展提供了较强的社交心理诉求。而在国内并不存在联合安防的社交心理诉求，其他共性的心理社交诉求也没有，所以要在国内发展社区社交只能先从线下着手搭建社区社交关系，这就需要先在线下服务上做更多的努力，为社区邻里之间找到社交的触点，在建立了强关系＋弱诉求的社交氛围之后，再逐渐提升用户的社交心理诉求。

不过，这不是短时间内可以实现的，所以我才把社区社交放在了社区商业的第三阶段，就是希望能通过前面不断丰富的社区活动加强社区住户彼此间的联系，以此形成社交氛围之后再去尝试发展社区社交。

（2）社区社交的需求确实有，但不强烈，尚不足以支撑独立 APP

我们不否定社区用户确实存在一定的社区社交需求，但这种需求并不强烈，在现有社区氛围之下只能算是弱社交心理诉求，尚不足以支撑一款独立的社区社交 APP。

第一，社交产品本身就是极为烧钱的项目，没有充足的资金很难推动，在如今资本冷静看待社区市场的氛围下，社区社交又没有盈利点，资本市场不可能投入几亿资金去砸社区社交市场；第二，社区生活环境处于弱关系＋弱诉求的社交氛围，在封闭式的小区文化下，邻居交流需求被严重弱化，中国人比较内敛、谨慎，很少有人会主动接近周围人，对别人的热情也会谨慎对待；第三，中国网民年龄层偏低，主要集中在 45 岁以下的人群，而在社区内有大量闲暇时间的 50 岁左右人群对互联网的使用程度仍较初级，网民结构与社区社交主力人群市场偏差明显；第四，微信等社交工具可以满足目前粗放简单的社区社交需求，如果没有功能和服务上的创新，社区社交产品很难撼动微信的地位。

Nextdoor 和陌陌已经经过市场验证，社交产品发展需要有强社交心理诉求做支撑，但在国内社区社交市场，社区社交难以找到实际可行的强社交心理诉求做市场支撑，只能尝试从社区社交关系强弱的变化上做最后的努力。

种种迹象似乎表明中国暂时还没有社区社交的发展土壤，但我们暂时并不能完全判社区社交死刑，目前只是社区社交的需求未被激发出来，其潜力还是非常巨大的。如果能通过社区线下活动触及同小区住户彼此间的触点，或许还有机会，例如小区内的狗友、球友、牌友、拼车族、养老健康、孩子教育、物业服务等都是潜在的社区社交触点，现在的问题是要怎么去激活这些社交触点。这是一项散乱、复杂、漫长并充满不确定性的工作，对线下的运营能力要求极高，其并不符合互联网快速复制并规模化的市场特点，即仅仅依靠互联网是不足以推动社区社交发展的，纯粹独立的社区社交 APP 没有市场空间。

（3）社区社交与社区新零售无关，不是以人聚商，也不是以商聚人

我在 2013 年 9 月"社区服务 O2O：一场蓄势待发的商业变革"一文中提出过"以商聚人，以人聚商"的理念，后来被很多人引用。不过，在很多社区市场从业人员开始认可这个理念时，我却在反思这个理念的正确性，因为随着时间的发展和市场的变化，一些支撑原有观点的论据也发生了变化。"以商聚人，以人聚商"大体上没有错，因为人多的地方就一定有商业，而有商业的地方就更能聚集人气，这是基本的市场规律，但将这个理念直接用在社区社交方面恐怕并不合适。

我最早接触社区市场就是因为社区社交项目，而当时"以商聚人"和

"以人聚商"观点的提出也是为了佐证社区社交的"以人聚商"更具市场潜力。当时最强有力的例证就是腾讯依靠社交网络发展各类商务服务，但众所周知，后来腾讯把电商、生活服务业务分别转手给了京东和大众点评。腾讯典型的以人聚商模式宣告完结，这不得不让我们反思——在线上社交市场，有了人就一定可以聚商，可以产生交易吗？答案显然是否定的。

以商聚人的思路就更不适合用来发展社区社交了，这一点阿里、京东、美团等都是例证。社交和商务本就是两个不同维度的市场，腾讯做不成电商，阿里做不成社交就是如此，所以不要想着做成社区社交之后就能无限延伸地提供其他社区零售服务，也不要认为通过商务交易服务聚集了用户量就能发展社交产品，这都只是美好的设想罢了。

社交项目还得从交流的本质出发，寻找到适合社区社交的内容契合点，也就是前面重点讨论的社交心理诉求。我们还应该反思的一个问题就是社区社交如何盈利？一来，社区市场现在本就盈利困难，社区社交就更无法通过社区服务获得盈利；二来，社交产品盈利也不容易，只有广告、游戏和增值服务这三种基本的盈利方式，但这三种营收方式在社区市场有多大空间还很难说。不盈利的社区市场与难盈利的社交市场组合在一起，盈利问题就变得异常艰难，那么社区社交还有多大的想象空间？所以暂时还是不要对社区社交抱太大希望，等其他社区服务一步步完善，社区交流氛围有所改善之后再去寻找社区社交的机会吧！

6.6 方向 18：社区数据

毫无疑问，如今已经进入大数据时代，而社区数据也是社区商业的重要组成部分。从数据本身蕴涵的商业价值来说，包含了整个家庭衣食住行的社区数据要比有些数据的价值更高；然而遗憾的是，目前社区数据的挖掘仍相当初级，这与社区商业公司的技术水平和行业发展阶段都有关系，只有等其他基础条件完备之后，社区数据才会显现出价值，所以社区数据是社区商业第三阶段才涉及的内容。

（1）在未来市场，社区大数据与社区新零售价值等同

社区O2O是为用户居家生活提供消费服务，从数据层面看其可以掌握消费者日常消费行为习惯。如果社区O2O服务商可以多层次地满足用户的需求，就有机会精准地了解每个家庭的人员构成、年龄结构、出行习惯、日常作息、消费能力、理财能力、房产价值、汽车价值、品牌喜好、水电燃气消耗等诸多维度的数据。除了在社区生活层面开发消费服务市场之外，社区O2O的潜在价值就是大数据的收集，社区新零售的价值与社区大数据的价值等同，这一点在阿里身上已有非常直观的体现。

阿里可以通过电商和支付数据了解一个人的消费行为习惯，腾讯可以通过社交和游戏数据了解一个人的行为特性，但这两大巨头只能通过用户数据了解个人的某一方面特质，而社区O2O生成的数据可以了解整个家庭的行为数据。从数据特质层面，社区O2O家庭级的数据对阿里和腾讯都有着极大的补充价值；从用户特征层面，腾讯和阿里所掌握的用户数据主要是45岁以下的年轻群体，而社区O2O所产生的数据可以更多地覆盖45岁以上的用户群体。

对比阿里和腾讯的用户数据特征，如果从消费服务市场的角度来衡量数据价值的话，阿里的大数据要比腾讯的更有价值，因为根据一个用户的日常消费内容可以判断出很多信息，包括用户的年龄层、是否结婚、是否有孩子以及父母的身体情况，阿里可以明确地知道其用户的特点、消费能力以及大

致的家庭结构，也就是说阿里已经具备了一定的家庭数据基础。所以，不难理解为何这两年阿里如此大力地推动天猫超市的发展，除了电商发展到一定高度之后自然地向线下商超市场渗透以及阿里需要新类目扩张整体交易额之外，还因为商超市场几乎涵盖了家庭日常消费的大部分生活用品，背后的数据价值战略意义重大。

阿里早就开始强调自己不是一家电商公司，而是一家数据公司，它需要丰富自身的大数据组成成分。推动天猫超市发展将有助于把阿里大数据从个人数据信息提升到家庭数据信息，所以天猫超市看似是阿里在电商层面的业务拓展，但一旦其运作成功，将会使阿里在大数据市场层面拉开与腾讯的距离。

未来的家庭大数据不仅能使得商家了解其用户，最主要的是可以促进销售，并能影响生产商的市场决策，这是家庭数据的最大价值。

（2）没有基础的社区O2O项目，社区数据又从何而来

目前来看，社区大数据产业发展主要有两方面的限制因素，一是数据源于服务，只有用户有不断的使用行为才能产生足够的数据量，而社区服务还没能满足用户的需求，无法大规模地打开社区市场；二是具备数据能力的公司太少，特别是社区市场的创业公司，整体技术能力普遍偏弱，而那些传统物业出身的社区服务公司也普遍缺少数据挖掘能力。

就目前社区O2O的发展阶段而言，社区市场有数据能力的公司微乎其微，绝大多数公司都不具备谈收集社区大数据的资格，因为大部分社区项目仍挣扎在起步求生阶段，即便有心也无力拓展社区数据能力，更何况大部分社区项目还没被用户认可，各项社区服务也还没产生具备实际价值的市场数据。只有解决了用户需求问题并打开社区市场，同时又具备数据处理能力的公司，才有资格谈论社区大数据，而要满足这两个条件既需要时间积累，也

需要大量的资金投入。

数据需要通过时间慢慢积累，不过只有时间没有技术也不行，而要满足技术要求就需要资金投入，但问题是一般的创业公司根本没那么多资金聘请掌握数据技术的高手。以期权的方式招纳人才需要项目团队本身具有足够的吸引力，或者遇到一个本身就对社区感兴趣的人愿意加入创业团队，可这种情况并不多见。

事实上，现在谈社区大数据有些为时尚早，目前应该做的还是发展主营业务，当然如果有条件的话尽早挖掘社区数据价值对业务发展肯定有帮助，但目前的社区数据还不至于上升到大数据层面。从产业结构来看，社区大数据其实是社区O2O中后阶段该做的事情，只有做好基础的社区服务，社区大数据才会有足够的发展空间。

（3）社区数据与家庭隐私，难以回避的尴尬矛盾

说到数据问题就不得不提到隐私安全问题，数据与隐私之间的市场悖论由来已久，虽然用户始终对个人隐私安全非常敏感，但随着对互联网的依赖程度越来越高，已经很少有人再上纲上线地为了隐私而反互联网了。然而，我们可以预见当社区O2O开始围绕社区数据做市场探索时肯定会有反对的声音。或许这种声音不是为了反对而反对，而是出于对家庭生活安全的担忧——大部分人其实不是怕自己的行为数据被公司用于市场分析，而是担忧私密数据外泄被不法分子盯上，影响家庭的人身及财产安全。

用户担心自己的家庭数据被社区O2O公司泄露完全可以理解，因为社区O2O公司确实可以掌握更加全面的家庭信息，其一旦被泄露相当于整个家庭的情况完全被暴露，这就容易给不法分子提供非常宽泛的作案空间。

即使存在这样的隐患，我们也不可能因为家庭隐私安全问题而放弃社区数据业务，因为数据早已被当成企业未来的核心竞争力之一，更何况知名科

技公司出现信息泄露的事件鲜有发生，有足够的技术实力完全有可能预防信息泄露事件的发生。对于社区 O2O 创业公司而言，在没有准备好之前还是要谨慎对待社区数据，一旦发生用户信息泄露事件，其后果将是致命的。

其实，用户对于家庭隐私安全的担忧不是限制社区服务公司发展社区数据的直接因素，社区服务公司的数据能力主要还是取决于自身的技术水平。只有用户相信企业，企业才可以获得更丰富的数据，这一点只能依靠企业自身的慢慢积累来完成。

第七章

社区商业补充方向

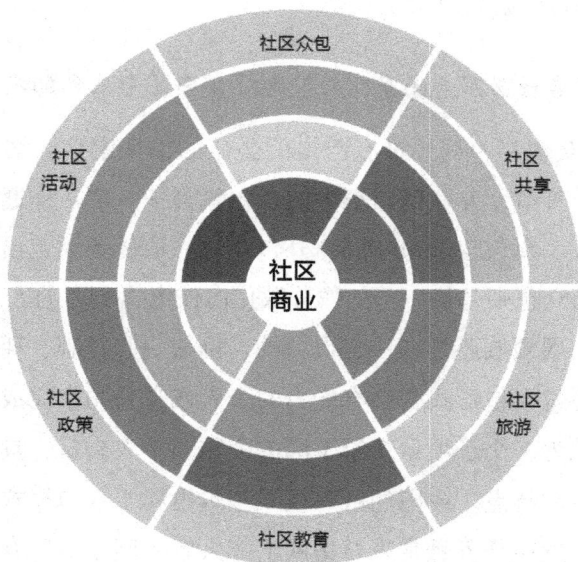

社区商业补充方向

在社区商业三个基础的发展阶段之外，还有 6 个补充发展方向，主要包括社区众包、社区共享、社区旅游、社区教育、社区政策和社区活动。这些补充方向一般不会独立成项，而是被用在之前 18 个基础发展方向之中，起到一定的补充配套作用。

7.1 补充方向 1：社区众包

在互联网市场的影响下，众包概念迅速成为备受推崇的发展理念。从目前的社区众包市场发展情况来看，C 端即业主端市场的众包市场空间非常小，B 端即物业段市场的众包已成为趋势。

众包不太适合社区服务场景，社区内 C 端市场可众包的项目并不多

事实上，"众包"一词并没有严格的公认的市场定义。结合市场情况再根据词面大体上理解，互联网市场中的众包就是把一项工作通过网络自由分配给能胜任的人。众包与外包不同，外包是将一项任务承包给专业的第三方公司来完成，而众包则是将一项工作分散化由任意想出力的人去执行。

众包在互联网领域还是有一定市场的，例如一些基础、耗时的非核心技术难题，可以通过众包形式交给有能力的个人或者公司来完成，或者一个大的项目可以分散为多个子项目交给不同的公司和个人去做，具体的众包方式需要看项目本身的特点。中国的威客模式基本也属于众包模式，有需求的个人或者公司通过发布任务悬赏来召集网络能人解决问题，待有人解决了问题之后任务发布者（个人或者公司）付给执行者相应的报酬。在之前的互联网市场中，众包大多以技术和信息服务为主，而在 O2O 行业发展起来之后出现了服务类的众包，例如众包物流等。

跳出众包服务的交易方式来看，众包平台与很多交易服务类互联网平台很相似，都是一端有需求，另一端有解决能力。说白了其实就是互联网信息化本身具备的端对端的交易服务能力，只不过独特的市场特征和经营特点让众包看起来像新的市场模式。

C 端社区市场需求量小，即便是社区新零售也不足以支撑众包市场的发展

我们不能否认社区众包物流、社区众包服务的市场价值，创新总是伴随着质疑声成长。此前我们就曾讨论过众包物流，结合现阶段的社区新零售发展来看，根本没有那么大的单量支撑纯粹的社区众包物流发展，例如与京东到家合并之前的达达这样的社会化的众包物流，其之前都存在严重的问题，单纯的社区众包物流更难以成为主流项目。

好在对于达达而言，在并入京东到家之后，有京东为其提供充足的配送订单；而且在京东引入沃尔玛投资之后，从沃尔玛那里为达达引来了新一轮投资，这让达达重获新生。而其他未能有达达这样好运的社会化物流的命运就没那么理想了，例如人人快递，之前也是舆论的宠儿，如今不得不转型去自主拓展订单。

就社区众包物流方面，从社区配送和闲置人力的角度来看，在某些情况下确实可以发展社区众包物流，但也仅仅是社区零售、外卖等其他社区项目的配套补充服务。单纯的社区众包物流缺少足够的业务量和利润点，现阶段难以独立发展，这一点我们前面也讨论过。

市场上其实有专门提供社区众包物流的项目，其主打为社区居民提供跑腿服务，但后来因为没有什么业务量，转而为商区白领提供跑腿服务。不可否认，跑腿的需求确实有，但价值并不是特别大，跑腿项目做得再深入一些，要么成了代办公司，要么成了物流公司。

社区众包应该着眼于 B 端物业的需求，这是市场趋势

众包市场的理论基础主要是 B 端公司的任务由 C 端个人或者小 B 端公司承接，放在整个大市场环境下，只有有足够多的 B 端公司发布众包任务，众包模式才会得以发展，也就是说众包是严重依赖上游任务发布端的市场。那么放在社区市场，最主要的 B 端公司就是物业公司，而且物业公司正在尝试将基础工作外包，国外的先进物业服务运作理念也是将保洁、保安、维修、绿化这些业务外包出去。

大型物业公司都在积极进行基础业务外包工作，这也是大型物业轻资产化战略转型的第一步。以往物业被诟病最多的就是人力成本太重、技术含量太少、没有发展空间，现在物业开始将基础的服务众包给不同的垂直服务商，同时引入互联网技术以及社区 O2O 服务，渐渐成为了轻资产的 O2O 服务公司。那些大一些的物业公司，不仅将基础的保洁、保安、维修、绿化业务外包，凡是社区内可以业务化的非物业专职业务也众包给了其他有能力的公司来做。

甚至有很多大型物业公司会扶持一些众包服务商成为其平台上的垂直服务商，其不仅为这些公司提供业务，甚至还提供资金支持。很明显，针对 B 端物业的众包方向要比针对业主的众包服务更有市场。

7.2 补充方向 2：社区共享

在有些情况下，人们会将众包与共享放在一起来谈，前一节也提到了这个问题，有些项目刚开始是众包但做着做着就偏重于共享方向了，其实众包与共享还是有一定区别的。

社区市场中有诸多可延伸的共享服务

首先，在大的共享经济环境下有些项目本就与社区息息相关。中国的共享经济发展得非常活跃，涉及诸多领域，大体可分为出行共享、住宿共享、餐饮共享、办公共享、知识共享、技能共享、众包物流、玩具共享、翻译共享、数据共享、Wi-Fi 共享、共享单车以及共享充电宝等诸多领域。其中与社区市场关系最为紧密的是出行共享、住宿共享、餐饮共享、技能共享以及众包物流。

出行共享、住宿共享与社区的关系比较紧密，以社区为依托的出行共享和住宿共享是共享经济与社区经济的重要结合点。餐饮共享与技能共享都属于上门 O2O 的范畴，例如餐饮共享中的上门私厨、技能共享中的上门维修都已是社区 O2O 的重要组成部分。

另外，社区内的闲置物品共享、家庭常用工具共享等也都有值得挖掘的市场空间。社区共享市场将是未来共享经济的重点发展领域。

社区共享的目的是什么？能很容易地赚钱吗

社区共享需要面对一个尴尬的问题。共享经济关键的一点是将闲置资源变现，例如将车的空载时间、房子的空余空间，以及工作之外的业余时间等用互联网手段来实现变现。在大的全网环境下的共享经济的市场本质是商业变现，而在小的社区环境下以商业变现为市场本质的社区共享项目则很难执行。

社区市场有别于其他市场，这个市场属于圈子型市场，同住在一个社区内的住户在物理空间层面已被划分在一个圈子内，所以极为重视圈子内邻里互助氛围的建设。中国人一直都秉承"低头不见抬头见"的处事原则，尽量与邻为友。比如，我今天搭你个顺风车，明天帮你换个灯泡，社区邻里大都互帮互助，基本没有人会为此收费。当然在社区内专门经营零售品或者提供零售服务的人并不在讨论范围之内。如果你本身就是以在社区内修电脑为生的，即便是邻居找你，你也必须收费，因为这已经不是互相帮助的问题了，而是基本的商业服务关系；再比如，你经营了一家社区超市，虽然社区内都是邻居，但邻居去超市买东西也没有不付钱的道理。

以上的两个例子，无论是修电脑还是开超市，这都是主业，收费是合理的；而搭个便车和换个灯泡都是举手之劳的小事，再跟邻居收费就不正常了。换言之，修电脑和开超市这两个例子涉及的是基本的社区商业经济，收费是合理的；而搭便车和换灯泡属于社区共享经济的范畴，对这两件事收费就显得有点不正常。

所以，在社区这个小的市场环境下发展社区共享经济项目需要慎重，要确定项目本身是否符合社区邻里交往文化，想清楚社区共享的目的究竟是什么——为赚钱还是为营造更美好的社区生活。如果是为赚钱，就需要处理好商业细节问题，不能让社区共享的商业氛围过重，也要预防跳单，还需要顾及邻里间的情感问题。

共享单车的创新激活共享市场

社区共享其实也不是全然没有发展空间，如果运作得当说不定可以撬动其他社区业务的发展。社区共享说难很难，说不难也有机会，就如共享单车。共享单车在方便了民众的同时，其随意停放也给公共城市交通带来了很大的问题，但政府并没有一刀切地停止共享单车的运营，而是想办法加以规范，给出的监管政策也大体在合理范围之内。

受共享单车的影响，越来越多的共享项目开始出现，例如共享雨伞、共享充电宝等，虽然这种共享模式有租赁模式变种的嫌疑，但若能将用户转化成互联网用户，并解决用户的实际高频刚需问题，市场价值还是非常可观的。在共享经济中，最难管理的是人的问题，最容易管理的是物的问题。所以越是需要高度介入管理人的项目，运营的难度越大，可一旦管理好其市场潜力也更大；而只需要管理物的项目，则相对容易操作，所以共享单车、共享充电宝才能快速成长。

7.3 补充方向3：社区旅游

从产业规模和营收潜力等多方面来看，社区旅游是极具潜力的市场，但为何社区旅游没能进入本书的 18 个基础社区服务项，而是作为补充服务发展方向呢？这里需要指出的是，我们前面提到的三大阶段的 18 个基础服务项，主要是现阶段社区市场常见的、容易做的、对社区服务意义重大的，以及能满足住户基本需求的项目，而社区旅游并不能满足这几点，所以把社区旅游放在社区补充发展方向更适合一些。如果能够有序地发展三大基础阶段的社区服务项，社区旅游未来将会自然而然地融入到社区生态之中，或许还能成为主要的利润贡献项目之一。

社区旅游与用户接触很紧密，适合发展团体旅游服务

旅游业的发展越来越受到政府的重视，不过此前旅游似乎与社区市场的联系不多，虽然有一些旅游地产等项目，但那些项目的核心是地产、是拿地，而不是重点发展社区旅游。

社区市场非常适合发展团体旅游服务，如果前面三大阶段的社区基础服务根基打得好，发展社区旅游便有着非常明显的优势。前面我们讨论过"以商聚人，以人聚商"的理念，这两个思路都不准确，以人为本才是社区 O2O 的基本发展思路，发展三大阶段基础服务项的目的都是为用户提供更好的社区生态化服务，以此达到聚集人气的目的。社区是一个大的集体，如果大家能够彼此认同，并且认可社区综合服务商（含物业）的服务，那么社区旅游是非常好的增值服务。

虽然在旅游产业的整体服务能力上无法与传统旅行社和 OTA（在线旅游）公司相提并论，但社区综合服务商（含物业）与用户的关系要更为紧密，旅游产品的目标受众更精确，推广成本更低，针对性也更强。例如，社

区内时间充裕的中老年退休人员就是社区旅游的重点服务用户，而针对一些年轻的家庭用户就可以重点推荐家庭游、自驾游、周边游等服务。

旅游具有计划性和突发性两个特点。对于计划性旅游往往需要足够多的前期准备工作，这部分市场一般更适合大型的旅游公司，不过其也非常适合社区内的中老年退休人员。突发性旅游的目的地一般比较方便到达，无需做过多准备，人们突然有想法或者看到有合适的旅行团就可以来一场说走就走的旅行，这个特点很适合社区旅游。例如，社区服务商针对本社区内的住户组织城市周边自助家庭游，可以吸引本社区内的住户参与。社区旅游具有刺激旅游业的市场能力。

社区旅游与社区房产、社区汽车等有很多价值结合点

三个基础阶段的社区服务项目能为社区旅游项目聚集人气只是一方面，另一方面是其中很多项目与社区旅游有非常多的价值结合点。例如社区房产、社区汽车类项目就与社区旅游有非常多的结合点。

举个例子，上海到哈尔滨的跨区域自由行，需要过夜又需要用车，这部分需求完全可以由社区综合服务商（含物业）来提供。假设 A 物业公司的上海住户冬天想去哈尔滨旅游，而恰好 A 物业公司在哈尔滨也提供社区物业服务，并且已专门发展了围绕房地产的租住项目，那么该上海住户基于信任有理由选择 A 物业公司在哈尔滨提供的社区住宿服务。再进一步讲，A 物业公司还能提供社区用车服务，上海住户也完全可以从 A 物业公司那里租车，直接享受 A 物业公司提供的跨区域旅游一条龙服务。

根据目前共享经济市场的发展，这个场景假设是合理的，但要实现起来并不容易，其对社区服务商的城市覆盖量，房地产服务、汽车服务以及旅游服务的灵活经营和管理能力都有着极高的要求，一般的社区服务商很难满足这类要求。这又回到了最基本的问题，社区旅游是非常不错的增长服务项，但不是社区的基础服务项，所以需要一步一步来挖掘。

给旅游公司导流量不难但意义不大，社区旅游项目需注重品质

另外需要强调的是，社区旅游项目需自己把控旅游路线并发展旅游产业链，纯粹地通过社区服务积攒的人气来为旅游公司导流量，其价值意义并不大。

第一，旅游行业竞争激烈，多数热门线路本就利薄，社区综合服务商（含物业）单纯地将用户导流给第三方旅行社获得不了多少利润，除非第三方旅行社是在社区O2O大环境下成立的专门探索社区旅游的公司，并且与自身有紧密的合作关系。

第二，如果仅仅为第三方旅行社做导流工作，无法保证旅游的服务质量，一旦旅行出现纠纷事件，将会影响住户对于社区服务商的信任度，进而影响其他社区服务的发展，如此便得不偿失了。

第三，导流量相当于卖广告，社区旅游本就应该是社区广告的子项目，社区旅游对社区综合服务商（含物业）而言并无实际的市场价值和意义。社区内的综合服务商没有活动组织能力，仅充当卖广告的角色，很难打动社区业主。

第四，旅游的价值完全体现在旅游线路上，社区综合服务商（含物业）只有自己抓住旅游路线才能利润最大化。不过，目前旅游市场基本都是以成本价或者稍微亏损的价格揽客，以引导购物的方式赚取利润，所以社区旅游的经营思路要有本质上的提升。如果只有引导购物营收这条路，那就需要与社区新零售做结合探索了。

7.4 补充方向4：社区教育

社区教育这一块已多半被涵盖在社区养老、社区育儿等项目之中了，单独从事整个社区教育产业的项目比较少，一般都是结合具体的人群划分教育内容。社区教育不像市场上那些术业专攻的教育机构，其内容主要以实用为主，而不是为了精进专业能力，尤其对于中老年群体。社区教育是社区基础服务的标配内容，包括学习、娱乐、生活、心理、健康、安全等，其可拓展内容非常多。虽然如今市场上已经出现一些老年大学，但并不能满足市场需求。

社区教育尚属空白，老年教育、幼儿教育、安全教育、健康教育等可扩展空间广泛

与学习、工作、赚钱不发生关系的社区教育需保持针对特定人群的"轻教育"运作理念，社区教育注重的不是成绩，而是轻松的学习氛围和实用的学习内容。根据我们日常生活所能接触到的人和事来看，社区教育的内容可以非常广泛，包括老年教育、幼儿教育、安全教育、健康教育、心理教育、网络教育、养生教育、防骗教育、防盗教育、烹饪教育等，每一部分都有非常多的内容值得挖掘。从这一点看，社区教育似乎是一个非常大的市场，但为何社区教育仅仅是作为社区服务的补充发展方向呢？

第一，刚才已经提到社区教育需要针对特定人群提供教育内容，以现有的社区教育内容来看，一般会被作为社区养老或者社区育儿中的基础组成部分。

第二，社区教育暂时还不是社区必需项，民众对社区教育还没有充分认识，社区教育暂时难以获得用户的认可，另外社区教育需要寓教于乐、循序渐进，课程本身要具有趣味性和实用性，做到这一点是有难度的。

第三，目前市面上缺少专业的社区教育服务机构，也缺少专业系统化的社区教育课程，若在社区内没有其他基础服务运营根基的话，以社区环境的复杂性很难推动社区教育的发展。另外，有些社区的配套设施不完善，难以开展教学活动。

第四，社区教育的轻教育模式注定了没有用户会为教育本身付费。如果不能赚到钱或者对能力有所提升，又不是兴趣爱好的话，谁会为教育付费呢？所以，社区教育存在较大的盈利问题，需要可以变现的配套产业链服

务，单独的社区教育难以立足。

看似市场潜力可观的社区教育并不是那么容易做的

第一，用户很难为社区教育付费，也就是说社区教育自身的盈利能力有限，这是对整个社区教育市场发展最大的挑战。教育本身不能赚钱，就得想其他的办法，提供配套的变现服务，但坑蒙拐骗的套路不行，比如拉着中老年人上几次课然后卖保健品，这种套路显然是有问题的。

第二，社区教育的用户随机性明显，流动性极大。既然不付费，又没有人监督，那能不能持续来参加社区教育就完全凭个人心情了，很明显社区教育对用户缺乏约束力，偶尔请一些专家进行一次交流性质的授课勉强可以吸引用户。

第三，社区教育课程内容的丰富性是对社区教育服务方的巨大考验。与小初高的流水线应试教育不同，社区教育服务的用户是固定的，要想让用户长期留存就需要不断丰富教育内容，如此一来教育成本就非常高。

第四，教育人员的质量、数量问题。社区教育不像小初高那样会有班主任带班，社区教育也不是每天都有课程，用户又不对教育本身付费，所以维持教育人员的质量、数量都存在较大的运营压力。

社区教育是社区文化建设的根基，政府需推动社区教育市场和公益事业发展

从社区教育内容的广泛性来看，社区教育与社区文化建设息息相关，地方政府应该重视各地的社区教育发展，如果由政府出面指导社区教育发展的话，会为社区教育服务商切入到社区提供很多便利。

大城市的政府每年对社区文化建设以及社区养老等项目都有财政补贴，但政府也苦于没有合适的值得补贴的项目。一般而言，政府补贴多半会给公益性质的项目，但社区市场要想发展并不能完全依靠公益力量的推动，而必

须市场化，这样才会有更多的企业愿意进场，社区才能真正发展起来。

随着政府对社区文化建设的重视，社区教育市场会逐步发展起来，但要想做社区教育最佳的方式还是有其他的社区基础服务做营收配套——既然社区教育本身难以收费，那就想办法通过零售、旅游、广告等方式获得营收。整体而言，社区教育更适合作为社区基础服务的补充发展方向，而不是贸然地独立运作。

7.5　补充方向5：社区政策

社区市场与政府之间有紧密联系，所以要发展社区O2O市场时刻关注各地政府的有关政策也是必要的。尤其是对中小第三方社区服务商来说，政府主管部门的政策有时候是进入社区市场的利刃，越是与民生相关就越是能得到政府部门的支持。可以肯定的是，随着社区O2O市场的发展，政府必然会为社区市场提供更多的便利政策，同时也会对社区服务商提供更严格的服务要求。

社区生活关乎民生，跟着政策走，可以拿补贴、拿优惠、拿便利

社区是一个城市的最小的群体生活单元，许多民生服务政策最终都会落实到社区层面去执行，例如社区养老、生活垃圾、智慧社区等，政府对于可以改善民生的项目普遍持支持的态度，甚至还会有一定的补贴政策。

在社区市场发展初期，有不少社区项目拿到了政府的补贴，对于目前仍没有稳定盈利方式的多数社区项目来讲，获得政府补贴也是其主要的营收方式。城市经济越繁荣，社区服务相关的财政补贴就会越多，紧盯政府对社区建设的相关要求，是在资本寒冬中生存下去的办法之一。

不过，政府的补贴不是那么容易拿到的，政府会对拿到补贴的项目提出要求，而且既然是补贴金额就不会非常大。所以社区项目不能完全依赖政府补贴，其可以一定程度上在资本寒冬中帮助解决资金运转问题，但指望依靠政府补贴获得巨额利润是不现实的。

社区与政府之间存在着紧密的联系，未来会有越来越多的政策与社区商业相关

跟着政府的市场政策走可以作为社区市场的补充方向，而不适合作为基本的发展方向，政府提供的最大帮助是便利，而不是财政补贴，一味地盯着政府补贴的社区项目并不可取。灵活运用政府的扶持对社区项目发展有益，而过度透支政府的善意不仅对项目长远发展不利，甚至对社区行业都有负面影响。

另外，随着社区经济的崛起，未来肯定会有越来越多与社区发展相关的政府政策，而政府对社区政策方向的明朗化，将会引起资本市场对社区市场的再度关注，那时社区市场会再度成为资本市场追捧的宠儿。

7.6 补充方向 6：社区活动

社区活动是社区生活中的基础内容，基本的社区活动一般是由街道牵头、物业组织宣传、业主参与互动这三部分组成，有的时候也会有一些其他的机构策划一些社区活动，例如城市媒体、公益机构、商业公司等。社区活动作为社区市场的补充发展方向，有着其固有的市场用途，一场好的社区活动可以产生不错的人气，而社区服务市场最重要的就是产品和服务的人气。

社区活动是社区生活的基础组成部分，也是聚集人气的主要形式

社区文化建设需要依靠不断组织社区活动来提升社区氛围，而社区活动是社区居民相互交流增进感情的主要形式之一。

在我们前面讨论社区社交时也说过，社区业主之间的交流需要触点，不然大家彼此不熟的话一时间很难有共同语言。社区活动最初有实现社交破冰的效果，而不断增加的社区互动活动可以增强居民之间的社交关系，同时作为活动举办方之一的物业或者其他社区服务商也更容易获得住户们的认可。

从社区市场发展层面来看，重视社区活动的建设对社区市场发展有着积极的促进作用，而且社区内可尝试的活动内容和方式非常多，例如亲子活动、棋牌大战、合唱比赛等。最终活动效果的好坏还需要考验主办方的活动策略和现场调动能力。

社区活动曾经的举办主体是街道、物业或者住户，而互联网可丰富社区活动内容

传统的社区活动与互联网公司关系不大，无论街道、物业还是住户都已经形成了基本的运营套路，社区商业公司要想参与其中势必需要拿出更有趣、更能调动住户积极性的项目。不过，要办好社区活动并不容易，社区商业公司想要在社区活动领域取得成果，就得敢冒险、敢承担责任，不然也仅仅是对传统活动方式的重复而已。

社区商业公司举办社区活动并不是简单地增加一些互联网的传播、分享，而是增强活动本身与社区服务之间的关系，例如，提供参加活动的服务积分奖励、引入更多的活动赞助商、以更灵活的方式进行活动促销等。

社区O2O所代表的互联网对社区的影响不仅仅是增加了线上传播和管理的工具，更重要的是灵活地运营思维，让更多不同年龄层的社区住户参与其中，充分调动社区居民的积极性。这不仅有益于社区文化建设，更有利于

社区服务商获得经济利益。

业主对于社区环境的要求会不断提升，最基本的要求是居住的舒适性，而当舒适得到满足之后，住户会对社区提出娱乐要求，所以不少优质社区都会提供配套的娱乐设施。业主的需求进阶是不会停止的，接下来业主对社区丰富的活动氛围也会有所期待，这也是社区服务商们需要关注的一点，如何让社区活动更有吸引力，将是社区服务商要做的基本功课之一。

>>> **第八章**

物业在社区商业中的价值与作用

　　在前面的内容中我们多次提到了物业，"物业"一词译自英语中的property 或 estate，由我国香港地区传入内地，其含义为财产、资产、地产、房地产、产业等，具体是指已经建成并投入使用的各类房屋及与之相配套的设备、设施和场地。物业可大可小，一个单元住宅可以是物业，一幢大厦也可以作为一项物业，同一建筑物还可按权属的不同分割为若干物业。物业包含办公楼宇、商业大厦、住宅小区、别墅、工业园区、酒店、厂房仓库等多种业态形式。

　　而我们在本书中所指的"物业"其实是"物业服务公司"，更准确地说是"住宅类的社区物业服务公司"，办公物业、商业物业、工业物业、酒店物业、厂房物业、医院物业等物业服务并不包含在本书的讨论范围内。

8.1 　与物业合作需要注意哪些问题

　　目前，困扰整个社区商业的核心问题之一在于如何与物业打交道，物业（本书仅指住宅物业）才是社区服务的第一角色。然而在社区商业大环境之下，第三方该如何与物业打交道，需要注意哪些问题，而物业又该承担怎样一种新的角色呢?

问题一:社区O2O究竟要不要绕开物业?这个问题已经有答案了

发展社区O2O要不要绕开物业?如今这个问题的答案已经呼之欲出。社区O2O绕过物业并不是不可以,但如果可以与物业深度合作往往可以达到事半功倍的效果。有些项目以互联网角度切入,以为绕开物业可以快速规模化、平台化,这是它们还不知道物业在其中的重要性。

做社区市场要不要与物业合作,首先得想清楚社区O2O的核心是什么?如今(移动)互联网的流量已经被彻底瓜分殆尽,想以互联网的形式切入社区O2O实际上是在与互联网巨头们竞争。如小区无忧、小区管家等,它们怎么去与BAT、美团、京东、58竞争?事实证明,一般的项目是根本无法与纯互联网巨头拼流量的。

社区市场最大的机会在于提供了互联网巨头们难以渗入的全新市场,线下的服务部分才是互联网巨头们难以触及的地方。社区O2O强调的就是线下的服务能力,而不是互联网的工具能力,要做社区O2O就一定要深入到线下做具体的服务,而深入到线下就不要想着绕开物业。

问题二:给物业做一套CRM、ERP、APP、PaaS等系统就能进场了吗

在一些以互联网切入社区O2O的创业者看来,既然无法绕开物业,那就帮助物业解决一些问题,然后一起开发社区市场。但解决什么问题呢?

初期较为常规的做法就是开发一款具备CRM、ERP等各种功能的APP或SaaS、PaaS系统供物业免费使用。从逻辑上说,开发一款APP的成本少则几十万元,多则上百万元,对物业来说其可以免费使用,何乐而不为?可实际情况却是不少物业并不珍惜送上门的东西,因为大一些的物业会有自己的技术和产品团队,会向自己的住户推广自家产品,而小一些的物业又不想自找麻烦,参与额外的事情。

一些相对大一点的物业公司本身就具备做 CRM、ERP 的能力，或者有专门合作的软件开发商，一般非专业企业很难打破原有市场。第一，其产品可能并没有原来的专业；第二，物业已经用惯了原有产品；第三，物业没有精力配合第三方工作；第四，第三方配合物业的研发成本实在太高。

不过随着社区 O2O 的深入，近两年情况有所好转，越来越多的大中型物业开始重视系统化，大型物业都在基于自身原有的管理系统研发自家的社区 APP；而有些中小型物业也想更多地参与到社区 O2O 之中，它们会找一些外包开发商来做自家的产品，所以有一些软件开发商赚到了不菲的收益，这其中有按项目收费的，也有按服务年限收费的。

问题三：社区论坛死结，住户与物业矛盾凸显

早期的社区 APP 产品中有一个比较尴尬的例子：第三方或者物业为了增强 APP 的活跃度开设了论坛板块，而国内业主与物业普遍存在对立情绪，这让社区论坛沦为他们发泄不满之地，最终迫使物业不得不大量删除负面内容，而帖子被无故删除后用户也就失去了再参与论坛互动的动力，整个社区论坛陷入恶性循环，最终不得不被关闭或暂停。

这类事情是真实存在的，而且并非个例。从物业角度来看，它们不能让业主在网络论坛上放大一些问题，因为一些问题放在台面上争论只能激化矛盾。物业不想将问题公开，这样将无法继续开展工作，所以必须要删帖。业主与物业普遍存在的矛盾对立情绪，是市场因素作用的必然结果，也是社区论坛的死结。

问题四：物业"潜规则"是不能忽视的绊脚石

很多互联网出身的社区创业者难以被物业接纳还有一层原因就是他们不了解物业的"潜规则"。很多中小型物业的经营方式并没有那么规范，多数都是物业经理一言堂，有时候保安队长也手握不小的权力。越小的物业公司

越市井化，做事越容易从自身的角度出发，而不是为公司或业主服务。虽然现在大型物业越来越正规化，但整个物业市场有 10 万多家物业公司，还有太多的中小型物业存在类似问题。

对于普通的社区 O2O 创业者，想得到那些大型物业公司的合作项目并不容易，他们要进入社区市场多半还得与中小型物业公司打交道。而如果连这些基础的行业问题都还没摸清就贸然与物业谈合作基本不会成功，侵犯了别人的利益必然会受到排斥。

问题五：只靠入场费补贴难以为继，关键是帮物业赚得收益

有些社区 O2O 创业公司早期在吃够了物业的闭门羹之后，开始考虑出点入场费跟物业疏通一下关系。现在也有存在此想法的公司，这也是面对铁板一块的物业时无奈的选择。

不过，即便给了"买路钱"，到了执行层面，其产品也未必能得到全面落实。物业基层员工没得到任何好处反倒增加了工作量，其很难认真执行。当然，对于那些管理水平较强的大型物业公司，这些问题发生的可能性不大，但与大型物业公司建立合作的门槛要更高。

其实对于物业来讲，坐着就能收钱是最好的事，不能指望它们去执行。所以，与物业最好的合作方式不是给物业钱，而是想办法帮它们赚钱。如果有物业实在不愿意配合，那就只能等在其他小区摸索出盈利模式之后，再采取"花钱买路"的合作方式了。

问题六：合同制的中小型物业公司，哪来做社区 O2O 的闲情逸致

稍微大一点的物业公司普遍会自己做社区 O2O 平台，然后接入一些垂直的第三方社区服务，这基于大型物业公司本身的服务品质可以得到住户认可，有着长期服务社区住户的打算。真正有能力做社区 O2O 平台的就是这些为数不多的大型房地产物业公司，而数量更为庞大的中小型物业公司整体实力较弱，在面对社区 O2O 时可能显得有心无力。

即便机会就在面前，多数中小型物业公司也不愿意冒险，因为它们也知道自己根本做不到：一来缺少足够的市场人才，二来不愿意投入资金，三来一旦出现问题怕被业主诟病。对于它们来讲，风险远远大于机会，多一事不如少一事，所以其宁可保守地因循守旧。在众多中小型物业公司中，可能会有愿意尝试采用第三方社区O2O平台和垂直服务的，但它们会始终保持谨慎态度。而且它们参与合作的本质目的是为赚更多钱，若是不能给它们带来直接收益，势必会将第三方社区O2O公司赶出去。

对于合同制的中小型物业公司来讲，其更关注眼前的利益，而不太看重长远的利益。一来它们对自身有着充分明确的认知，既不具备市场能力也没有可能成为行业巨头，社区市场只不过是其赚取收益的工具而已；二来合同制的制约也让它们无力关注合同期之外的市场潜力，谁知道它们辛辛苦苦培养起来的用户，到时候会不会被拱手让人，毕竟合同到期后业委会有权不跟它们续约。

所以，在与中小型物业公司打交道的时候，不能画大饼，而是要更实际地指出短期内的营收增量在哪，这就对社区O2O项目自身的营收能力提出考验。大型物业更关注长期的市场价值，去博更大的市场，而中小型物业则更多地关注赚钱本身，在与物业打交道时，一定要先认清楚合作物业的层次，不然很多工作将会是白费力。

问题七：想通过服务物业进入社区？方向错了，住户才是核心

物业虽是社区O2O的入口之一，但社区O2O服务的对象应是业主或住户而非物业。有一些社区APP的运营方向模糊，为了进入目标社区，在产品上一味地迁就物业，结果成了服务于物业的APP。这是一个比较尴尬的现象，因为想进社区，遇到明辨是非、接受程度高、对社区O2O感兴趣的物业还好，要是遇到了比较强势又对社区O2O缺乏认知或者是具备一定体量和话语权的物业的话，很多社区APP就只能被动迁就物业方面的需求。

如果没有强势的物业关系，就得想办法说服物业，甚至是讨好物业，这

样社区 APP 才有机会进入社区。这种关系不对等的合作，很容易因物业的强势而不欢而散，物业对这种送上门的合作一般都不是很用心。例如，出现产品问题或者用户不会操作等，物业都会直接找到合作的第三方公司，让他们派人过来解决；若物业根本不用心去研究和使用合作方的产品，就会极大地增加合作方的运营成本。

好在现在很多物业正在觉醒，大一些的物业都在独立发展社区市场，不少中小型物业也乐于与一些第三方社区公司展开合作，甚至有不少房地产物业公司会投资社区 APP 公司，这种态度的转变对社区 O2O 市场的发展非常有利。

问题八：想绕开物业也不是不行，但是考虑得失利弊

到底要不要与物业合作，这个问题不是绝对的，有些公司想绕开物业也不是不可以，我也见过有些第三方社区公司不与物业合作，而是自己租房在做社区 O2O，这么做也可以，尤其是有些物业不愿合作或者不具备合作能力，这样的话，第三方社区公司有理由自己独立进行尝试。

想绕开物业并不是天大的难事，很多方式都可以绕开物业，但绕开物业之后又能怎样？与其自己拐弯抹角地挖掘社区市场，还不如带着物业一起把蛋糕做大，因为有些项目离不开物业方面的支持，尤其是需要落实到线下的业务。与物业紧密结合，或有机会挖掘出更大的市场。

其实，从社区 APP 的产品形态来看，缺少了物业服务功能的社区 APP 明显是不完整的，而不与物业建立合作关系，物业又怎么会在第三方社区 APP 上提供服务呢？社区 O2O 究竟要不要与物业合作，这一点主要取决于项目自身，从目前的市场情况来看，多数项目还是愿意与物业建立合作关系的。物业这一关虽然难过，但如果有必要，迟早都还是要过的。

问题九：物业是"被动配合"还是"主动合作"，这也很重要

既然说到了物业与社区 APP 之间的关系，就有必要进一步研究一下这个

问题。现在物业与社区 APP 之间主要有四种关系：第一，物业自主研发、运营自家的社区 APP 产品；第二，物业参与投资第三方社区 APP 产品；第三，物业与第三方社区 APP 仅是普通合作关系；第四，第三方社区 APP 绕开物业。这四种关系决定了物业与社区 APP 之间联系的紧密度。

第一种关系一般主要是大型物业采取的形式。万科、龙湖、彩生活等大型房地产物业都有自己的社区 APP，这种从社区 APP 产品到社区物业都是自家公司的，合作紧密度自然是最高的。其他平台式的第三方社区 APP 根本没有渗入进来与其抢市场的机会。

第二种关系大多是中型房地产物业采取的形式，一般都是小额的天使轮或 A 轮投资，有些是以公司形式出资，有些是以个人名义出资。这种方式可以解决中型房地产物业的互联网技术难题，通过投资的形式与第三方公司建立深度关系，之后再提供自身的物业资源并倾力配合。

第三种关系多是一些纯互联网的产品。有些是做传统房地产互联网出身在房地产领域有些合作资源，但物业一般只是给项目者面子，允许他们进入，配合度并不高；有些是一些互联网创业公司，通过一些代理商去说服各地的部分物业楼盘合作，但这种利益关系不紧密的合作很难长期维持，一旦物业方面失去耐心，项目就很有可能夭折。

第四种关系就是第三方社区公司不带着物业一起玩，物业也不跟它们一起玩，第三方社区公司采取绕开物业的方式来推广自己的社区 APP，以提供互联网服务为主，不提供配套的物业服务功能。随着社区 O2O 的发展，选择这种方式的项目越来越少。

物业究竟是"被动配合"还是"主动合作"决定了物业对这件事的态度，若物业愿意主动配合自然能为有深度关系的社区 APP 建立竞争门槛，若物业仅仅被动配合并抱着试试看的态度，合作恐怕难以长久。很多第三方社区 APP 公司害怕接受物业投资之后，想在其他社区扩张时就难了，其实这个问题不用担心，因为基本不会出现一款一统整个社区市场的社区 APP。所以若是有物业愿意投资又给资源，可以考虑接受，要知道社区 O2O 领域的市场融资并不容易。

问题十：大型物业的社区 O2O 坚守平台策略，第三方不能喧宾夺主

大型物业虽然有钱、有人、有资源，也有足够的服务意识，但再大的物业也缺乏社区细分服务的运营能力，社区 O2O 市场的长尾实在太长了，物业根本不能做到面面俱到，现在越来越多的大型物业都放弃自主经营所有垂直业务的策略，而是将更多的细分业务安排给第三方去执行。

也就是说，第三方面对看似铁板一块的大型物业并不是没有机会，但这个机会肯定不是让第三方成为平台，因为大型物业本身才是平台方，第三方比较适合成为为大型物业提供垂直服务的供应商，这个是趋势。

大型物业公司发展社区 O2O 重要的并不是自身可以提供多少种服务，各种服务项完全可接入第三方来执行，对于大型物业而言最重要的是让业主满意，只有业主满意了才能产生源源不断的经济价值。物业说到底还是服务业，服务才是物业的核心竞争力，不是说见到住户问"您好"就是优质的服务体验，住户住在小区能否心满意足才是物业需要关心的事。物业只是入口，最终服务的对象是业主，提升业主的满意度才是社区 O2O 的目标所在。

8.2 大型物业的社区 O2O 行动

商业问题无外乎怎么赚钱，过去物业的营收方式比较单一，以居民缴纳的物业费为主要收入，而物业费就与水电煤的缴费一样，属于必须支出的公共费用，所以民众对这一部分的收费标准比较敏感。

物业公司想要调整物业费收取标准是比较难的，上面有各地的监管部门以及行业协会，下面有业主组成的业委会，物业公司不能轻易提高收费标准。但在如今人力成本大涨的背景下，不能上提的物业费让不少物业公司的运营能力捉襟见肘，所以一些有能力的物业公司开始尝试增加变现途径，以及利用科技手段降低人员支出的成本。

除了市场因素外，政策因素也在驱动物业公司重视社区 O2O 市场。根据十八届五中全会通过的《中共中央关于制定国民经济和社会发展第十三个五年规划的建议》，开展加快发展现代服务业行动，促进服务业优质高效发展，推动生活性服务业向精细和高品质转变。国家政策和市场大环境都在推动服务业发展，而社区服务则是其中重要的组成部分，其市场价值自然也会水涨船高。

与此同时，移动互联技术的发展，促使物业服务企业将移动互联网技术和经营服务理念更多地运用到社区物业服务管理领域，大型物业已尝到了发展社区 O2O 多种经营服务业务的营收甜头，即便社区 O2O 暂时还没带来具备量级的利润能力，但社区 O2O 的营收能力肯定要比物业提供基本服务更强。

从 2014 年开始，物业已开始重视发展社区增值服务营收项

物业这行，过去都不会被人正眼瞧一下，如今却成为市场关注的热门行业，社区 O2O 让业界对物业产生更多的期许。社区 O2O 只是一个大概念，发展社区 O2O 的方式有很多，虽然有不少媒体质疑社区 O2O 是伪命题，但物业的实际业绩已经给出了最直观的回应。

中国房地产 TOP10 研究组发布的《2015 中国物业服务百强物业企业研究报告》中的数据显示，2014 年，在传统业务和延伸业务的共同作用下，百强物业企业全年实现的营业收入均值为 35 725.2 万元，同比增长 21.6%，业绩增长明显。具体如表 8-1 所示。

表 8-1   2014 年中国物业服务百强物业经营情况

表 1：百强总营收均值			
物业百强营收均值情况	业绩（万元）	占比	同比
总营收	35 725.2	100.0%	21.6%
物业服务费收入	22 647.7	63.4%	13.6%
多种经营服务收入	13 077.5	36.6%	38.4%
表 2：多种营收细分情况			
多种经营服务收入	业绩（万元）	占比	
社区服务	6 316.4	48.3%	
社区房产经纪	2 759.4	21.1%	
社区家政服务	653.9	5.0%	
社区养老服务	196.2	1.5%	
社区电商服务	523.1	4.0%	
社区其他服务	2 183.9	16.7%	
其他服务	5 427.2	41.5%	
顾问咨询服务	1 333.9	10.2%	
表 3：百强净利润均值			
百强净利润均值	业绩（万元）	净利率	占比	同比
总净利润	3 194.46	8.9%	100.0%	31.6%
物业服务净利润	1 097.90	4.8%	34.4%	18.4%
多种服务净利润	2 096.56	16.0%	65.6%	39.8%

资料来源：《2015 中国物业服务百强物业企业研究报告》。

　　表 8-1 很明显地说明了社区 O2O 的价值，多种经营服务其实指的就是社区 O2O 的服务项目，社区服务中的房产、家政、养老、电商等，以及其他服务中的金融、医疗等都是社区 O2O 的服务范围。表中数据显示，多种经营服务收入已占总收入的 36.6%，同比增长更是达到了 38.4%；再看净利润数据，多种服务净利润已经超过物业服务的净利润，前者净利率达 16%，后者只有 4.6%。

　　如今，诸多大型物业的社区 O2O 业务越来越纯熟，用户的接受程度也越来越高，社区 O2O 带来的增值服务已经成为物业利润的主要来源。随着社区 O2O 的继续深化，未来将会激活更多的社区长尾市场，互联网给社区市场带来的机遇必将被重视起来。

大型物业社区 O2O 成效显著，但物业整体的增值服务营收仍在酝酿期

本书一直强调大型物业更具发展社区 O2O 的能力和机遇并不只是简单的市场判断，对比《2016 中国物业服务百强物业研究报告》与《2015 中国物业服务百强物业研究报告》的数据项，我们可以更直观地发现服务规模和服务能力排在前面的大型物业与社区 O2O 直接相关的多种经营服务收入要更为丰厚。具体如表 8-2 所示。

表 8-2　2015 年中国物业服务百强物业经营情况

表 1：百强总营收均值			
物业百强营收均值情况	业绩（万元）	占比	同比
总营收	54 076.96	100.00%	27.24%
物业服务费收入	45 032.04	83.27%	33.23%
多种经营服务收入	9 044.92	16.73%	3.94%
表 2：多种营收细分情况			
多种经营服务收入	业绩（万元）	占比	
社区服务	3 372.78	37.29%	
社区房产经纪	604.20	6.68%	
社区家政服务	390.74	4.32%	
社区养老服务	70.55	0.78%	
社区电商服务	490.23	5.42%	
社区其他服务	1 816.22	20.08%	
其他服务	4 945.04	54.67%	
顾问咨询服务	727.10	8.04%	
表 3：百强净利润均值			
百强净利润均值	业绩（万元）	净利率	占比	同比
总净利润	3 916.93	7.24%	100.00%	48.99%
物业服务净利润	2 699.67	5.99%	68.92%	—
多种服务净利润	1 217.26	13.46%	31.08%	—

资料来源：《2016 中国物业服务百强物业研究报告》。

需要指明的是，《2015 中国物业服务百强物业研究报告》是在 2015 年发布的研究有关 2014 年的物业百强平均运营数据的报告，而《2016 中国物业服务百强物业研究报告》是在 2016 年发布的研究有关 2015 年的物业百强平均运营数据的报告，所以上面两表的时间年份并没有错。

对比《2016 中国物业服务百强物业研究报告》与《2015 中国物业服务百强物业研究报告》，我们会发现，在物业服务收入均值与多种经营服务均值的营收和净利润数据以及占比情况上出现了较大的数据差异，原因是背后研究主体的结构发生了变化。

从平均值来看，数据样本为前 210 家物业的 2016 年报告的多种经营服务数据均值要比数据样本为前 100 家物业的 2015 年报告的多种经营服务数据均值小。如果数据样本数量相同，2016 年的多种经营服务均值应该会比 2015 年的高——数据样本量更大的 2016 年报告中的排名靠后物业的多种经营服务营收能力偏弱，以致拉低了整体的均值。

另外，2015 年报告中的多种经营服务营收同比增长高达 38.4%，而 2016 年报告中的多种经营服务营收同比增长只有 3.94%。对比两年的报告我们能得到正反两个结论，正面一点的结论是越是排在前面的大物业与社区 O2O 相关的多种经营服务能力越强，反面一点的结论是物业行业整体在社区 O2O 增值服务发展方面仍处在早期酝酿阶段。

其实，《2016 中国物业服务百强物业研究报告》也印证了以上两点结论。根据《2016 中国物业服务百强物业研究报告》显示，从营业收入构成看，2015 年，TOP10 物业的服务收入均值为 15.95 亿元，占营业收入的 71.92%，TOP10 物业的多种经营收入均值为 6.23 亿元，比 2014 年（5.11 亿元）增长 21.98%，占比 28.08%；相比 TOP11~TOP100 企业多种经营收入占比仅为 13.61% 的情况而言，TOP10 的物业更加注重发展多种经营业务，如万科、绿城等物业服务企业的多种经营收入占总营收的比重超过 40%，为企业带来了更高的附加值。

基础物业服务已到瓶颈期，物业公司需要抓紧社区O2O的市场机遇

虽然我们能看到这两年百强物业的基础物业服务营收仍在增长，但增长的原因并不是社区物业费的上涨，而是大型物业所服务的新建楼盘持续增加以及2015年开始发生的物业并购潮。物业服务净利润率仍维持在4%~6%，而与社区O2O相关的多种经营服务的净利润率为13%~16%。如果物业公司不能在自有服务社区内更多地尝试社区O2O项目，也不能扩充服务面积，未来随着人力与各项基础运营的成本不断上涨，其日子将会越来越难过。

根据《2016中国物业服务百强物业研究报告》统计，百强物业2015年全年物业服务收入总值为945.67亿元，其中住宅物业服务收入占比53.56%，约为506.50亿元，同比2014年（301.34亿元）增长68.09%。若只看这个数据我们可能会产生物业服务收入的规模和增长力仍很可观的认知，但以上只是百强物业的均值，并不能代表全部物业的经营情况。而且2015年百强物业服务收入的规模和增长主要依靠并购扩张以及进驻新楼盘服务，固有的社区物业服务收入只带来了小部分的营收增长。

根据报告显示，2015年住宅物业的平均物业服务费为2.24元/m²/月，同比上涨了6.05%，与其他物业相比住宅物业的价格和涨幅都处在最低水平。办公物业的平均物业服务费为7.89元/m²/月，比2014年上涨了1.22%；医院物业、场馆物业和其他物业分别为6.79元/m²/月、7.56元m²/月和6.36元/m²/月，比2014年分别上涨了9.71%、15.48%和28.62%；工业园区物业和学校物业分别为3.77元/m²/月、3.70元/m²/月，涨幅分别达到了48.72%和40.05%；商业物业平均物业服务费为6.96元/m²/月，比2014年（8.55元/m²/月）下降了18.56%。

百强物业2015年全年住宅物业服务收入增长了68.09%，而住宅物业费的收费标准仅仅只是同比上涨了6.05%，平均涨幅约0.13元，这么看的话，物业费上涨对物业公司营收的贡献有限。

同时，市场与环境因素决定了住宅物业服务费不可能收得太高，不然将会成为住户的生活负担，甚至会被业主踢出场外，所以每年上涨的物业费给物业公司带来的营收增长也不会太多，根据 2014 年、2015 年两年的营收数据来看，百强物业公司上涨的物业费平均可以带来约 1 000 多万元的营收增长，而与百强物业自身的规模相比，其盈利能力和增长能力还很弱。

如果指望物业费所产生的营收和利润，物业公司是很难有更大发展的，因为住宅社区的物业费上涨压力最大，物业服务的市场规模和利润率都是可以预见的，发展空间有限。物业公司要想获得更大的发展，势必需要借助社区 O2O 的市场机遇。

社区 O2O 还可用于降低运营成本，而降低运营成本也是增加利润的方式

表面上看，社区 O2O 仅仅是便于众人理解的新的市场概念，而其本质是一种在社区场景下的全新经营思路。

对物业公司而言，社区 O2O 的出现除了给社区市场带来新的想象空间，同时也是在给物业行业敲响警钟。社区 O2O 可以带来更多的增值服务项进而提升物业的营收能力，也可以通过软硬件的技术手段降低物业的运营成本，如果物业不主动求变，未来会被那些积极求变的大型物业或者新型的社区服务机构所吞并或淘汰。

据《2016 中国物业服务百强物业研究报告》介绍，百强物业 2015 年经营成本总值为 908.04 亿元，均值为 43 239.94 万元，同比 2014 年（37 096.84 万元）增长了 16.56%，经营成本虽有所上涨，但由于营业收入的增长更为显著，因此营业成本率整体呈下降趋势：2015 年营业成本率为 79.96%，较 2014 年（87.28%）下降了 7.32 个百分点。

这主要在于：一方面，百强物业通过新技术对传统物业服务在软硬件方面进行自动化、信息化、智能化升级，对设备设施进行实时全远程监控、自动维护及节能改造等，大幅降低企业管理、运作、能耗及物耗方面的成本，

实现基础物业管理成本的有效降低；另一方面，通过高科技手段的引入，使复杂业务和重复性作业变得扁平化、智能化和标准化，降低企业人员数量与劳动强度，降低企业的人工成本。从百强各层级企业成本控制表现来看，排名前十的企业营业成本率低于百强物业，得益于其对高新技术的充分利用及在智能化方面的有效投入。

物业服务未来将不再是劳动密集型产业，而是网络科技主导的新型消费服务业，大型物业已经在积极求变了，中小型物业如果没办法跟上市场变化的节奏，在未来被淘汰出局并不是没有可能。

8.3　社区新零售下的物业费收缴

在社区 O2O 的发展初期，曾有不少互联网从业者叫嚣以"免收物业费"的方式来做社区市场，也有一些物业公司采用类似言论做过宣传或做过尝试，但真正全面这么做的还真没有。物业费是物业公司的生存根本，不收物业费只有死路一条。

按照互联网思维，不收物业费在市场扩张时有很大的杀伤力，但问题是现在的物业公司并不具备获取等额物业费的盈利能力。

我们不妨简单算下这笔账，若物业费以每户 1 年 1 000 元计算，就算物业的社区新零售和增值服务的净利润率能达到 10%，与每户家庭相关的年零售和服务交易额需要达到 10 000 元才能保证物业公司获得与之前等额的收入。

倘若某物业公司服务 10 个社区，总家庭住户 1 万户，那一年的交易额约 1 亿元，一年 1 亿元已经是不小的零售体了，再放大一些说如果有 10 万、100 万、1 000 万家庭用户呢？理论上，1 000 万家庭用户需达到 1 000 亿元的年交易额。若是可以达到这个交易额，这已经不是一家物业公司，而是一家大型零售集团了。如果从零售净利润的角度来看，1 000 亿元的交易额只相当于 1 000 万户的物业费，但从规模上来讲，这 1 000 亿元的流动资金可以用来做很多其他的事情，大型零售集团都会灵活运用流动资金来发展其他业务。所以，免收物业费是多么强的市场扩张能力啊！

不收物业费可以将物业费转化成社区消费势能，肯定会有不少家庭选择尝试在物业的购物平台消费，如果可以充分释放这股社区消费势能，或许能激发物业平台的社区新零售能力。

然而，这一切看起来很美好，真正做起来恐怕没有这么简单。社区新零售不是那么好做的，零售市场本就竞争激烈，而且零售业务从百万、千万、亿、十亿、百亿、千亿这种量级实现提升是需要时间慢慢积累的，短期内没有物业公司可以做到。即便是有些大型物业公司有商业零售综合体，也不可能短时间内无缝地接入到社区市场。

而且如今的零售业市场竞争激烈，诸多大型零售企业利润不断下滑，甚至出现亏损，那么物业公司涉足社区新零售业务就一定会赚钱吗？姑且不考虑物业适合经营哪些品类，以目前的市场情况来看，答案显然是否定的。物业与业主之间普遍存在的对立矛盾，让双方之间的关系非常敏感，一旦发生消费纠纷，很有可能会上升到物业服务本身，也就是说通过物业的基础服务来构建消费平台的逻辑结构并不稳定，这中间有诸多不安因素。

"信任"才是社区 O2O 的核心竞争力，困扰社区 O2O 发展的最大阻力并不全都是物业的服务能力不足，而是业主对物业天生就缺乏信任感。要想获得业主的消费支持，这之前就一定要做好本职的物业服务，让业主产生足够的信任，而真正能做到这一点的只有那些有着较强服务意识的大型物业公司。

实际上，如果可以取得住户的信任，物业公司采取不收物业费的市场策略首选会是社区金融而不是社区新零售，对于物业公司而言，同样是通过其他经营方式从住户那里获得等额的物业费收入，金融要比零售更简单方便。

由于不同社区、不同物业的物业费标准不同，为了便于比较，我们以 1 000 元 / 年的物业费为参考基数，免收 1 000 元 / 年的物业费一般需卖出 30 000 元的理财产品才能抵消其对收入的影响。虽然与社区零售相比，做社区金融业主每年要拿出更多的钱，但社区新零售的钱物业平台是会花出去的，而社区金融的钱仅仅是放在物业那里，业主心理上会更容易接受后者。另外，对于物业来讲，10 000 元要交易 N 次才能达成，而 30 000 元只需提供一次金融服务即可。同样是用物业费的势能来换取其他业务的发展，选择社区金融来做要比社区零售更便捷。

另外，我们不要忘了物业本身的市场职能，物业收的物业费并不都是利润，其中绝大部分都要用于社区内的居民生活，业主缴纳的物业费其实是给物业公司的服务费。物业都不傻，为何放着每年合理合法收取的物业费不要，而费那么多劲绕个大弯子地去赚本来该属于它们的那部分费用？一旦收支不相抵或者出现了其他经营问题，那物业纯属给自己挖了个坑跳了进去。一些互联网人太过理想化了，不收物业费确实是一种不错的经营思路，但做起来并没有那么容易。

另外，若按照互联网不收物业费的发展思路就能做社区 O2O 的话，那国家电网不收电费，水利局不收水费，电信运营商不收宽带费和电话费，是不是也可以用消费或者金融抵基础服务使用费的方式来做社区 O2O 啊？不收物业费仅仅是一种运营思路，其可以灵活运用，但并不是绝对好用的市场策略，我们应该理性地看待此类策略。

8.4 社区新零售让物业的话语权、闲置资源与人力成为优质资产

对第三方社区服务公司而言，做社区O2O要不要与物业合作，物业都在那里，从多个方面来看绕开物业都是不容易的。所以与其一味地想着如何绕开物业，还不如思考一下如何更好地与物业合作，毕竟在国内市场，物业对社区内的闲置空间利用仍握有足够的话语权。

根据《2016中国物业服务百强物业企业研究报告》显示，百强物业2015年管理的32 401个项目中，已成立业主委员会的有4 760个，占14.69%，其中，上海、浙江、湖北等地业委会成立比例较高。换言之，国内绝大部分社区仍存在业委会空白，物业仍掌控社区内的绝对话语权，所以如果可以与物业合作完全有机会享受一些免费的空间资源或者配套的人力资源，这是物业可以为社区O2O带来的实际价值之一。

如果第三方可以与物业建立紧密关系，那物业手中的闲置资源和人力都是财富

应该很多人都已了解，物业自身的人力资源可在社区O2O服务环节中产生增值变现，例如保安兼职配送、保洁兼职家政、水电兼职上门等，这个问题就不再细说了。除了人力资源外，社区内最多而且最有价值的是空间闲置资源。社区内的闲置空间如小区内的停车位、广告位、空置售楼处、闲置办公区、公共休息区等资源都是可以用来变现的。很多核心资产的管理权都在物业手中，只是物业的运营能力不足，过去一直很难将这些变现。如果物业将闲置的资源免费拿出来给第三方，至少可以降低第三方一大半的房租成本，其相应的扩张速度会更快，单店经营的风险性更小。

物业手中不只有人，还有物、有空间，甚至还有一部分业主的公共资

金，这些都是社区O2O中非常重要的资源。如果能与物业建立紧密的合作关系，物业手中的闲置资源都可以变成优质资源，这也是社区O2O的意义之一，即充分发挥社区内的空间和人员价值。举个例子，很多社区也有活动中心、养老中心，但多数都缺少运营，要么被闲置，要么处于无序运作中。类似的情况还有很多，社区内的闲置空间资源一直没能利用起来。

有不少的社区项目都需要有线下的活动空间，而与物业建立合作关系是获取线下经营空间成本最低的方式。物业除了在业务上可以支持第三方社区服务公司，在资源上也可以提供一定便利，而且据我了解有不少物业愿意拿出一部分闲置空间给第三方社区服务公司使用。

而如果第三方想要从物业那里获得免费资源，就需要帮助物业获得实际的收益，这就要考验第三方的运营水平了。其中比较简单直接的方式就是物业出空间，第三方社区服务公司以社区便利店的形式进入。当然也还有其他方式，例如儿童活动中心、养老活动中心等，不过这类切入方式盈利周期更长、对活动运营的要求更高。

物业握有社区话语权，合作好了可以提升竞争门槛

如果可以有效利用与物业的合作关系，可以极大地提升竞争门槛。道理很简单，现有物业服务管理制度的弹性空间很大，有些事情只要不涉及基本的公共服务问题和公共资产问题，物业还是有很大的话语权的。最基本的如可以加强对社区以外的人员进出核查，这一点就能把很多社区超市、上门、快递等业务给去掉。

现在很多社区新零售项目看起来进出社区没遇到多大麻烦，主要是其暂时没有与物业发生利益冲突，而且多数物业都还没有涉足相关的社区新零售业务。一旦那些绕开物业的社区新零售APP与和物业有深度合作的社区新零售APP有竞争关系了，物业绝对有权力也有能力将其挡在门外。不要忽视物业在社区市场中可发挥的作用，谁能进社区打广告、收废品、开门换锁等都

是物业说了算，若与物业有良好的关系，可以做到事半功倍。

物业手中的资源和对社区的控制力远超我们的想象，绕开物业发展确实看起来很快，但根基不够扎实，很容易被干掉。是社区 APP 被替代的可能性高，还是物业被替换的可能性高？让业主在物业公司和社区 APP 之间做抉择的话，物业仍占据主动权，因为业主换一款社区 APP 要远比换一家物业省事得多。在物业没有出现特别不作为的情况下轻易是不会被更换的，所以那些与物业保持深度关系的社区 APP 的生命力更强。

8.5 物业并购潮的价值与目的

如今有越来越多的探索社区 O2O 的第三方创业公司已经想通了，都不再执着于采取轻模式只专注于线上端发展，而是尽可能想办法落地，其中有一定实力的公司开始尝试建立线下服务站，互联网公司已出现物业化倾向。与此同时，大型物业纷纷完成线上产品的研发工作，并开始尝将社区 APP 对外输出，物业公司已然在进行互联网化发展。

随着社区 O2O 市场的不断深化，泛物业服务市场出现变革，并开始洗牌，物业公司开始互联网化，互联网公司开始物业化，这是社区 O2O 市场发展的一种趋势——互联网公司开始提供线下服务的门店配套服务，而物业公司则开始强化互联网技术能力和运营思路。

社区 O2O 之下大型物业加速扩充地盘，物业行业正在发生变革

这两年，物业公司的"圈地运动"不断加码，众所周知的彩生活只是其一，另外还有很多大型物业公司正在悄无声息地吞并中小型物业。随着社

区 O2O 概念的持续走热，物业的收购价格也水涨船高，3 年多以前有一定规模的一级资质物业公司报价在 1 000 万~2 000 万元，二级资质的报价在 500 万~800 万元，这已经很高了。

一般而言，一级资质物业管理 200 万坪社区，二级的在 100 万坪水平算有一定规模。通过收购物业的形式来进行社区 O2O，其扩张成本已经不低了，而且会越来越高。

不过，很多物业的收购并不是全资收购，而是收购一部分股权，这种方式可以用更少的资金撬动更大的市场。同时有些被收购的物业也不想完全放弃自己的业务，它们乐意在社区 O2O 大环境下引入大型物业公司的社区 O2O 服务能力。在大的市场环境下，有些物业借机高价出手，而有些物业选择了站队，物业行业的大洗牌正在进行。

根据《2016 中国物业服务百强物业企业研究报告》，百强物业 2015 年管理面积总值达 49.59 亿平方米，占全国物业管理面积（174.50 亿平方米）的 28.42%，较 2014 年（19.50%）提升了 8.92 个百分点。百强物业企业通过兼并收购快速扩大管理规模，尤其是排名前十的企业的兼并收购面积和数量均占据百强物业企业兼并收购总数的一半以上，管理面积同比大幅增长 74.84%。再有就是百强物业企业自身的实力不断壮大，促进了规模提升。

2015 年，百强物业管理面积均值为 2 361.48 万平方米，同比增长了 46.76%，连续三年持续上涨，2012 年至 2015 年复合增长率达 33.90%，管理规模扩张明显。按管理面积层级划分，2015 年管理面积在 5 000 万平方米以上的百强物业企业有 17 家，比上年增加了 6 家；3 000 万~5 000 万平方米的有 23 家，增加了 10 家；2 000 万~3 000 万平方米的有 25 家，增加了 4 家；1 000 万~2 000 万平方米的有 67 家，增加了 14 家。整体来看，管理面积在 1 000 万平方米以上的百强物业企业大幅增加了 34 家，呈现明显的规模化发展趋势。

百强物业 2015 年住宅物业管理面积总量达到 35.45 亿平方米，同比 2014 年（22.12 亿平方米）大幅增长了 60.12%，增长迅速；百强物业企业

2015 年住宅物业管理面积占比 71.49%，同比提升了 2.69 个百分点，住宅物业仍是百强物业企业最主要的物业服务业态。一方面，住宅仍是房地产增量市场的主力军，2015 年住宅竣工面积达 7.38 亿平方米，占全国商品房竣工面积的 73.75%；另一方面，百强物业企业重视基础服务业务的发展，加大力度开拓住宅市场，有效增加了住宅管理面积；同时，由于社区经济的持续火热，住宅物业管理的价值进一步凸显，百强物业企业的兼并收购也以住宅管理项目为主，助推了住宅物业的占比提升。

百强物业 2015 年管理项目总计 32 401 个，较 2014 年增加 7 843 个，增速达 31.94%；百强物业企业进入城市数量均值为 27 个，较 2014 年增加 3 个，区域覆盖更为广泛，其中进入城市超过 30 个的企业有 40 家，占比达 19.05%，全国性综合布局态势尽显。

百强物业通过兼并收购有效扩大管理规模，百强物业企业 2015 年总计收购 200 余家物业服务企业，收购物业管理面积总计为 3.85 亿平方米，占百强物业企业全年管理面积总增量（17.41 亿平方米）的 22.11%，成为百强物业企业管理规模迅速扩大的重要途径。

整体来看，百强物业企业的资产规模增长明显，一方面百强物业企业积极筹划进入资本市场，部分企业成功登陆港交所和新三板，借助资本市场实现了资产规模的大跨步增长；另一方面，通过资本市场融资，百强物业企业加速了兼并收购，有效地提升了企业的资产水平。[①]

大型物业并不是盲目地收购中小型物业，而是会选择那些资质和服务能力好的物业；对于一些收购之后经营不善的社区也会在合同到期后退出服务。大型物业之间的主要竞争是在争地盘，但同时也已开始优化服务社区的结构。

物业收购价格水涨船高并不代表所有物业都值钱了，还得看被收购方和

---

① 以上部分内容引自《2016 中国物业服务百强物业企业研究报告》。

收购方之间的价值观是否一致和其服务能力能不能达到要求。其实收购的外在表现无外乎换了一个牌子或主管物业的几个主要领导，但下面执行层的人员能力，以及社区住户的氛围等都是没有变化的。

物业并购潮，抢地盘的价值与目的何在

大型物业开始在全国各地吞并中小型物业的原因很简单，就是要争夺市场地盘。社区O2O的扩张特点更侧重于传统行业，与互联网项目区别很大，互联网项目更多依靠线上的营销推广手段来吸引用户，而社区市场可以依靠吞并线下实体物业资源来占领市场。

当然，在其他行业也存在非常多的并购情况，但从用户量增量的角度看与物业并购还是有差异的。例如，滴滴与优步合并，其总用户量是"1+1<2"的合并效果，因为有不少用户同时使用滴滴和优步，但物业的并购就是"1+1=2"的效果，因为每户家庭正常只能享受一家物业服务。很明显，由于不存在重复用户，物业并购可以带来用户量固定值式的增长，1+1+1+……+1=n，这么来看的话，物业对社区的唯一性价值就非常清楚了。因此，对于大型物业而言，并购中小型物业是一种有效增加用户量的手段。而以互联网的规模经济特征来看，谁的用户量大，谁的未来市场潜力就大，所以已经具备足够实力的大型物业有必要通过并购中小型物业的方式来扩大未来社区O2O的市场规模。

物业对社区唯一性的价值还体现在竞争风险上。在传统零售市场，某商圈内往往会存在多家零售商场的竞争，所以零售业之间的并购还需要考虑到周围的市场竞争环境所带来的风险；而物业并购就无需过多考虑周边的竞争环境，只要专注目标收购对象的并购价值研究以及目标社区用户变现潜力研究就可以了。

这样来看，并购既可以快速扩充用户量，风险又小，手中有资本的物业没有理由不选择这种扩张方式。谁能从物业端占据社区市场，谁就掌控了社

区 O2O 的话语权，要想成为社区 O2O 平台，采用并购物业的方式是最为保险的市场手段，不过需要有相当的资本实力。大型物业并购中小型物业的目的就是要先占领市场并不断扩大规模，而背后的目标就是要通过社区 O2O 的服务来挖掘潜在的市场价值。

彩生活就是通过多种资本方式不断收并购大中小型物业，截至 2016 年 10 月，其物业服务面积已达 4 亿平方米，为分布于 21 个省、4 个直辖市的 185 个城市的 2 411 个项目提供服务。另外，2016 年 11 月，彩生活通过入股的方式与上海银湾建立了合作关系，又间接获得了 3.6 亿平方米的经营面积。彩生活计划到 2020 年，将其社区服务面积扩大到 25 亿平方米。

抢夺用户、扩大规模、引入第三方、加强网络能力，大型物业的经营思路越来越互联网化。有些物业甚至还引入了互联网巨头作为合作方，例如恒大与腾讯联手收购马斯葛组建恒腾网络、360 入股彩生活等。除了引入互联网巨头之外，大型物业还会出资投资一些第三方社区服务项目。说得直白一点，大型物业也都有各自的生态产业构思，各大物业的野心其实都不小。

并购扩张和发展社区 O2O 增值服务让大型物业营收能力迅速增强

根据《2016 中国物业服务百强物业企业研究报告》的分析，2015 年，在物业管理行业进入跨界融合、创新发展的大背景下，百强物业全年实现营业收入总值 1 135.61 亿元，均值达 54 076.96 万元，同比增幅达 27.24%。

百强物业中，2015 年净利润在 3 000 万元以上的企业数量达到 90 家，较 2014 年增加了 31 家，且净利润超过 5 000 万元的企业数量由 2014 年的 23 家增长为 48 家，而净利润在 1 000 万元以下的企业比例由 2014 年的 35.50% 下降至 22.38%。百强物业整体盈利规模提升显著。2014—2015 年百强物业净利润分层级分布情况如图 8-1 所示。

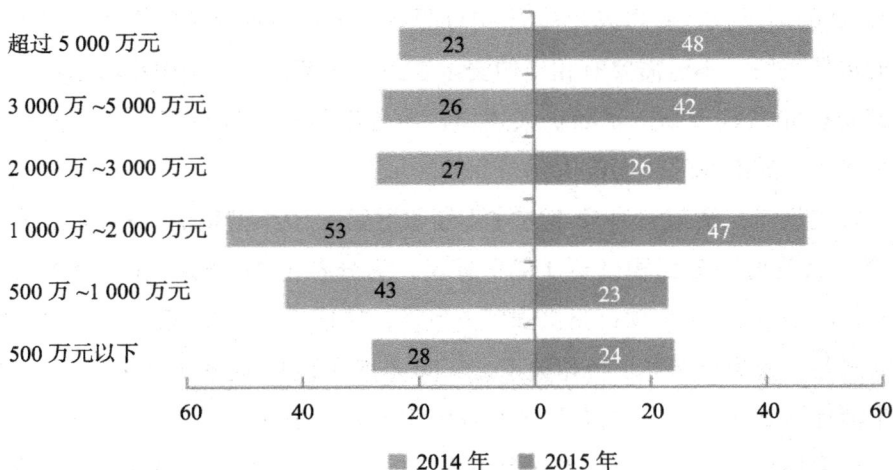

	2014年	2015年
超过5 000万元	23	48
3 000万~5 000万元	26	42
2 000万~3 000万元	27	26
1 000万~2 000万元	53	47
500万~1 000万元	43	23
500万元以下	28	24

图 8-1 2014—2015 年百强物业净利润分层级分布情况

资料来源：《2016 中国物业服务百强物业企业研究报告》。

从盈利结构来看，其呈现以物业服务为主体，与多种经营业务相辅相成的盈利模式：百强物业 2015 年物业服务净利润均值为 2 699.67 万元，占企业平均净利润的 68.92%，是净利润的主要贡献力量；多种经营服务净利润均值达 1 217.26 万元，占比 31.08%。

对比来看，多种经营服务在为百强物业创造利润方面发挥了关键作用。一方面，百强物业不断优化管理项目的服务质量，在管理项目的承接方面，主动退出盈利能力差、发展潜力低的亏损项目，保持物业服务的合理利润；另一方面，在多种经营服务领域，积极融合渗透新技术，开展附加值高的多元业务，为整体盈利能力改善培育新增长点。

实际上，如今的物业行业开始显现马太效应，排在最前面的物业各项数据指标要更有优势。《报告》显示，2015 年，TOP10 物业管理规模、业绩持续向好，大幅领先其他百强物业。其中，TOP10 物业的管理面积均值同比大幅增长 74.84%，达到 13 332.60 万平方米，是其他百强物业的 5.7 倍；总资产均值 21.99 亿元，是其他百强物业的 5.1 倍，管理规模迅速扩张；TOP10 物业营业收入均值 22.17 亿元，净利润均值 1.82 亿元，分别是其他百强物业的 4.1 倍和 4.7 倍，企业经营业绩和盈利能力突出。

很明显，大型物业在社区 O2O 市场已经具备成熟的规模和条件，剩下的问题就是如何有效地让住户接受社区 O2O 增值服务，以及尝试挖掘扶持更多的社区 O2O 项目。

借社区 O2O 东风，都有哪些物业公司上市了

社区 O2O 的东风，让资本市场重新认识了物业的价值，有很多百强物业趁势登陆资本市场。彩生活在 2014 年 6 月以"中国社区服务第一股"的身份在香港联交所挂牌上市，从此拉开了物业公司登陆资本市场的大门。

在彩生活之后，2015 年 10 月，中海集团旗下中海物业也于香港交易所主板挂牌，这是国内物业管理领域第二家实现在港上市的企业。

随后的 2015 年 11 月，中奥到家宣布在港交所上市。这也是继彩生活、中海物业后第三家登陆港交所的物业企业。

2015 年 12 月，绿城在港交所挂出了分拆物业上市的招股书；2016 年 7 月绿城服务集团有限公司在香港交易所主板正式挂牌上市交易。

2016 年 10 月，媒体称万科物业也正在筹备赴港交所上市。2017 年 3 月，万科物业对外宣布，已经引入了博裕资本与 58 集团两家战略投资者，前者为上市做准备，后者则为业务扩张做准备。

2016 年 11 月，从事多元化服务组合，包括物业管理服务、零售服务、餐饮服务及配套生活服务等业务的祈福生活成为第五家赴港上市的物业公司。

2016 年 11 月，证监会更新的"首次公开发行股票审核工作流程及申请企业情况"显示，共有两家物业企业处于 IPO 排队审核过程中，分别是南都物业服务、广东碧桂园物业服务。拟上市地均为上海证券交易所，审核状态

均为"已受理"。这两家物业当中将会出现 A 股物业第一家公司。

2017 年 2 月，滨江房产集团掌门人戚金兴表示，滨江集团已完成子公司分割的杭州滨江物业管理有限公司将筹划赴香港上市。

2017 年 3 月，雅居乐集团控股有限公司主席兼总裁陈卓林表示，雅居乐物业板块的"雅生活"已经筹备在香港上市。

大一些的物业公司普遍选择港交所上市，A 股物业第一股火将在南都物业服务、广东碧桂园物业中产生，而国内绝大部分物业公司难以达到港交所和 A 股的要求，但又想进入资本市场，所以最为简单的方式是选择新三板。

自 2015 年 3 月开元物业率先登陆新三板以来，截至 2017 年 4 月，在新三板上市、拟上市的包含住宅类服务及相关服务的公司已达到 50 多家。在新三板上市、拟上市的（经营住宅物业服务的）物业公司如表 8-3 所示。

表 8-3　新三板上市、拟上市的（经营住宅物业服务的）物业公司

2015 年		2016 年				2017 年	
3 月	开元物业	1 月	润丰物业	6 月	深圳星河智善生活	1 月	南京紫竹物业
5 月	华仁物业		东光股份	7 月	成都德商物业		深圳世联君汇
7 月	索克物业		特毅股份	8 月	福强股份		上海上房物业
8 月	城投鹏基物业		雅荷科技		荣超物业		重庆新大正物业
10 月	北京兴业源物业		嘉宝股份		中经世纪		天利仁和物业
	涨升股份		谊通股份	9 月	秦皇岛花千墅		银川中房物业
	天骄爱生活	2 月	万联生活	11 月	美的物业	2 月	贵州东方科技物业
	盛全物业		中广物业		深圳市鑫梓润物业		浙江康禧物业
11 月	方圆现代	4 月	南京银城物业	12 月	深圳极致科技股份	3 月	福建伯恩物业
	物管股份		远洋亿家物业		建银实业投资发展		阳光恒昌物业
12 月	美易家	5 月	乐生活（北京）			4 月	上海永升物业
	一卡通物业		第一物业（北京）				保利物业
	南京新鸿运物业		格力地产物业				南京栖霞建设

新三板已经成为中小型物业公司的聚集地，众多具有物业服务的集团公司如美的、格力、世联行、远洋地产、海航、蓝光发展等公司都剥离出物业子公司奔赴新三板，未来将会有更多公司聚集在此。这些物业公司在两年时间内密集上市主要受益于互联网给社区市场带来的巨大冲击，而本书也一直强调在社区商业市场，物业将发挥不可或缺的市场作用。

8.6　未来的社区服务与管理究竟需不需要物业

国内服务业的市场环境普遍缺乏服务意识，物业行业尤甚，除了那些大一些的物业公司，中小物业公司服务意识和服务态度经常受到诟病，当然这也与业主对物业服务管理的敏感性有关。说到底，物业这个行业的主要职能并不是管理而是服务，物业服务才是民众生活的基本服务项，物业需先认清自己的地位，放正自己的姿态，这样才能逐渐改变业主对它们的印象和态度，才有机会发展社区O2O业务。

"物业管理"还是"物业服务"，这个问题很关键

在国内，物业是一种特殊的存在，我们经常会看到一些物业与住户爆发矛盾冲突的社会新闻。有太多的物业与住户斗智斗勇，不满的情绪与日积月累的矛盾导致物业的负面形象深入人心。如今，大型物业基本都还有挖掘社区O2O市场的可能，而很多小型物业若不改变自身的态度与经营习惯可能就与社区O2O无缘了。

物业公司要想发展社区O2O业务，首要问题就是认清自己。无论是物业公司的领导、员工，还是小区的业主、租客，都不妨一起思考一个问题，

物业公司到底是物业"管理"公司还是物业"服务"公司？

"管理"和"服务"之间存在十分巨大的差异，物业究竟是小区内的管理者还是服务者决定了物业与小区居民之间的关系。越大的物业公司越乐于把自己摆在服务者的位置上，而越小的物业公司就越容易出现管理者的姿态。

人会为被服务而付费，而不会为被管理而付费。怀着管理人心态的物业没有社区O2O市场价值，除了合同约定的需要户户支付的物业费之外，以管理者的姿态发展社区O2O，住户必然不会买账。

对于那些想与物业合作的互联网类社区O2O项目而言，进入社区之前有必要先了解一下目标社区的物业情况，究竟对方是一种什么样的姿态，如果是管理者的姿态最好敬而远之，如果对方是服务者的心态多半会愿意合作。不具备社区O2O市场价值的物业就该果断放弃，选合作物业与选合伙人一样，不能为一时的社区覆盖量而盲目地与物业建立社区合作，以免未来频出的负面事件砸了自己的招牌。

社区服务与管理，究竟需不需要物业

随着社区O2O的不断发展，大型物业开始将固有保洁、保安、绿化、维修等基础服务项目外包给第三方公司，同时引入其他社区O2O服务。大型物业已有明显的向轻资产转型的倾向，这与大物业欲打造社区O2O平台有关，大物业从吞并中小物业到剥离物业原有基础服务向轻资产转型是一系列的社区O2O平台化战略。

《2016中国物业服务百强物业企业研究报告》也提到，百强物业通过将基础业务外包，利用专业服务公司提供的优质低价服务，实现专业化、集约式管理，在降低企业经营成本的同时，提升专业服务水平。2015年，有169家百强物业将部分基础业务交由专业外包企业管理，比2014年（159家）上涨了6.29%。对比企业员工与外包人员数量来看，百强物业2015年外包员工数为38.00万人，占一线员工的26.55%，比2014年（27.93万人）增长

了 10.07 万人，增长率达到了 36.05%；外包单位投入人数大幅增长，其中
设备维修养护业务外包人数比 2014 年增加了 1.61 倍，绿化业务外包人数比
2014 年增加了 97.58%，秩序维护业务和清洁业务外包人数同比分别增加了
27.07% 和 5.96%。百强物业基础业务外包人员情况如图 8-2 所示。

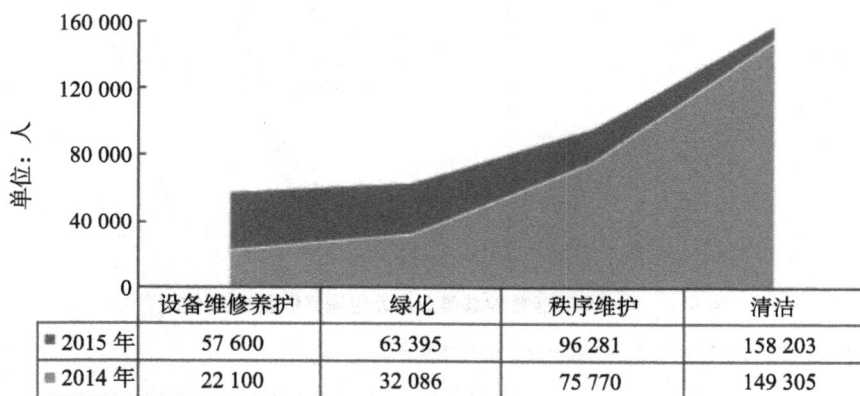

单位：人	设备维修养护	绿化	秩序维护	清洁
■ 2015 年	57 600	63 395	96 281	158 203
■ 2014 年	22 100	32 086	75 770	149 305

图 8-2　百强物业基础业务外包人员情况

资料来源：《2016 中国物业服务百强物业企业研究报告》。

　　百强物业充分利用外包公司的专业化优势，把需要人员较多且技术含量
低的业务外包，集中精力提升核心业务水平；同时，物业服务企业可以站
在专业公司和客户之间，对服务作出客观评价，良性的互动和评价机制会使
服务更加完美，使客户成为最大的受益者。2015 年，百强物业外包项目中，
清洁业务外包项目占总项目数的 38.16%，绿化业务外包项目占总项目数的
25.66%，设备维修养护和秩序维护业务分别占 24.11% 和 19.76%。2015 年百
强物业各类业务外包项目数量的占比情况如图 8-3 所示。

清洁
绿化
设备维修养护
秩序维护

19.76%

24.11%

25.66%

38.16%

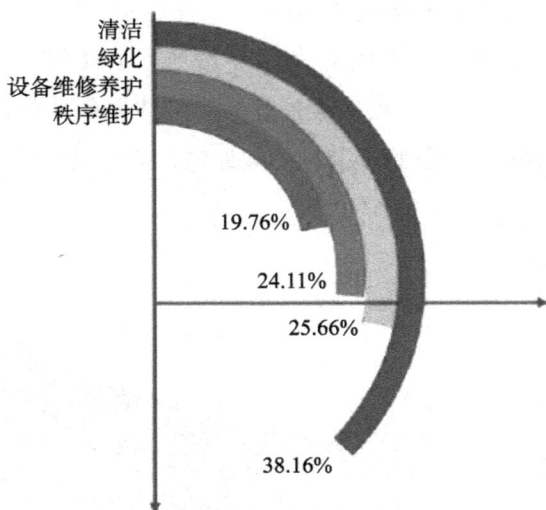

图 8-3　2015 年百强物业各类业务外包项目数量的占比情况

资料来源:《2016 中国物业服务百强物业企业研究报告》。

　　我们不难发现,大型物业正不断将基础物业服务外包,但大型物业要全面完成轻资产转型还需要时间,其现阶段主要精力都放在兼并物业上。进一步说,物业的轻资产化发展倾向意味着物业行业的大变革,物业从最低层级的服务者升级为更高层级的经营者,而其原本提供的社区基础服务以及社区其他增值创新服务将由第三方来完成,如此一来物业便可以将主要精力放在发展更具价值和潜力的金融等业务上。

　　大型物业的社区 O2O 平台化转型已经表明未来的社区可能不再需要物业公司,或者也可以说未来的社区服务公司可能不再叫物业公司了。如果中小型物业还不能改变自己的服务意识和态度,未来被取代也不是不可能。

　　很简单,如果物业公司已经可以将保洁、保安、绿化、维修等工作外包给第三方完成,那物业在社区内还有什么工作可做?无外乎是监管这些第三方完成工作的质量,那这些工作究竟还有没有必要聘请物业公司去做?

事实上，业主以集体出钱的方式请专业的公司来替自己打理安居生活环境，遂逐渐产生了物业服务产业。现有的物业服务管理运作方式是由物业公司提供社区基础环境服务，再由业委会监管物业服务，这种有监管制衡的服务机制正常来讲是很合理的。不过我们要讨论的不是这个问题，而是社区业委会可不可以进一步延伸职能，直接取代物业，既然物业都可以将保洁、保安、绿化、维修等基础服务外包，那业委会也完全可以直接将这些基础服务外包，然后接替物业的监管职能。

不过，问题出在多数人对少数人的不信任感，虽然业委会成员是由业主大会选出的，但总会有一些人经常对业委会的运作抱有怀疑态度，毕竟业委会是公民自治的组织，有名无实，一旦因基础的社区服务发生纠纷恐影响社区内的团结氛围。另外，最主要的是国内社区业委会的组建普及度较差，百强物业 2015 年管理的 32 401 个项目中，已成立业主委员会的有 4 760 个，只占 14.69%，其他百强之外物业服务的社区的业委会组建情况只会更差。国内社区业委会发展现状就是如此，那么以目前的情况来看，业委会在短时间内还无法取代物业在社区内的服务职能。

综合多方面因素的考虑，短期内仍然需要一家专门服务社区日常的服务公司，但长远来看，这家公司肯定不是现有形态的物业公司，而是具备更强服务意识和能力的社区服务公司。所以，大型物业的并购和轻资产转型是非常明智的市场策略，虽然现在还看不出市场价值，但随着行业的深入发展其价值会逐渐显现，社区 O2O 市场也会重新被认知。

第三部分

社区新零售的未来

O2O 的概念泡沫破灭了，而社区 O2O 的市场价值还未被真正挖掘出来，好在出现了新零售的概念，社区新零售成为其重要的组成部分之一，这将进一步刺激社区市场的发展；而且市场的作用效果要比之前的 O2O 更有影响力，毕竟在中国消费服务市场，零售业务占据绝对的市场比重，社区新零售或将全面激发社区市场。

>> **第九章**

图解社区市场

在社区领域寻找机会的人很多，但多是凭感觉或者经验而一味地蛮干，社区市场是由人组成的市场，而当人的数量达到一定程度之后就会具有市场规律性，社区这个有关民众基本生活的场景，其规律性要更为显著，当我们发现其中的规律时，很多难题就迎刃而解了。

9.1 各年龄段用户社区生活的主要特点

每个年龄段都有每个年龄段的生活习惯和生活重心，社区内的用户也完全遵循一些基础的社会规律，以这些规律为基础可以发掘社区市场中很多细分的用户需求。各年龄段用户社区生活的基本特点如表 9-1 所示。

表 9-1 各年龄段用户社区生活的特点

年龄	主要特点	生活核心	关联人群	教育问题	买菜做饭	家电维修	零食水果	食品快消	水电煤网	出行方式	养老生活	投资理财	社区关系	网购SNS
0~6	生活特点：无自理能力，需要有家人照顾；生活路径：家里、幼儿园、学习班、楼下/花园/广场/游乐场；用品需求：奶粉、纸尿片、玩具、教育	成长	2代人/3代人	幼儿教育	×	×	×	×		家长携带	×	×	母婴交流（被谈论）	×
7~13	生活特点：有一定自理能力，仍需家人照看；生活路径：家里、学校、学习班、楼下/花园/广场；用品需求：家里、玩具、教育	成长/教育	2代人/3代人	小学教育	×	×	×	×		家长接送/独立出行	×	×	教育交流（被谈论）	×
14~19	生活特点：较强的自理能力，只需家人看管；生活路径：学校、补习班；用品需求：教育	教育	2代人	中学教育	×	×	×	×		独立出行/家长接送	×	×	×	电商消费/网络社交
20~23	生活特点：有自理能力，离开家里；生活路径：学校、租房、就业；用品需求：实习、实践、就业	就业	—	大学教育	×	×	√	×		独立出行	×	×	生活在校区	电商消费/网络社交
24~29	生活特点：刚开始工作，工作不稳定收入低，准备买房结婚生小孩；生活路径：公司、家里；用品需求：工作、结婚、生子/育儿、吃喝用度	工作/结婚/生子/育儿/吃喝用度	1代人/3代人	幼儿教育	√	√	√	√		驾车/公交/打车/步行	×	√	基本无社区关系	电商消费/网络社交
30~34	生活特点：工作初入稳定期，收入有所提升并逐渐稳定；生活路径：公司、家里、吃住；用品需求：工作/孩子教育/父母健康/吃喝用度	工作/孩子教育/父母健康/吃喝用度	1代人/3代人	小学教育/中学教育	√	√	√	√		驾车/公交/打车/拼车	√	√	刚刚建立社区关系	电商消费/网络社交
35~39	生活特点：工作收入稳定，孩子处在小学或初中时期，关注学业，更关注父母身体健康；生活路径：公司、家里、吃住；用品需求：工作/孩子就业/婚恋/父母身体健康/吃喝用度	工作/孩子就业/婚恋/父母健康/吃喝用度	1代人/3代人	小学教育/中学教育	√	√	√	√		驾车/公交/打车/步行	√	√	社区关系进入稳定期	电商消费/网络社交
40~44	生活特点：工作收入稳定，孩子处在高中或大学时期，关注学业或就业；生活路径：公司、家里、吃住；用品需求：工作/孩子就业/婚恋/父母身体健康/吃喝用度	工作/孩子就业/婚恋/父母健康/吃喝用度	1代人/3代人	中学教育/大学教育	√	√	√	√		驾车/公交/打车/步行	√	√	社区关系进入稳定期	电商消费/网络社交
45~49	生活特点：工作收入稳定，孩子毕业，关心孙子。需要买房结婚生子，刚开始工作；生活路径：家里；用品需求：工作/孩子/结婚/生子/父母健康	工作/孩子/结婚/生子/父母健康	1代人/2代人/4代人	大学教育	√	√	√	√		驾车/公交/打车/步行	√	√	积极参与社区活动	×
50~59	生活特点：男方工作收入稳定，女方退休，可能参与照顾孙子或照顾父母，更多地参加社区内活动；生活路径：公司、社区；用品需求：父母健康/子女教育/孙子成长	父母健康/子女教育/孙子成长	1代人/2代人/4代人	孙代教育	√	√	√	√		公交/打车/步行	√	√	积极参与社区活动	×
60~69	生活特点：男方退休，全面进入双退休生活，照顾服务父母，健康需求、更需要社区生活；生活路径：公司、家里、社区；用品需求：孩子工作/孙子/教育/父母健康	孩子工作/孙子/教育/父母健康	1代人/2代人/4代人	老年教育	√	×	√	√		驾车/公交/打车/步行	√	√	对社区形成依赖感	×
70	生活特点：生活稳定平静，一般来说生活在社区内，行动能力逐渐变弱，健康需求，需要照顾，重孙出生，楼下；生活路径：社区；用品需求：吃住、孩子、孙子、重孙	健康	1代人/2代人/3代人	老年教育	×	×	×	√		公交/打车/步行	√	√	对社区的依赖感增强	×

以上我们简单整理了一下各年龄段用户的基础特征，在这其中能发现一些市场规律。我们不妨简单举几个例子，看看仔细研究用户的生活规律会发现哪些机会，而挖掘这些潜在价值又需要注意哪些问题。各年龄段社区用户生活的基本特点蕴藏的机会举例如表 9-2 所示。

表 9-2　各年龄段社区用户生活的基本特点蕴藏的机会（举例）

机会 1	0~6 岁幼儿是两代人、三代人关注的核心焦点，所以幼儿用品、娱乐、教育、玩具等市场有很大的挖掘潜力
机会 2	0~6 岁幼儿缺乏自理能力，所以必须有一名家长长期在家陪同，其中以母亲、奶奶、外婆为主
机会 3	7~13/14~19 岁青少年有一定自理能力，家庭关注核心是教育、安全以及餐饮问题
机会 4	20~23 岁离家进入大学或进入社会，对互联网接受度极高，假期是利用其影响家庭学会使用社区服务的关键时期
机会 5	24~29 岁刚开始落户社区欠缺生活技能，这类群体依赖互联网，需求多、消费意识强，是社区 O2O 的主力用户
机会 6	30~39 岁，社区主力人群有参与度有消费能力，支出以吃喝为主，有上门汽车理财等需求，是社区 O2O 的重点用户
机会 7	40~44 岁的人保持与 30~39 岁人相似的社区生活持征，但人群的关注焦点由孩子教育转向父母健康
机会 8	45~49 岁关注焦点是孩子就业、买房、结婚、生子、育儿，如果没有工作会参与到子女家庭生活中负责带孙子
机会 9	50~59 岁女方进入退休生活，手里有养老金，有投资理财需求，重视健康，对吃喝更有要求，乐于聚会出游
机会 10	60~69 岁男方进入退休生活，夫妻二人有更多的闲暇时间，对社区生活有着较强的依赖感，有足够的自理能力
机会 11	70 岁以上行动能力逐步下降，进入纯养老阶段，对社区依赖性更强，需求也更为简单，会跟子女生活在一起

注：本章为了方便年龄段的划分归类，将爷奶辈的人群称为 3 代人，将未婚成年人或父母辈的人通称为 2 代人，将未成年阶段的人称为 1 代人，主要是根据年龄范围来划分，而不是按照家族辈分来划分。

以上仅简单举了几个可以挖掘的市场价值点，深入去挖掘每一个年龄段的用户需求还会发现其他价值点。目前为止，我们还无法判断社区市场的深度究竟会延展至哪里，与日常生活息息相关的事情都可能产生新的市场价值，"互联网＋社区"为我们带来了无尽的市场想象空间。

本节仅仅是简单分析了各年龄段的生活重心与家庭成员之间的关系，读者还可以进行更深入的用户分析。例如，各年龄段用户每日的生活作息时间安排，不同的家庭成员构成的需求特征等，这些都是值得挖掘的市场信息。

9.2　社区市场潜在价值图谱

我们的生活作息都是有规律的，各年龄段人群在工作日中各时段的活动也是有规律的。掌握这些规律才能知道该在哪个时间段做哪些事情，表 9-3 是一张社区 O2O 潜在价值表，根据这个表可以更直观地发现社区市场的价值所在。

表 9-3　社区 O2O 潜在价值表

时段需求		0~3岁	4~6岁	7~13岁	14~16岁	17~19岁	20~23岁	24~29岁	30~35岁	41~45岁	46~50岁	51~60岁		61~70岁	70岁以上
												男	女		
6：00—7：00	起床														
7：00—8：00	早餐	①	①	②	④	④	④	③	③	③	③	③	③	③	①
8：00—9：00	出行	①	①	④	④	④	④	④	④	④	④	④	④	③	①
9：00—12：00	工/学	①	④	④	④	④	④	④	④	④	④	④	④	③	①
12：00—13：30	午餐	①	④	④	④	④	④	④	④	④	④	④	④	③	①
13：30—16：30	工/学	①	④	④	④	④	④	④	④	④	④	④	④	③	①
16：30—17：00	回家	①	①	④	④	④	④	④	④	④	④	④	④	③	①
17：00—18：00	晚餐	①	①	②	②	②	④	③	③	③	③	③	③	③	①
18：00—19：30	散步	①	①	②	②	②	③	③	③	③	③	③	③	③	①
19：30—21：00	客厅	①	①	②	②	②	③	③	③	③	③	③	③	③	①
21：00—23：00	卧室	①	①	②	②	②	③	③	③	③	③	③	③	③	①
23：00—6：00	睡觉														

①	没有自主消费能力，但关联人群会为此消费
②	自主消费能力有限，在社区内时间有限
③	社区 O2O 潜在价值，主力用户群
④	不在社区之内，基本没有社区 O2O 价值

以上这个表蕴藏很多社区生活信息，从时间段、年龄段以及交叉形成的区域都能得到不同的信息。例如，从4~6岁读幼儿园开始到50~60岁的退休年龄，多数人白天8：00—17：00基本都不在社区内，那么这部分的社区市场价值很有限；再比如，0~3岁或者70岁以上的人自理能力和自主消费能力不足，这就需要从直接相关的人群来切入这部分市场；再举个例子，晚上19：30—21：00这个时间段属于客厅时间，大部分人都在看电视，这期间其实是水果零食需求最大的时间段。

若深入研究，我们还能从上表得到非常多的结论，这里就不一一列举了。如果你正在做社区O2O，最好可以拿具体的项目做对应的分析，这样可以更直观地对项目进行分解，以便从一些细节处发现商机。当然此表不是绝对的，仅供参考。

9.3　社区用户价值特征四象限

之前也曾有不少人喊"社区O2O得大妈者得天下"，道理是没错，但是没有人深入研究大妈们在社区内到底承担着什么角色，为什么她们会如此重要，要想获得大妈级用户又该如何着手。

从中国网民年龄结构可以看出，中老年群体的互联网接受度仍需加强

其实，50岁以上的中年女性已经进入退休年龄，多半的家庭日常生活也都是由她们负责打理，而除去做饭、做家务、照顾孙子等日常家庭职责外，她们有大把的空余时间生活在社区内。而且这些退休的中年女性手中都还有一些积蓄及退休金，所以说这批用户在社区内的市场价值是非常大的，但关键是如何挖掘这部分用户的价值。

CNNIC 显示，互联网向低龄、高龄人群渗透明显，在 2016 年新增网民中，19 岁以下、40 岁以上人群占比分别为 45.8%、40.5%。然而从整体数量来看，10~19 岁网民占比连续两年出现下降——从 2014 年的 22.8% 降到了 2016 年的 20.2%；而 10 岁以下、40~49 岁网民占比连续两年呈快速上升态势，分别从 1.7% 上涨到 3.2%、12.3% 上涨到 13.7%；而 50~59 岁的网民数量占比基本没变，60 岁以上网民占比在 2015 年快速上涨 1.5%，而 2016 年仅仅上涨了 0.1%。具体如图 9-1 和图 9-2 所示。

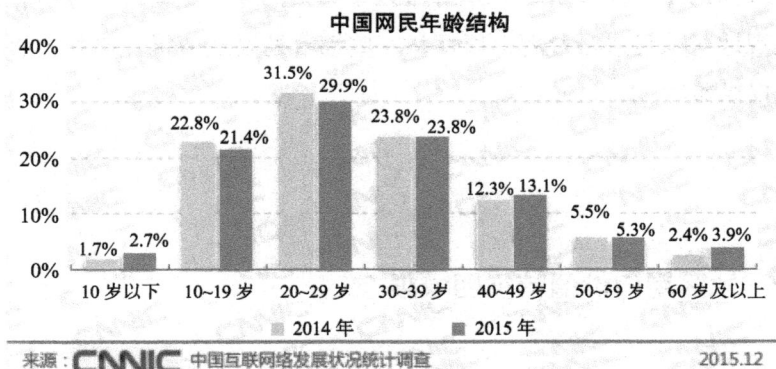

图 9-1　2015 年中国网民年龄结构

图 9-2　2016 年中国网民年龄结构

再看另外两组数据，截至 2015 年年底，互联网上网人数 6.88 亿人，同比增加了 3 951 万人，互联网普及率达到了 50.3%，其中城镇网民占比 71.6%，规模为 4.93 亿人。截至 2016 年年底，互联网上网人数 7.31 亿人，同比增加了 4 299 万人，互联网普及率达到了 53.2%，其中城镇网民占比 72.6%，规模为 5.31 亿人。2016 年城镇网民比前一年增长了约 3 800 万亿人。

国家统计局数据显示，截至 2015 年年末全国大陆总人口为 137 462 万人，其中城镇常住人口 77 116 万人，占总人口比重（常住人口城镇化率）为 56.10%；截至 2016 年年末全国大陆总人口 138 271 万人，其中城镇常住人口 79 298 万人，占总人口比重为 57.35%，城镇新增人口 2 182 万人。

根据常住人口和城镇网民规模这两个数据可以得到城镇常驻人口互联网普及率为 63.9%，换言之在城镇还有 36.1% 民众是不上网的，约 2.78 亿人。到了 2016 年年底，这个数据变为 70.0%，也就是说在城镇还有 30.0% 民众是不上网的，约 2.62 亿人，城镇非网民数量减少了 1 600 万人。

综合这些数据来看，城镇网民数量 2016 年比 2015 年增加了约 3 800 万，同时城镇非网民数量减少了 1 600 万人，2016 年城镇常住人口增加了 2 182 万人，1 600 万 +2 182 万≈3 800 万。能从农村搬到城市，一般都是生活条件得到提升，并且在城市有固定工作的人，绝大多数是 20~50 岁劳动能力强的人，这部分人正常都会使用互联网，所以也就是说，2016 年城镇网民数量增加的 3 800 万人中有 2 182 万的增长是城镇化的结果，而真正原有的城镇非网民开始上网的大约是 1 600 万人，其中 50 岁以上的城市大妈们就包含在这部分之中。

我们假设城镇化发展未能影响 50 岁以上的网民数量，并且农村 50 岁以上的人对互联网的接受使用程度更低，且未能对整体增长做出贡献，那么我们可以将 2016 年 50 岁以上网民占比整体网民的情况视为城镇网民的占比情况，简单来说就是将 2016 年 50 岁以上网民占比增加的 0.2% 全都视为城镇当中 50 岁以上增加的人群，这个数量大约是 146 万人。

也就是说，2016 年城镇原有的非网民用户变成网民的 1 600 万人中，50 岁以上的非网民变成网民的人数只有 146 万人，占比不足 10%，若再考虑到年龄变化问题（上一年 49 岁的网民过了一年就被纳入 50 岁的网民之中），城镇当中 50 岁以上网民的数量基本没发生什么变化。换言之，城镇中 50 岁以上人群并未对网民数量增长做出多少贡献，这部分人群的互联网接受程度仍有待提升。

社区 O2O 的价值在于通过互联网为社区提供更优质的服务体验，然而在社区内空余时间最多的中老年女性用户却多半不会使用互联网，这就让社区 O2O 线上的价值大打折扣。

从中国网民网购情况可以看出，在线上卖东西给大妈们也不容易

在社区商业中社区新零售是最为重要的一块市场，这一点我们在前面三章已有详细的探讨。这里主要表达的是做社区新零售想在线上把产品卖给中老年人并不容易，原因是大部分中老年人根本不会网购，想把产品卖给他们存在消费交互体验门槛。

截至 2015 年 12 月，我国网络购物用户规模达到了 4.13 亿，较 2014 年增加了 5 183 万，增长率为 14.3%。网购人群增速非常快，但仍有 40% 的网民不会网购，也就是说在 6.88 亿网民中还有 2.75 亿人不网购；截至 2016 年 12 月，我国网络购物用户规模达到了 4.67 亿，较 2014 年增加了 5 345 万，增长率为 12.9%。网购人群增速依然非常快，网购使用率提升到 63.8%，也就是说在 7.31 亿网民中还有 2.64 亿人不网购，虽然比上一年减少了 1 100 万，但再结合我们刚才所分析的，这部分人群并非 50 岁以上的中老年人群。具体如图 9-3 和图 9-4 所示。

2014—2015 年网络购物 / 手机
网络购物用户规模及使用率

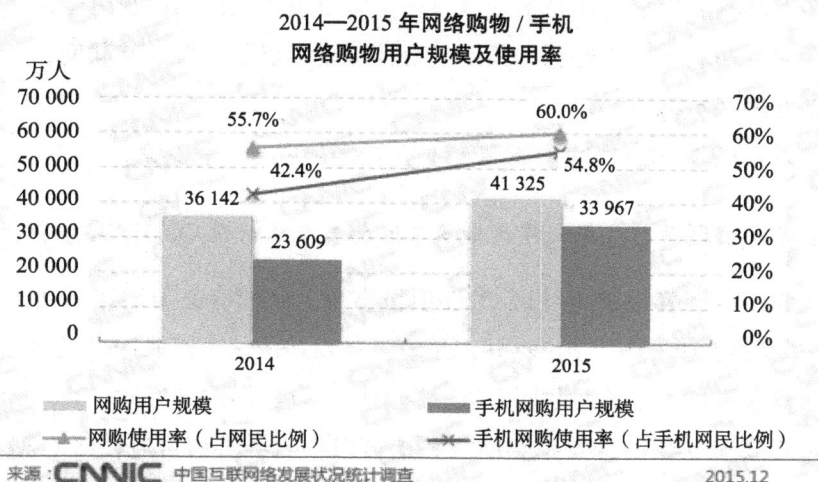

图 9-3 2014—2015 年网络购物 / 手机网络购物用户规模及使用率

2015.12—2016.12 网络购物 / 手机
网络购物用户规模及使用率

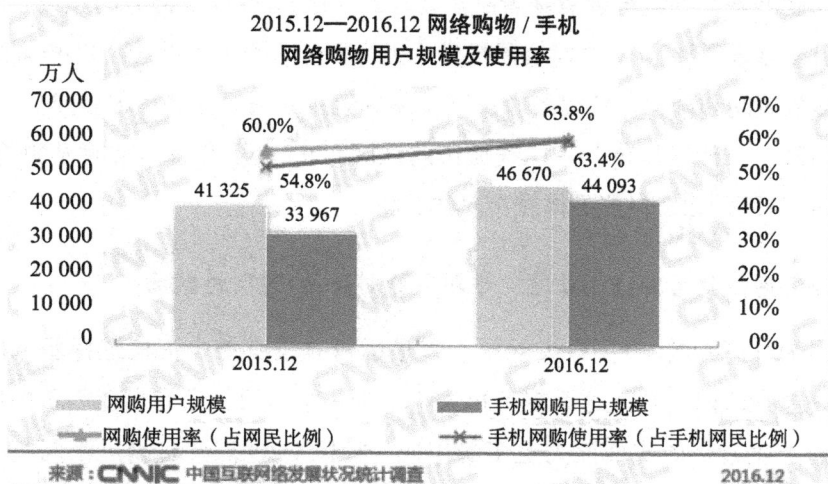

图 9-4 2015.12—2016.12 网络购物 / 手机网络购物用户规模及使用率

可以预见，在不网购的 2.64 亿网民中，绝大多数是儿童或者中老年人，所以即便网购人群数量继续保持两位数的高速增长，短时间内想发展社区内的中老年网购用户也并非易事。从另一个角度说，互联网并没有给社区新零售公司带来中老年用户红利，反而需要社区新零售公司帮助互联网行业拓展中老年网民网购用户。

所以"社区O2O得大妈者得天下"的结论并不完全正确。

从各省互联网普及率和网民数量可以初步看出社区O2O的市场潜力

目前，全国各地都有社区O2O项目出现，我们有必要看看各省份社区O2O的具体潜力。有一个市场共识是经济越发达的地方互联网越发达，所以一二线及各省会城市的互联网发展程度要比同省市周边城市的更高。CNNIC数据中各省份互联网普及率和网民数量可以作为各省市发展社区O2O的参考指标。

事实上，互联网普及率越高说明社区O2O中线上功能部分的成长空间越好，互联网普及率越低就意味着越需要注重社区O2O线下部分的建设。而网民数量越多表示社区O2O越容易推进，因为要让非网民接受社区O2O需要花费更多的时间和精力，所以各省市网民基础数量对项目发展也很重要。

另外，三四线城市与一二线城市的社区O2O市场有着非常明显的差异，要想做好社区O2O只能具体城市具体分析。

社区用户价值特征四象限，性别年龄对社区O2O的影响

因为社区O2O项目最大的弱点就是运营方没有多少资格选择服务的用户，一个小区内用户就这么多，损失一个少一个，而且还有可能因负面口碑的传播产生连带效应而流失更多的用户。社区O2O需要有满足不同类型用户需求的能力，避免用户流失。

社区用户的类型特点有很多，以上只是简单从几个角度进行了分析，若再结合每一个具体的项目类型还能发现一些细节上不同的特点。社区服务市场已经深入到用户最根本的生活当中，所以很多之前不被重视的用户特点也

开始显现出来。每一个年龄段、每一个时间段、每一个城市的用户都可能会有不同的特征，我们这里只能先来分析大环境中的共性特点，具体到项目当中时还需要更多地深挖细节特点。

之前我们讨论了不同年龄段的人的生活重心有所差异，本节则介绍了用户对互联网接受程度存在明显差异，再加上我们日常生活中男女不同的消费特点以及以女性为持家主体的社会风气，将这三个维度的用户特征交叉结合可以得到一个"社区用户价值特征四象限"，具体如图 9-5 所示。

社区用户价值特征四象限			
具备自主消费力		男	女
互联网接受能力强	20~23 24~29 30~39 40~44	线上价值大	价值最大
互联网接受能力弱	45~49 50~59 60~69 70 以上	价值取小	线下价值大

图 9-5　社区用户价值特征四象限

上图看似很简单却意义重大。通过此图，我们可以了解 20~44 岁的男性用户线上价值大，45 岁以上的女性用户线下价值大，整体来看 20~44 岁的女性市场价值最大，45 岁以上的男性用户相比之下价值最小。根据上图我们可以大体把控用户的价值特征，然后有针对性地采取配套的运营策略。关于图 9-5 还有一些细节需要说明并注意一下。

其一，该图并未将 19 岁以下主要处在高中以下学习阶段的青少年及婴幼儿列入其中，一来这部分用户此时并没有自主消费能力，二来他们将日常大部分时间都用在学习之上，社区 O2O 能直接给他们带来的服务体验有限，可以通过服务好他们的直系亲属间接地为他们带去相应的社区服务。

其二，该图根据 CNNIC 数据中网民年龄结构做的互联网接受能力强弱划分，某一年龄段内网民数量越多说明这部分用户的整体互联网接受能力越强，表明社区 O2O 中线上部分的价值越大；反之，网民数量越少表明这部分用户的整体互联网接受能力越弱，越需要重视提升线下服务能力的发展。

其三，根据 CNNIC 数据中网民的年龄结构特征来看，20~39 岁的网民群体占比超过 50%，40~49 岁的网民数量虽有提升但仍不是主力群体，所以这里将 40~49 岁分成了 40~44 岁和 45~49 岁两部分，目的是体现出这个年龄段的人群有一部分是网民还有一部分是非网民，其中为便于理解将 40~44 岁归类为互联网接受能力强的群体；40~49 岁归为社区 O2O 用户特征的过渡阶段。

其四，20~23 岁用户处在人生的过渡期，遂与 24~29 岁做了分割处理。20~23 岁这部分人群大部分正在上大学，而有些已参加工作并结婚生子进入社区生活。这里不能说 20~23 岁这部分用户绝对没有社区价值，因为即便是在外读大学的大学生也有社区价值，他们在寒暑假时会回家，可以帮助父母等长辈学习使用社区 O2O 服务。

其五，70 岁以上用户已经很难再学会使用互联网了，而且相应的独立消费能力有限，服务这部分用户更需要在线下完成，线上可以提供的是健康设备、呼叫设备或者是向老人子孙传达健康安全等配套服务的工具。

其六，图 9-5 默认了家庭生活中以女性持家为主的一般社会习惯。不过因为工作等客观原因，很多家庭是由男性持家，另外由于家庭人员结构的差异，有些家庭负责持家的女性角色（婆媳、母女）也不尽相同。

综上，图 9-5 看起来很容易理解，但很多细节都需要注意。社区 O2O 说复杂也简单，说简单也复杂，最根本的在于对人群和需求的细致研究。

9.4 **家庭成员构成决定日常需求：社区家庭结构与日常作息习惯**

以上基本都是在围绕个人因素的差异来探讨社区 O2O 项目需要注意的事项，但不要忘记，我们所关注的社区 O2O 市场多数时候以"户"为用户单位，不同的家庭结构对社区项目有着直接影响，一代人居住、两代人共同居住与三代人共同居住有着极大的差异。最简单的，三代人同住时吃的、用的肯定比一代人独立居住要多、要快。

当我们细致地进行分析时会发现家庭结构非常复杂，它有多种不同组合类型，要想非常精准地建立家庭模型是比较难的，但我们仍可以从大体的家庭结构中找出一些基本的生活规律。

三代人同住的社区家庭结构与日常作息习惯

家庭成员年龄组成是非常复杂的问题，我们采取年龄分段的方式来研究三代人同住的情况。之前提到每个年龄段有每个年龄段的生活重心和日常习惯，顺着这个思路我们可以发现一定的家庭组成结构与家庭日常生活之间存在着规律性，具体如表 9-4 所示。

表 9-4 "三代人同住"的家庭结构与日常作息习惯

核心用户年龄段	24~29 岁家庭结构				30~34 岁家庭结构				
家庭人员	男	女	老人	孩子		男	女	老人	孩子	
年龄阶段	24~29	24~29	46~55	0~3	4~6	30~34	30~34	50~59	0~6	7~13
家庭特点	与老人同住	长辈负责帮忙照看幼儿并负责用餐和家务				与老人同住	长辈负责帮忙照看孩子并负责用餐和家务			
	不同住	幼儿 0~3 岁时，岳母 / 婆婆退休（或无工作）过来帮忙				不同住	幼儿 0~3 岁时，岳母 / 婆婆退休（或无工作）过来帮忙			

（续表）

核心用户年龄段	24~29岁家庭结构					30~34岁家庭结构				
家庭人员	男	女	老人	孩子		男	女	老人	孩子	
年龄阶段	24~29	24~29	46~55	0~3	4~6	30~34	30~34	50~59	0~6	7~13
6:00—7:00	起床	起床	准备早餐	全天照看	起床	起床	起床	准备早餐	全天照看	起床、早餐
7:00—8:00	早餐	早餐		全天照看	早餐	早餐/上班/送孩子	早餐/上班/送孩子	早餐/上班/送孩子	全天照看	上学
8:00—9:00	上班/送孩子	上班/送孩子	上班/送孩子	全天照看	上幼儿园	早餐/上班/送孩子	早餐/上班/送孩子	早餐/上班/送孩子	全天照看	上课
9:00—12:00	上午工作	上午工作	家务/休息	全天照看	学习/游戏	上午工作	上午工作	家务/休息	全天照看	上课
12:00—13:30	午休午餐	午休午餐	午餐	全天照看	学习/游戏	午休午餐	午休午餐	接孩子/午餐	全天照看	回家/午餐
13:30—16:30	下午工作	下午工作	家务/休息	全天照看		下午工作	下午工作	娱乐	全天照看	上课
16:30—17:00	下班/接孩子/买菜做饭	下班/接孩子/买菜做饭	下班/接孩子/买菜做饭	全天照看	放学回家	下班/接孩子/买菜做饭	下班/接孩子/买菜做饭	下班/接孩子/买菜做饭	全天照看	放学
17:00—18:00	晚餐	晚餐	晚餐	全天照看	晚餐	晚餐	晚餐	晚餐	全天照看	晚餐
18:00—19:30	散步/娱乐/新闻/加班	散步/娱乐/新闻/加班	散步/娱乐/新闻/加班	全天照看	娱乐/学习/零售	散步/娱乐/新闻/加班	散步/娱乐/新闻/加班	散步/娱乐/新闻/加班	全天照看	作业/教育/辅导/水果
19:30—21:00	娱乐/电视,水果,零食	娱乐/电视,水果,零食	娱乐/电视,水果,零食	全天照看	娱乐/学习/零售	娱乐/电视,水果,零食	娱乐/电视,水果,零食	娱乐/电视,水果,零食	全天照看	作业/教育/辅导/水果
21:00—23:00	卧室、电视	卧室、电视	卧室、电视	全天照看	睡觉	卧室、电视	卧室、电视	卧室、电视	全天照看	睡觉
23:00—6:00	睡觉	睡觉	睡觉	睡觉	睡觉	睡觉	睡觉	睡觉	睡觉	睡觉

核心用户年龄段	35~39岁家庭结构					40~44岁家庭结构				
家庭人员	男	女	老人	孩子		男	女	老人	孩子	
年龄阶段	35~39	35~39	50~59	7~13	14~19	40~44	40~44	60~69	14~19	20~23
家庭特点	与老人同住	长辈负责帮忙照看孩子并负责用餐和家务	长辈负责帮忙照看孩子并负责用餐和家务	长辈负责帮忙照看孩子并负责用餐和家务	长辈负责帮忙照看孩子并负责用餐和家务	与老人同住	长辈负责帮忙照看孩子并负责用餐和家务	长辈负责帮忙照看孩子并负责用餐和家务	长辈负责帮忙照看孩子并负责用餐和家务	长辈负责帮忙照看孩子并负责用餐和家务
6:00—7:00	起床	起床	准备早餐	起床、早餐	起床、早餐	起床	起床	准备早餐	起床、早餐	离家进入大学
7:00—8:00	早餐/上班/接孩子	早餐/上班/接孩子	早餐/上班/接孩子	上学	上学	早餐/上班/接孩子	早餐/上班/接孩子	早餐/上班/接孩子	上学	
8:00—9:00	早餐/上班/接孩子	早餐/上班/接孩子	早餐/上班/接孩子	上课	上课	早餐/上班/接孩子	早餐/上班/接孩子	早餐/上班/接孩子	上课	
9:00—12:00	上午工作	上午工作	家务/休息	上课	上课	上午工作	上午工作	家务/休息	上课	
12:00—13:30	午休午餐	午休午餐	接孩子/午餐	回家/午餐	上课	午休午餐	午休午餐	接孩子/午餐	回家/午餐	
13:30—16:30	下午工作	下午工作	娱乐	上课	上课	下午工作	下午工作	娱乐	上课	
16:30—17:00	下班/接孩子/买菜做饭	下班/接孩子/买菜做饭	下班/接孩子/买菜做饭	放学	晚休/晚餐	下班/接孩子/买菜做饭	下班/接孩子/买菜做饭	下班/接孩子/买菜做饭	晚休/晚餐	
17:00—18:00	晚餐	晚餐	晚餐	晚餐	晚休/晚餐	晚餐	晚餐	晚餐	晚休/晚餐	
18:00—19:30	散步/娱乐/新闻/加班	散步/娱乐/新闻/加班	散步/娱乐/新闻/加班	睡觉	晚课	散步/娱乐/新闻/加班	散步/娱乐/新闻/加班	散步/娱乐/新闻/加班	晚课	
19:30—21:00	娱乐/电视,水果,零食	娱乐/电视,水果,零食	娱乐/电视,水果,零食	睡觉	晚课	娱乐/电视,水果,零食	娱乐/电视,水果,零食	娱乐/电视,水果,零食	晚课	
21:00—23:00	卧室、电视	卧室、电视	卧室、电视	睡觉	学习/水果	卧室、电视	卧室、电视	卧室、电视	学习/水果	
23:00—6:00	睡觉	睡觉	睡觉	睡觉	睡觉	睡觉	睡觉	睡觉	睡觉	

不难看出，"社区家庭结构与日常作息习惯表"中有很多相似之处，也有一些细节上的不同之处，例如三代人同住的原因就有差别，有的是长时间地生活在一起，而有的是第三代爷奶辈的人临时过来居住一段时间帮忙照顾第一代孙子辈的孩子。更进一步地，由于年龄的变化，生活作息也发生变化。其实从上表还可以得出很多结论或推论，尤其是与自身项目结合来看，我们可以发现不少生活细节变化对消费行为的影响。

不妨简单举一些例子：

- 三代人同住，洗衣、买菜、做早晚餐、接送孩子等家务活基本由第三代人承担；
- 因家庭人口多，缺少隐私空间，这种家庭结构基本没有美业、按摩等上门服务需求；
- 厨卫日用品基本由第三代人负责，所以纯线上电商价值不足，需开发线下零售服务。

再进一步来看，根据家庭成员年龄结构的不同也会得出不同的市场结论，举例如下。

24~29岁的第二代人刚进入社区又无需打理生活，所以很少参与社区活动，主要还是第三代人与社区环境接触更多；这种年龄结构的家庭要么是巨资买房刚落户，要么是资金不足需搬入与父母同住，短期内理财需求不足。在这个阶段，第三代人年龄不老，暂时没有养老需求，但有休闲娱乐需求；身体一般很好，健康需求不明显。

而当第二代人的年龄到了40~44岁时，这个阶段第一代孩子多数上高中或者大学，基本不用再照顾孩子，只需注意饮食卫生、身心健康、学习和就业；同时，第三代人渐渐变老，社区养老需求开始显现。

说到这里，可能很多人会问，社区O2O到底要抓住哪些用户？哪些用户有价值？本书不能给出绝对的结论，最好的办法是根据自己的项目方向和所服务的目标用户进行挖掘。如果你仍处在初步了解社区O2O行业的阶段，我可以给出一种研究不同年龄段用户价值的参考方式——社区用户责任及潜在价值积分表，具体如表9-5所示。

表9-5 "三代人同住"社区用户责任及潜在价值积分表

核心用户年龄段		24~29 岁家庭结构			30~34 岁家庭结构			35~39 岁家庭结构			40~44 岁家庭结构		
家庭人员		男	女	老人	男	女	老人	男	女	老人	男	女	老人
年龄阶段		24~29	24~29	46~55	30~34	30~34	50~59	35~39	35~39	55~64	40~44	40~44	60~69
社区生活模块		成年人责任积分			成年人责任积分			成年人责任积分			成年人责任积分		
育儿教育	带孩子	1	2	3	1	2	3	0	1	1	0	0	0
	接送孩子	1	1	3	1	1	3	1	1	1	1	1	0
	儿童娱乐	2	3	1	1	1	0	0	0	0	0	0	0
	教育辅导	2	2	1	2	3	1	2	2	0	0	0	0
家庭用餐	早餐	0	1	3	0	1	3	0	1	3	1	2	3
	晚餐	0	1	3	0	1	3	0	1	3	0	2	3
	买菜	0	1	3	0	1	3	0	1	3	0	2	3
家务	洗衣	1	2	3	1	2	3	1	2	3	1	3	3
	打扫	1	2	3	1	2	3	1	2	3	1	3	3
水果零食	水果	1	3	2	2	3	2	2	3	2	2	3	2
	零食	1	3	0	1	1	0	0	1	0	0	0	0
	奶品	1	3	2	2	3	2	2	3	2	2	3	1
厨卫用品	厨房	1	3	3	1	3	3	1	3	3	1	3	2
	卫生间	1	3	3	1	3	3	1	3	3	1	3	2
生活缴费	水电煤												
	广电/宽带	2	2	1	3	3	2	3	2	1	3	2	1
	物业/电话												
上门服务	维修	3	2	1	3	2	1	3	2	1	3	2	0
	洗衣	—	—	—	—	—	—	—	—	—	—	—	—
	送水	2	2	1	2	2	1	2	2	1	2	2	0
	家政												
	美业	—	—	—	—	—	—	—	—	—	—	—	—
	按摩	—	—	—	—	—	—	—	—	—	—	—	—
	汽车	1	1	0	1	1	0	1	1	0	1	1	0
	宠物												
	药品												
	大厨	—	—	—	—	—	—	—	—	—	—	—	—

（续表）

核心用户年龄段		24~29 岁家庭结构			30~34 岁家庭结构			35~39 岁家庭结构			40~44 岁家庭结构		
家庭人员		男	女	老人	男	女	老人	男	女	老人	男	女	老人
年龄阶段		24~29	24~29	46~55	30~34	30~34	50~59	35~39	35~39	55~64	40~44	40~44	60~69
社区生活模块		成年人责任积分			成年人责任积分			成年人责任积分			成年人责任积分		
电商消费	传统电商	2	3	0	2	3	0	2	2	0	2	2	0
	社区电商	2	2	0	1	2	0	1	1	0	1	1	0
	社区生鲜	1	2	0	2	2	0	2	2	0	1	1	0
	社区外卖	2	2	0	1	1	0	1	1	0	0	1	0
	快递配送	2	2	1	2	2	1	2	2	1	1	1	1
	线下便利店	2	2	2	2	2	2	2	2	2	2	2	2
健康理财	健康问题	1	2	3	2	2	3	2	3	3	3	3	3
	医疗服务	1	2	3	2	2	3	2	2	3	2	2	3
	生活保险	2	2	2	2	2	2	2	2	1	2	2	2
	社区理财	1	1	1	2	2	2	2	2	2	2	2	1
废弃物品	闲置	1	1	1	2	2	1	2	2	1	2	2	0
	废品	1	1	2	1	1	2	1	1	2	1	1	2
	垃圾	1	1	2	1	1	2	1	1	2	1	1	2
社区物业	物业关系	3	2	1	3	2	1	3	2	1	3	2	1
	社区关系	1	2	3	2	2	3	2	2	3	2	2	3
	楼下周边	1	2	3	2	2	3	2	2	3	2	2	3
社区养老	吃饭	—	—	—	—	—	0	—	—	0	—	—	0
	活动	—	—	—	—	—	2	—	—	3	—	—	3
总分		45	66	60	52	64	61	49	60	57	46	59	49
打分原则		0：基本不做；1：可能会做；2：一般会做；3：做的更多；—：暂时没有此类需求											

  "社区用户责任及潜在价值积分表"涵盖了社区 O2O 的大部分经营项，评分原则以社区生活中多数家庭的行为习惯分为 0 分、1 分、2 分、3 分，以及没有分数，最终分值仅供参考，并不绝对。"社区用户潜在价值积分表"的作用是研究不同成员构成的家庭中负责管理家庭日常的核心用户是谁，各家庭成员在社区各细分领域的潜在价值等。

  其实，"社区用户责任及潜在价值积分表"更具体地印证了前面社区用户价值特征四象限的内容。在社区 O2O 市场中，女性用户的价值最大，年龄越小得分越高，因为她们与互联网接触得更多，而社区 O2O 就是借助互联网提供更多的社区服务。从评定积分的方式可以更为直观地看到家庭当中各类服务的用户需求特点，有助于社区 O2O 项目梳理自身的问题并提升服务能力。

　　或许已经有人注意到了，以上的年龄段划分并不完整。没错，因为以上仅仅是三代人同住时常规的家庭生活习惯，除此之外还有两代人同住、一代人独住，以及单身独住社区家庭类型。为了让大家可以更完整地了解社区市场，我们接下来会陆续介绍这些内容。

两代人同住的社区家庭结构与日常作息习惯

　　两代人同住与三代人同住的很多日常生活方式和家庭消费习惯都有明显不同。此外，与三代人同住一样，两代人同住的家庭也有很多种人员构成方式，所以研究两代人同住的家庭也得分各类情况。"两代人同住"社区家庭结构与日常作息习惯，如表 9-6 所示。

表 9-6　"两代人同住"社区家庭结构与日常作息习惯

核心用户年龄段	24~29 岁家庭结构（无小孩）				24~29 岁家庭结构（无老人）			
家庭人员	男	女	老人		男	女	孩子	
年龄阶段	24~29	24~29	45~49	50~54	24~29	24~29	0~3	4~6
家庭特点	暂无孩子与父母同住；50 岁女性（老人）到退休年龄				刚结婚买房生子			
6：00—7：00	起床		起床/准备早餐		起床/准备早餐	母亲全职照顾孩子		起床
7：00—8：00	早餐				早餐			早餐
8：00—9：00	上班	上班	家务/电视		上班/早餐/送孩子			上幼儿园
9：00—12：00	上午工作	上午工作			上午工作			上课/学习/游戏
12：00—13：30	午餐午休	午餐午休	午餐午休		午餐午休			午餐午休
13：30—16：30	下午工作	下午工作	家务/电视/娱乐		下午工作			上课/学习/游戏
16：30—17：00	下班	下班/买菜	下班/买菜	买菜	下班/买菜/接孩子			放学
17：00—18：00	晚餐	准备晚餐	准备晚餐		准备晚餐/晚餐			晚餐
18：00—19：30	外出/游戏/电视/散步/加班	电视/散步			散步/照顾孩子/电视/加班			散步/娱乐/学习/水果
19：30—21：00	外出/游戏/电视	电视			孩子学习/电视			
21：00—23：00	游戏/电视	电视/休息			哄孩子/卧室/电视/游戏			睡觉
23：00—6：00	睡觉				睡觉			

（续表）

核心用户年龄段	30~39 岁家庭结构（无小孩）			30~39 岁家庭结构（无老人）				
家庭人员	男	女	老人	男	女	孩子		
年龄阶段	30~39	30~39	50~64	30~39	30~39	0~6	7~13	14~19
家庭特点	30~39 婚后无小孩，与父母同住较少			不与父母同住，孩子处在进入学龄阶段				
6：00—7：00	起床/准备早餐			起床/准备早餐		同24~29岁的0~6岁生活习惯	早餐	
7：00—8：00				早餐/送孩子			上学	
8：00—9：00	上班		家务/电视	上班			上课	
9：00—12：00	上午工作			上午工作				
12:00—13:30	午餐午休		午餐午休	午餐午休			午餐午休	
13:30—16:30	下午工作		家务/电视/娱乐	下午工作			上课	
16:30—17:00	下班	下班/买菜	买菜	下班/买菜/接孩子			放学	晚餐晚休
17:00—18:00	晚餐	准备晚餐		准备晚餐/晚餐			晚餐	
18:00—19:30	外出/游戏/电视/散步/加班	电视/散步		散步/电视/加班			散步/电视/学习/水果	晚课
19:30—21:00	外出/游戏/电视		电视	辅导学习/电视				
21:00—23:00	游戏/电视		电视/休息	卧室/电视/游戏			睡觉	作业
23:00—6:00	睡觉			睡觉			睡觉	睡觉

核心用户年龄段	40~49 岁家庭结构（无小孩）			40~49 岁家庭结构（无老人）			
家庭人员	男	女	老人	男	女	孩子	
年龄阶段	40~49	40~49	61~70	40~49	40~49	14~19	20~23
家庭特点	同住较为少见。无小孩或孩子已离家独立—一般需要照顾老人或因经济拮据同住			不与父母同住，孩子上中学，或是未离家上大学而是进入社会工作			
6：00—7：00	起床/准备早餐			起床/准备早餐		起床	起床
7：00—8：00	早餐			早餐			
8：00—9：00	上班		家务/电视	上班/上学/早餐			
9：00—12：00	上午工作			上午工作		上课/学习	上午工作
12:00—13:30	午餐午休		午餐午休	午餐午休		午餐午休	午餐午休
13:30—16:30	下午工作		家务/电视/娱乐	下午工作		上课/学习	下午上班
16:30—17:00	下班	下班/买菜	买菜	下班/买菜		放学	下班
17:00—18:00	晚餐	准备晚餐		准备晚餐/晚餐		晚餐	晚餐
18:00—19:30	外出/游戏/电视/散步/加班	电视/散步		散步电视/加班		晚课	散步/娱乐/电视/水果/加班
19:30—21:00	外出/游戏/电视		电视	孩子学习/电视			
21:00—23:00	游戏/电视		电视/休息	哄孩子/卧室/电视/游戏		睡觉	睡觉
23:00—6:00	睡觉			睡觉			

（续表）

核心用户年龄段	50~59 岁家庭结构（无小孩）			50~59 岁家庭结构（无老人）		
家庭人员	男	女	老人	男	女	孩子（未婚）
年龄阶段	50~59	50~59	70 以上	50~59	50~59	24~29
家庭特点	孩子独立成家，开始照顾老人；50 岁女性退休			孩子成家后与父母同住，暂无孙代		
6：00—7：00	起床/早餐		晨练/早餐	起床/早餐		起床
7：00—8：00	上班	家务/电视/照顾老人/社区活动	电视/休息/社区活动	上班	家务/电视/社区活动	早餐
8：00—9：00	工作			工作		上班
9：00—12：00						工作
12:00—13:30	午餐午休	午餐午休		午餐午休	午餐午休	午餐午休
13:30—16:30	工作	同上午	电视/休息/社区活动	工作	同上午	工作
16:30—17:00	下班	买菜做饭	社区活动	下班	买菜做饭	下班
17:00—18:00	晚餐			晚餐		
18:00—19:30	散步/跳舞/社区活动	散步/电视		散步/跳舞/社区活动		加班/外出/散步/游戏/电视
19:30—21:00	电视/休息/外出	电视/休息		电视/休息/外出		
21:00—23:00		睡觉				
23:00—6:00	睡觉			睡觉		睡觉

　　从"社区家庭结构与日常作息习惯表"中可以看到，有没有孩子或是不是与老人同住，以及家庭成员的年龄对家庭生活的影响还是非常明显的。不同类型的年龄结构和家庭成员构成所形成的家庭生活差异对社区市场有着非常直接的影响，所以掌握每个社区的大体的家庭组成情况是非常有必要的。

　　这里还可以给出两代人同住的"社区用户责任及潜在价值积分表"供大家参考，具体如表9-7所示。

表9-7　"两代人同住"社区用户责任及潜在价值积分表

核心用户年龄段	24~29岁家庭结构（无小孩）				24~29岁家庭结构（无老人）		30~39岁家庭结构（无老人）		50-59岁家庭结构（无小孩）			50-59岁家庭结构（无老人）		
家庭人员	男	女	老人		男	女	男	女	男	女	老人	男	女	孩子（未婚）
年龄阶段	24~29	24~29	45~49	50~54	24~29	24~29	30~39	30~39	50~59	50~59	70以上	50~59	50~59	24~29
社区生活模块	成年人责任积分				成年人责任积分		成年人责任积分		成年人责任积分			成年人责任积分		
育儿教育 — 带孩子	—	—	—	—	2	3	1	2	—	—	—	—	—	—
育儿教育 — 接送孩子	—	—	—	—	2	2	2	2	—	—	—	—	—	—
育儿教育 — 儿童娱乐	—	—	—	—	1	2	1	1	—	—	—	—	—	—
育儿教育 — 教育辅导	—	—	—	—	1	2	2	2	—	—	—	—	—	—
家庭用餐 — 早餐	0	1	3	3	2	3	2	3	2	3	1	2	3	0
家庭用餐 — 晚餐	0	1	3	3	2	3	2	3	2	3	1	2	3	0
家庭用餐 — 买菜	0	1	3	3	2	3	2	3	2	3	1	2	3	0
家务 — 洗衣	1	2	3	3	2	3	2	3	2	3	3	2	3	1
家务 — 打扫	1	2	3	3	2	3	2	3	2	3	3	2	3	0
水果零食 — 水果	1	3	2	2	1	3	1	3	1	3	0	1	3	1
水果零食 — 零食	1	3	0	0	1	2	1	2	0	0	0			
水果零食 — 奶品	1	2	0	0	1	2	1	2	1	2	0	1	2	1
厨卫用品 — 厨房	1	3	3	3	2	3	2	3	2	3	0	2	3	0
厨卫用品 — 卫生间	1	3	3	3	2	3	2	3	2	3	0	2	3	0
生活缴费 — 水电煤／广电/宽带／物业/电话	2	2	1	1	3	2	2	2	2	2	0	2	2	0
上门服务 — 维修	3	2	1	1	3	2	3	2	3	2	0	3	2	0
上门服务 — 洗衣	—	—	—	—	1	1	1	1	—	—	—	—	—	—
上门服务 — 送水	2	2	1	1	2	2	2	2	2	2	0	2	2	0
上门服务 — 家政	—	—	—	—	1	2	1	2	—	—	—	—	—	—
上门服务 — 美业	—	—	—	—	1	—	—	—	—	—	—	—	—	—
上门服务 — 按摩	—	—	—	—	1	1	1	1	—	—	—	—	—	—
上门服务 — 汽车	1	1	0	0	1	1	1	1	1	1	0	1	1	0
上门服务 — 宠物	—	—	—	—	1	1	1	1	1	1	1	1	1	—
上门服务 — 药品	—	—	—	—	1	1	1	1	—	—	—	—	—	—
上门服务 — 大厨	—	—	—	—	1	1	1	1	—	—	—	—	—	—

（续表）

核心用户年龄段		24~29 岁家庭结构（无小孩）				24~29 岁家庭结构（无老人）		30~39 岁家庭结构（无老人）		50-59 岁家庭结构（无小孩）			50-59 岁家庭结构（无老人）		
家庭人员		男	女	老人		男	女	男	女	男	女	老人	男	女	孩子（未婚）
年龄阶段		24~29	24~29	45~49	50~54	24~29	24~29	30~39	30~39	50~59	50~59	70以上	50~59	50~59	24~29
社区生活模块		成年人责任积分				成年人责任积分		成年人责任积分		成年人责任积分			成年人责任积分		
电商零售	传统电商	2	3	0	0	2	3	2	3	0	0	0	0	0	3
	社区电商	2	2	0	0	2	2	2	2	0	0	0	0	0	2
	社区生鲜	1	2	0	0	1	2	1	2	1	1	0	1	1	1
	社区外卖	2	2	0	0	2	2	2	2	1	1	0	1	1	2
	快递配送	2	2	1	1	2	2	2	2	1	1	1	1	1	2
	线下便利店	2	2	2	2	2	2	2	2	2	2	2	2	2	2
健康理财	健康问题	1	2	2	2	1	2	1	1	2	2	3	2	2	1
	医疗服务	1	2	2	2	1	2	1	1	2	2	3	2	2	0
	生活保险	2	2	1	1	2	2	1	1	1	1	0	1	1	0
	社区理财	1	1	1	1	1	1	2	2	2	2	1	2	2	0
废弃物品	闲置	1	1	1	1	1	2	1	2	1	2	0	1	2	0
	废品	1	1	2	2	1	2	1	2	1	1	2	1	1	0
	垃圾	1	1	2	2	2	2	2	2	1	1	2	1	1	0
社区物业	物业关系	3	2	1	1	2	3	1	2	2	1	0	2	1	0
	社区关系	1	1	3	3	1	2	1	2	2	2	3	2	3	0
	楼下周边	1	2	3	3	2	3	1	2	2	2	3	2	2	1
社区养老	吃饭	—	—	—	—	—	—	—	—	0	0	0	0	0	—
	活动	—	—	—	—	—	—	—	—	1	3	2	1	3	—
总分		39	57	47	47	58	75	59	73	49	61	21	49	61	18
打分原则		0：基本不做；1：可能会做；2：一般会做；3：做的更多；—：暂时没有此类需求													

两代人同住的家庭组成类型过多，上表挑选了其中几类生活中较为常见或特征更为鲜明的家庭类型，而从表中的细节之处还能发现一些新的市场现象。

例如，两代人同住时，具备持家能力的女性越多，每个人分担的生活责任会越低。具体来看就是同为 24~29 岁的家庭，没有老人（主要指女方的母亲或者婆婆）的家庭中的女方要比有老人（主要指女方的母亲或者婆婆）的家庭中的女方积分高出很多（75>57）。很明显前者要承担更多维系家庭的重任，同时男方也需要承担更多的责任。

再举个例子，随着年龄的增长家庭中的各成员承担的责任也会发生变

222

化，家庭中的男性用户会随着年龄逐渐变大而承担更多的家庭责任——很明显在家庭生活中，50~59 岁的男性要承担比 24~29 岁的男性更多的家庭责任。

当然，这里需再次强调，"社区用户责任及潜在价值积分表"并不绝对，而仅仅是提供参考。大家若认可并想运用此表，可以在研究市场时做更深入的优化调整。

一代人单住的社区家庭结构与日常作息习惯

看过了三代人同住和两代人同住的社区家庭结构和日常作息习惯之后，还有一代人单住的家庭需要研究。这部分家庭生活更加简单自由，上没有老人一起住，下没有孩子需要照顾，其中有些年龄小的家庭是因为没有孩子而暂时单住，而有些年龄大的家庭是孩子已经离家独立，夹在中间年龄层的家庭没有孩子的是少数。一代人单住社区家庭结构与日常作息习惯如表 9-8 所示。

表 9-8　"一代人单住"社区家庭结构与日常作息习惯

核心用户 年龄段	24~29 岁家庭结构		30~39 岁家庭结构		40~49 岁家庭结构	
家庭人员	男	女	男	女	男	女
年龄阶段	24~29	24~29	30~39	30~39	40~49	40~49
家庭特点	刚结婚，没有小孩，不与父母同住；刚工作，经济能力一般；依赖互联网，乐于消费		30~39 刚结婚没有小孩（较少），不与父母同住；经济能力稳定；依赖互联网，乐于消费		工作稳定，生活有规律，夜生活较为单一，手里资金充裕，孩子进入大学或独立成家	
6:00—7:00	起床 / 早餐		起床 / 早餐		起床 / 早餐	
7:00—8:00						
8:00—9:00	上班	上班	上班	上班	上班	上班
9:00—12:00	工作	工作	工作	工作	工作	工作
12:00—13:30	午餐午休	午餐午休	午餐午休	午餐午休	午餐午休	午餐午休
13:30—16:30	工作	工作	工作	工作	工作	工作
16:30—17:00	下班 / 买菜 / 做饭 / 晚餐		下班 / 买菜 / 做饭 / 晚餐		下班 / 买菜 / 做饭 / 晚餐	
17:00—18:00						

（续表）

核心用户年龄段	24~29 岁家庭结构		30~39 岁家庭结构		40~49 岁家庭结构	
家庭人员	男	女	男	女	男	女
年龄阶段	24~29	24~29	30~39	30~39	40~49	40~49
18:00—19:30	晚餐/散步/外出/游戏/电视/加班		晚餐/散步/外出/游戏/电视/加班		散步/电视/加班	
19:30—21:00	外出/游戏/电视		外出/游戏/电视		电视/棋牌	
21:00—23:00						
23:00—6:00	睡觉		睡觉		睡觉	

核心用户年龄段	50~59 岁家庭结构		60~69 岁家庭结构		70 岁以上家庭结构	
家庭人员	男	女	男	女	男	女
年龄阶段	50~59	50~59	60~69	60~69	70 以上	70 以上
家庭特点	女方已退休，男方工作稳定，手中有闲置资金，孩子成家立业，孙子到学龄期。生活有规律		男女均退休，手中有资金，关注健康问题和子孙成长，生活有规律，对社区依赖强，不懂互联网		身体行动力下降，儿女不在身边，有社区养老需求，关注健康并期待家人团聚，不懂互联网	
6:00—7:00	起床/早餐		起床/早餐		起床/早餐	
7:00—8:00						
8:00—9:00	上班	家务/电视/外出/社区娱乐	家务/电视/外出/社区娱乐		家务/电视/社区娱乐	
9:00—12:00	工作					
12:00—13:30	午餐午休					
13:30—16:30	工作					
16:30—17:00	下班/买菜	买菜做饭	买菜做饭		买菜做饭	
17:00—18:00	晚餐		晚餐		晚餐	
18:00—19:30	散步/电视		散步/电视		散步/电视	
19:30—21:00	电视/棋牌		电视/棋牌		电视	
21:00—23:00					睡觉	
23:00—6:00	睡觉		睡觉			

　　从上面的"社区家庭结构与日常作息习惯表"来看，与三代人同住、两代人同住的社区家庭结构与日常作息习惯相比，一代人单住的社区家庭结构与日常作息习惯显得非常简单直观。

在一代人单住的这部分用户群中，特别需要重视的就是那些年龄较大且孩子已离家独立的家庭，因为现今社会有很多这样的家庭，而且它们是最具社区O2O价值的用户群之一。目前女方50岁退休，男方60岁退休，退休之后既不需要带孙子也不需要照顾老人，而且每个月都有固定的退休金。这部分用户大部分时间都生活在社区当中，既有大量的闲暇时间，又有独立的经济能力，唯一不足的是这部分用户互联网能力差，这与我们前面分析的CNNIC数据相呼应，不过并不影响挖掘这部分用户的社区O2O价值。此外，前面我们一直强调注重线下能力，其目的之一就是尽可能地兼顾这部分用户。

一代人单住的家庭有非常多的社区O2O价值可以挖掘，细致去分析还能发现更多的市场现象和结论。例如，一代人单独居住的家庭有足够的私人空间，这个是美业、按摩等创新式上门服务需要的服务环境。一代人单住社区用户责任及潜在价值积分表如表9-9所示。

表9-9 "一代人单住"社区用户责任及潜在价值积分表

核心用户年龄段		24~29岁家庭结构		30~39岁家庭结构		40~49岁家庭结构		50~59岁家庭结构		60~69岁家庭结构		70岁以上家庭结构	
家庭人员		男	女	男	女	男	女	男	女	男	女	男	女
年龄阶段		24~29	24~29	30~39	30~39	40~49	40~49	50~59	50~59	60~69	60~69	70以上	70以上
育儿教育	接送孩子	—	—	—	—	—	—	—	—	—	—	—	—
	儿童娱乐	—	—	—	—	—	—	—	—	—	—	—	—
	教育辅导	—	—	—	—	—	—	—	—	—	—	—	—
家庭用餐	早餐	2	3	2	3	2	3	2	3	2	2	2	2
	晚餐	2	3	2	3	2	3	1	3	2	3	2	2
	买菜	2	3	2	3	2	3	1	3	1	3	1	1
家务	洗衣	2	3	2	3	2	3	1	3	1	3	1	2
	打扫	2	3	2	3	2	3	1	3	1	3	1	2
水果零食	水果	1	3	2	3	2	3	2	3	2	2	1	1
	零食	1	2	0	1	0	0	0	0	0	0	0	0
	奶品	1	1	1	1	1	1	1	1	1	1	0	0
厨卫用品	厨房	2	3	2	3	2	3	1	3	1	3	1	2
	卫生间	2	3	2	3	2	3	1	3	1	3	1	2

（续表）

核心用户年龄段		24~29岁家庭结构		30~39岁家庭结构		40~49岁家庭结构		50~59岁家庭结构		60~69岁家庭结构		70岁以上家庭结构	
家庭人员		男	女	男	女	男	女	男	女	男	女	男	女
年龄阶段		24~29	24~29	30~39	30~39	40~49	40~49	50~59	50~59	60~69	60~69	70以上	70以上
生活缴费	水电煤 广电/宽带 物业/电话	2	2	2	2	2	2	2	2	2	2	2	2
上门服务	维修	3	2	3	2	3	2	3	2	2	1	2	1
	洗衣	1	1	1	1	0	0	0	0	0	0	0	0
	送水	2	2	2	2	2	2	2	2	2	2	2	2
	家政	1	2	1	2	1	2	1	2	1	2	1	2
	美业	—	1	—	1	—	—	—	—	—	—	—	—
	按摩	1	1	1	1	—	—	—	—	—	—	—	—
	汽车	1	1	1	1	1	1	—	—	—	—	—	—
	宠物	1	1	1	1	—	—	—	—	—	—	—	—
	药品	1	1	1	1	—	—	—	—	—	—	—	—
	大厨	1	1	1	1	—	—	—	—	—	—	—	—
电商消费	传统电商	2	3	2	3	1	2	0	0	0	0	0	0
	社区电商	2	2	1	1	1	1	0	0	0	0	0	0
	社区生鲜	1	2	1	2	1	1	0	0	0	0	0	0
	社区外卖	2	2	2	2	0	0	0	0	0	0	0	0
	快递配送	2	2	2	2	1	1	0	0	0	0	0	0
	线下便利店	2	2	2	2	2	2	2	2	2	2	2	2
健康理财	健康问题	1	1	1	1	1	1	2	2	3	3	3	3
	医疗服务	1	1	1	1	1	1	2	2	2	2	2	2
	生活保险	1	1	1	1	1	1	1	1	1	1	1	1
	社区理财	1	1	3	3	2	2	2	2				
废弃物品	闲置	1	2	1	2	1	2	1	2	1	2	1	2
	废品	2	2	2	2	2	2	1	2	1	2	1	2
	垃圾	2	2	2	2	2	2	1	2	1	2	1	2
社区物业	物业关系	3	2	3	2	3	2	3	2	3	2	2	1
	社区关系	1	1	1	1	2	2	2	3	2	3	2	1
	楼下周边	1	2	1	2	2	2	2	2	1	1	1	1
社区养老	吃饭	—	—	—	—	—	—	0	0	1	1	1	1
	活动	—	—	—	—	—	—	0	3	2	3	2	3
总分		56	71	57	71	50	59	38	58	40	55	38	45
打分原则		0：基本不做；1：可能会做；2：一般会做；3：做得更多；—：暂时没有此类需求											

从一代人单住的"社区用户责任及潜在价值积分表"可以看出，年龄特点对社区生活需求的影响其实与三代人同住和两代人同住相差不多，各项细分服务的积分变化基本体现出了各年龄段对社区服务的需求。

单身租房日常作息习惯

我们了解了三代人同住、两代人同住、一代人单住的社区家庭结构与日常作息习惯之后，千万别忘了那些单身租房者，单身租房者日常作息习惯如表 9-10 所示。

表 9-10　单身租房者日常作息习惯

核心用户年龄段	男	女	男	女
年龄阶段	24~29	24~29	30~35	30~35
生活特点	一个人独立居住，没有家庭生活需求，对互联网依赖强，乐于消费，适合社区电商项目，其他项目价值有限	一个人独立居住，没有家庭生活需求，对互联网依赖强，乐于消费，适合社区电商项目，其他项目价值有限	一个人独立居住，没有家庭生活需求，对互联网依赖强，乐于消费并有一定经济实力，适合社区电商项目，其他项目价值有限	一个人独立居住，没有家庭生活需求，对互联网依赖强，乐于消费并有一定经济实力，适合社区电商项目，其他项目价值有限
6:00—7:00	起床/早餐/上班	起床/早餐/上班	起床/早餐/上班	起床/早餐/上班
7:00—8:00				
8:00—9:00				
9:00—12:00	工作	工作	工作	工作
12:00—13:30	午餐午休	午餐午休	午餐午休	午餐午休
13:30—16:30	工作	工作	工作	工作
16:30—17:00				

（续表）

核心用户年龄段	男	女	男	女
年龄阶段	24~29	24~29	30~35	30~35
17:00—18:00	下班 / 晚餐	下班 / 晚餐	下班 / 晚餐	下班 / 晚餐
18:00—19:30	外出 / 电视 / 加班 / 游戏 / 锻炼	外出 / 电视 / 加班 / 游戏 / 锻炼	外出 / 电视 / 加班 / 游戏 / 锻炼	外出 / 电视 / 加班 / 游戏 / 锻炼
19:30—21:00				
21:00—23:00	电视 / 游戏 / 阅读 / 休息 / 宵夜	电视 / 游戏 / 阅读 / 休息 / 宵夜	电视 / 游戏 / 阅读 / 休息 / 宵夜	电视 / 游戏 / 阅读 / 休息 / 宵夜
23:00—6:00	睡觉	睡觉	睡觉	睡觉

在一二线及省会城市，这类用户不在少数，年龄范围主要在 24~35 岁，年龄再大仍然单身而不组建家庭的就比较少了。单身租房用户生活比较随意，对社区环境的依赖较低，所以并不是社区 O2O 主要的目标服务对象，但他们也有社区新零售、上门服务等需求，所以不能忽视这部分用户。单身租房社区用户责任及潜在价值积分表如表 9-11 所示。

表 9-11　"单身租房"社区用户责任及潜在价值积分表

核心用户年龄段		男	女	男	女
年龄阶段		24~29	24~29	30~35	30~35
社区生活模块		积分	积分	积分	积分
家庭用餐	早餐	2	2	2	2
	晚餐	2	2	2	2
	买菜	0	0	0	0
家务	洗衣	2	2	2	2
	打扫	1	1	1	1

（续表）

核心用户年龄段		男	女	男	女
年龄阶段		24~29	24~29	30~35	30~35
水果零食	水果	1	2	1	2
	零食	2	2	2	2
	奶品	1	1	1	1
厨卫用品	厨房	0	0	0	0
	卫生间	1	1	1	1
生活缴费	水电煤	0	0	0	0
	广电/宽带	0	0	0	0
	物业/电话	1	1	1	1
上门服务	维修	0	0	0	0
	洗衣	1	1	1	1
	送水	1	1	2	2
	家政	0	0	3	3
	美业	0	1	0	1
	按摩	1	1	1	1
	汽车	0	0	1	1
	宠物	0	0	0	0
	药品	0	0	0	0
	大厨	0	0	0	0
电商零售	传统电商	3	3	3	3
	社区电商	2	2	2	2
	社区生鲜	1	1	1	1
	社区外卖	3	3	3	3
	快递配送	3	3	3	3
	线下便利店	2	2	2	2

（续表）

核心用户年龄段		男	女	男	女
年龄阶段		24~29	24~29	30~35	30~35
健康理财	健康问题	0	0	0	0
	医疗服务	0	0	0	0
	生活保险	0	0	0	0
	社区理财	0	0	0	0
废弃物品	闲置	1	1	1	1
	废品	0	0	0	0
	垃圾	1	1	1	1
社区物业	物业关系	0	0	0	0
	社区关系	0	0	0	0
	楼下周边	1	1	1	1
总分		33	35	38	40
打分原则		0：基本不做；1：可能会做；2：一般会做；3：做的更多；—：暂时没有此类需求			

　　本章深入地探讨了各类社区用户的特征以及各类家庭构成的基础模型，但也仅仅是简单的模型分析，真正落实到社区市场时还需要根据具体的数据进行深度分析。现阶段，想进入社区市场的企业最需要做的就是尽可能地了解目标用户群，然后总结可以标准化的运作模式，进而实现规模化的市场扩张，不过目前各公司都处于试错期，社区市场真正爆发至少还需两三年的时间。

>>> **第十章**

社区新零售的机遇与未来

就如先有阿里、京东再有美团、饿了么的市场发展逻辑一样，在社区市场，社区生活服务也需要社区新零售的带动才能有实质性的发展，这与中国消费市场结构有直接关系。在 33.2 万亿元的社区零售总额中，商品零售额占 29.6 万亿元，餐饮收入占 3.6 万亿元，很明显现阶段中国用户仍是只愿意为商品付费，而不愿意为服务付费。所以要想发展其他社区增值服务，需要靠社区新零售的带动作用。

10.1 与概念化的社区 O2O 相比，社区新零售是眼前更实际的市场机遇

与社区 O2O 关注未来市场潜力相比，社区新零售是能产生直接营收的项目，更容易得到业界的认可。就现阶段的市场环境而言，社区新零售已成为整个社区市场发展的推动力，也是整个社区市场中最实际的市场机遇。

零售是中国商业的基础，社区新零售是社区O2O的基础

首先可以确定一点，而且是非常关键的一点：在中国市场，商品零售业是消费经济的核心驱动力，商品零售额对社会商品零售总额的占比高达89%，这是很现实的问题。中国的经济结构短期内不会有重大改变，商品交易仍占据绝对的市场地位，所以社区新零售将是社区O2O最重要、最基础的核心组成部分。

对比阿里和新美大目前的处境就能发现，主营商品交易的阿里已经成为一家盈利能力超强的巨头级公司，而主营服务交易的新美大仍处于无法盈利的尴尬阶段。我们在把前面细分的社区商业18个基础发展方向和6个补充发展方向总结如下：

第一阶段包括社区新零售、快递配送、广告营销、支付缴费、智慧社区、周边信息；

第二阶段包括上门到家、房产增值、汽车服务、二手交易、废品回收、社区会所；

第三阶段包括社区金融、社区养老、社区医疗、社区数据、社区育儿、社区社交；

补充阶段包括社区众包、社区共享、社区旅游、社区教育、社区政策、社区活动。

在社区商业24个发展方向的市场构成中，只有社区新零售能产生直接可观的营收，此外就是广告营销和社区金融，而其他21个发展方向只能着眼于未来市场，眼下根本看不到特别强的营收能力。

中国仍是发展中国家，用户还未形成为服务付费的习惯和意识，如果不能靠提供服务来盈利，那就只能在为商品付费的市场寻找机会，在社区市场，社区新零售是比其他项目更加简单直接且具有明显市场潜力的项目。

社区新零售是坚持走轻化的线上路线，还是选择走重化的线下路线，这

个问题需要看企业自身的经营特点，两者各有各的优势、各有各的特点、各有各的不足。当然既然是社区新零售，就会有线上线下结合的部分，只不过侧重点会略有不同。现在不能说哪种模式绝对好、哪种模式绝对不好，还需等待时间和市场验证。

资本正在驱动社区新零售进入爆发期

中国消费市场与互联网结合越来越紧密，所以才会出现新零售的概念，而中国互联网市场的发展一向依靠资本驱动，如今资本市场已经开始陆续将钱投入到了社区新零售方向。虽然早期的社区001、顺丰嘿客的发展都不顺利，曾经风光无限的爱鲜蜂也因经营不力而让出了控股权，但这并不影响在新零售风口下，资本对社区新零售项目的热情。近期有越来越多的社区新零售项目获得了投资，大量的资本投入正刺激着社区新零售市场进入全面爆发的前夜。

陆续有资本涌入进来可以刺激社区新零售市场快速进入爆发式发展阶段，可再快的速度也需要时间——2017年社区新零售才刚刚获得业界重视，2018年会进入市场布局阶段，2019年将出现激烈的市场竞争，2020年可能才会勉强有个市场格局雏形，这已经是非常快的发展节奏了。

资本可以加快企业的发展节奏，但企业本身能不能做好市场，考验的是其自身的经营能力。另一方面，资本可以推动市场快速发展，同时也可以刺激市场产生泡沫，在前一轮的O2O浪潮中，资本催生泡沫的作用要大于资本推动企业稳定发展的作用。因为一旦资本进入，很多企业的经营目标就变成了满足资本的要求，这就会打乱市场节奏；而对于一个新兴市场，发展节奏异常关键，很多项目做得早，但不见得能成功，例如社区001，就是盲目地依赖资本而过于激进，若社区001能稳定发展并坚持到现在，可能会是完全不一样的结局。

社区新零售创业并不容易

创业本就不是容易的事情，社区新零售创业同样也不容易，资本虽然开始对这个市场另眼相看但这解决不了那些固有的市场问题。我之前看过不少社区新零售类的项目艰难求生，其中很多问题资本也无法解决，资本加入进来主要是为创业者提供充足的运营资金，可以让创业者做更多的尝试并延长创业项目的生存时间，真正要解决市场问题的还是创业者，而不是投资人。

大型物业也是社区新零售的积极参与者，它们有钱、有资源、有用户，但最缺的是经营人才，很多大物业是以物业班底来探索社区新零售，效果可想而知。现代化的新零售业务其实是有技术含量的工作，消费者对商品、对服务的需要多样化，要求也越来越高，并不是有用户就能做零售业务。腾讯有足够多的用户，3 000 多家顺丰优选线下门店也覆盖了足够多的用户，但它们并不能做好零售业务。

专业的事情还需专业的人来做，在社区新零售市场中，有很多非零售出身，半路出家做社区新零售的创业者，零售经验不足免不了会走一些弯路。社区新零售并不是全新的市场，主要还是对存量市场的竞争，同时社区新零售刚刚萌芽，市场存在诸多不确定性因素。当然，机会也出现在这些不确定因素之间。

我们不用把社区新零售看成多大的项目，便利店、水果店、早餐店、烘焙店、餐饮店等都是社区新零售的组成部分；也不是所有公司都适合做平台，一般人可以依靠一些社区新零售平台寻找机会。在整个社区市场中，社区新零售的市场占比会是最大的，而普通人围绕社区新零售的赚钱机会也是最多、最直接的，可以说社区新零售是整个社区商业的根基所在。

10.2 社区商业市场的未来

做社区商业不能着急，因为急也没用。这个市场不是一个标准化的市场，不可能短时间迅速地在全国范围规模化；而且这个市场的用户非常挑剔，想获得这些用户的认可需要长时间的口碑积累。社区商业氛围才刚刚开始形成，很多用户的生活习惯一时难以改变，需要慢慢培养。

此前社区O2O受到部分媒体热捧是因为有一些公司出于公关目的在背后进行推动，对于这些公司而言，它们需要借助更热的社区O2O概念，以达到转型、融资或上市的目的，所以乐于把社区O2O捧上天。它们的目的就是炒作，所以有理由急，但一般的创业公司可急不得。

综合各方面的市场因素来看，社区市场走向成熟还需3~5年时间，也许这个时间还会更长。社区市场的价值已经得到大型物业公司的认可，也得到了一些互联网创业者的认可，并且政府仍在推动智慧城市、智慧社区的发展，社区市场整体在向有利的一面发展，虽然它还需要时间慢慢沉淀。

房地产物业公司发展智慧社区或社区O2O需要时间

第一，社区O2O与智慧社区都是房地产公司最为看重的新兴市场概念，这两年主打社区O2O或者智慧社区的楼盘越来越多。但现阶段大部分智慧社区的楼盘要么尚属概念期，要么处于在建期，要么就是等待入住，也就是说多数的智慧社区仍是空壳，没有用户何谈社区O2O呢？就算以目前已经建好的楼盘来看，住户陆续入住，商业环境的完善也还需一段时间，要真正等到大部分智慧社区的楼盘开始显现社区O2O的价值，3年的时间并不多。

第二，对于那些老旧楼盘的智慧社区化改造，就需要更多的时间了，毕竟给老楼盘加入一些智慧社区的基础建设是比较复杂的事情，这里面涉及太多的利益关系。虽然老旧楼盘的智慧社区改造是非常大的存量市场，但梳理其中的利害关系并不容易，3 年时间也是一个保守的估计。

第三，社区有别于其他的市场环境，社区的安定关乎地方政府的政绩问题，虽然上层提倡智慧社区、互联网＋等线上线下结合联动，但地方政府部门也需要时间来了解社区 O2O。若各地政府积极鼓励地方社区 O2O 项目，那在很多方面自然方便了一些，但也需要给各地政府熟悉了解社区 O2O 的时间。

互联网类社区 O2O 公司的平台创建与服务创新都需要时间

第一，大部分互联网出身的社区 O2O 创业项目都是小公司主导，创业本就需要经过缓慢的发展过程。社区 O2O 是一个全新的行业，配套的服务创新都需要逐步地经过市场验证，社区用户的需求也还没真正被激发。所以此前诸多上门 O2O 项目并不成功，一来是需求不足，二来是服务不行，这都需要时间慢慢培养。

第二，在大部分社区 O2O 公司都缺乏盈利能力，而且未来市场潜力无法明确的情况下，资本市场不会再次大举进入。从 2015 年下半年开始整个资本市场都进入了寒冬期，社区类公司的融资难度越来越大，如果缺少了资本的刺激，社区 O2O 市场难以出现爆发式的发展盛况。

第三，目前互联网对 50 岁以上人群的渗透能力仍然不足，这部分用户是社区中的主力群体，互联网对部分用户的影响仍需时间。等到 50 岁以上的网民开始崛起，社区 O2O 的价值会得到大幅度的提升。

大型物业公司仍处在市场扩张、业务布局阶段

第一，在物业层面可以提供的社区 O2O 配套服务并不完善，各大型物业公司虽然都在加紧社区 O2O 领域的市场探索，但配套服务的整合与自建

等方式也都还需要时间。目前多数的物业只是刚刚搭起了自己的服务平台，仍处于尝试探索阶段，只有社区O2O市场配套服务的项目有了稳定的运营模式，才能弥补物业自身的社区O2O平台服务能力不足的缺陷。

第二，大型物业公司主要聚焦在三个方面，一是加速扩张服务面积，二是轻资产化转型，三是挖掘增值服务的能力，这三方面的工作都不是一朝一夕可以完成的工作。例如面积扩张需要资金周转，吞并的物业也需要时间慢慢消化整合。大型物业仍处于市场布局期，各家物业公司都在争分夺秒地抢占物业资源，为后面的收获期做准备。

整体而言，社区市场仍处在萌芽期，各家公司、各种市场方向都在做尝试，市场还有很多机会，创业公司也不必急于扩张。社区市场虽然难做，但这个方向绝对没有问题，评判社区O2O的市场价值时，需要明确社区O2O能给社区生活带来什么？能不能让社区生活更美好？如果社区O2O能丰富民众的社区生活，让民众有更美好的生活环境，社区O2O的价值还会被质疑吗？只要社区O2O能为民众的社区生活带来更好的改变，社区O2O的市场价值必然会显现出来。

有人说社区O2O是万亿市场，也有人说社区O2O是伪命题，两种说法都有拥趸，但对真正想在社区市场做点什么的人而言，这两种说法都不可取。社区O2O是万亿市场？社区发展的实际意义不是产生多大的市场规模，而是带来新的市场环境和新的市场机遇。社区O2O是不是伪命题，这个观点本身就似是而非，社区O2O仅是一个便于大家理解的市场概念，表示我们生活的传统社区在与互联网相结合的市场发展中出现了新的商业环境，抛开社区O2O概念性质的争论不谈，社区市场确实是一个值得去探索挖掘的方向。

社区O2O的出现确实已经在社区市场掀起了波澜，只要用点心，这个市场还是有很多机会的。社区O2O仍处在萌芽阶段，随着行业的不断发展进步，这个市场也会越来越明晰。